工业和信息化
精品系列教材

U0734205

操作系统安全

微课版

蔡森◎主编

何静 张文静◎副主编

人民邮电出版社

北 京

图书在版编目（CIP）数据

操作系统安全：微课版 / 蔡森主编. -- 北京：人民邮电出版社，2025. -- （工业和信息化精品系列教材）.
ISBN 978-7-115-66987-2

Ⅰ. TP316

中国国家版本馆 CIP 数据核字第 2025X997Y6 号

内 容 提 要

本书从企业实际工作任务出发，以使服务器操作系统满足网络安全等级保护 2.0 为目标，项目 1 到项目 5 从账户、口令、授权、网络、日志、安全增强六大维度介绍 Windows 操作系统安全加固所需的知识和技能；项目 6 以 Windows 操作系统入侵防护综合项目介绍入侵防护排查相关知识，让学生在综合运用所学知识的同时初步建立 Windows 操作系统的应急响应能力；项目 7 到项目 12，从六大维度介绍 Linux 操作系统安全加固所需的知识和技能，项目 13 以 Linux 操作系统入侵防护综合项目让学生初步建立 Linux 操作系统的应急响应能力。

本书分别选取 Windows Server 2012 R2 和 CentOS 7 完成操作配置，既可以满足计算机配置要求，又可以对接企业实际生产使用的主流操作系统。本书可作为职业院校计算机类、电子信息类、通信类专业的教材，也可作为各培训中心的培训教材和信息系统维护岗位工作人员参考的操作手册。

◆ 主　　编　蔡　森

　副 主 编　何　静　张文静

　责任编辑　刘　佳

　责任印制　王　郁　焦志炜

◆ 人民邮电出版社出版发行　　北京市丰台区成寿寺路 11 号

　邮编　100164　电子邮件　315@ptpress.com.cn

　网址　https://www.ptpress.com.cn

　大厂回族自治县聚鑫印刷有限责任公司印刷

◆ 开本：787×1092　1/16

　印张：15　　　　　　　　　　2025 年 9 月第 1 版

　字数：383 千字　　　　　　　2025 年 9 月河北第 1 次印刷

定价：59.80 元

读者服务热线：(010)81055256　印装质量热线：(010)81055316
反盗版热线：(010)81055315

前　言

　　1994 年，国务院发布《中华人民共和国计算机信息系统安全保护条例》，首次规定计算机信息系统实行安全等级保护。2016 年，《中华人民共和国网络安全法》通过，其明确规定国家实行网络安全等级保护制度。2019 年 5 月，《信息安全技术 网络安全等级保护基本要求》（GB/T 22239—2019）等系列国家标准正式发布，标志着我国网络安全等级保护 2.0 的到来，并于 2019 年 12 月 1 日起正式实施，金融、电力、教育、医疗等行业明确要求企业系统开展网络安全等级保护工作。这就意味着，从法律的角度看，全国的信息系统，无论哪个行业均需开展网络安全等级保护工作，不做就不合规，就违法；而从企业的角度看，开展网络安全等级保护工作，是企业建立可靠、合规的网络环境的必要措施。

　　信息系统永远离不开操作系统，信息系统的安全是以操作系统的安全为前提的。《信息安全技术 网络安全等级保护基本要求》中有明确的计算环境的安全要求，也就是操作系统的安全要求。该要求面向所有信息系统，即由计算机或者其他信息终端及相关设备组成的按照一定的规则和程序对信息进行收集、存储、传输、交换、处理的系统，包括但不限于基础信息网络、移动互联网、云计算、物联网、大数据、工业控制的系统。

　　公安部《网络安全等级保护条例》（征求意见稿）第二十三条规定，第三级以上网络的运营者应当每年开展一次网络安全等级测评。也就是说，信息系统的合规配置是各行业信息系统建设、维护、管理岗位的常态工作。

　　本书着眼于行业要求，结合职业院校实际教学需求，具备以下特点。

　　（1）为推进党的二十大精神进教材、进课堂、进头脑，本书在各项目的素养拓展部分，结合国家网络安全等级保护制度，贯彻"筑牢网络安全防线"，引导学生树立国家安全观，将社会主义核心价值观、家国情怀、法治意识、社会责任、创新意识、科学素养和工匠精神等素养目标有机地融合并贯穿在操作系统安全课程理论知识传授和专业技能训练的全过程、全方面与全要素中，使学生了解网络强国等国家战略的重要意义和作用，树立筑牢网络安全防线、担当社会责任的历史使命，具备严谨的科学作风和踏实的工作态度，成为具有家国情怀、国家安全观和大国工匠精神的信息系统的守护者。

　　（2）以实际教学为依托，按照职业院校的实际教学需求，利用虚拟机，以主流的图形化操作系统 Windows 和命令行操作系统 Linux 为实验环境，分别选取 Windows

Server 2012 R2 和 CentOS 7 完成操作配置，既可满足计算机配置要求，又可对接企业实际生产使用的主流操作系统。

（3）编者与中国移动通信集团重庆有限公司合作，以真实生产项目、典型工作任务为载体，根据网络安全等级保护工作的要求，对标《网络与信息安全管理员国家职业技能标准》以及《网络安全评估职业技能等级证书》《Web 安全测试职业技能等级证书》等职业技能证书，将操作系统安全配置分成账户、口令、授权、网络、日志、安全增强六大维度，全面覆盖操作系统的通用安全配置，再以典型应用进行实战。学生通过学习和实际操作，一方面，能构建操作系统安全加固的知识架构，掌握 Windows 和 Linux 操作系统的安全加固知识，并能举一反三，具备快速学习其他操作系统安全管理与维护的能力；另一方面，通过完成典型应用的实战任务，能具备将所学知识推演到其他应用安全加固的思路，从而能胜任各行各业信息系统安全的配置、管理和维护工作，更好地对接信息安全新岗位的职业能力要求。

（4）按照从"新手"到"高手"的成长过程，循序渐进地介绍操作系统安全的相关知识内容，详细说明教学案例的实验环境准备、操作的各个环节以及相关的注意事项，确保学生能够按照书中所写完成每个实验，并在学习过程中获得成就感，从而激发学生的学习兴趣。

因教材编写与视频制作在时间与侧重点上存在差异，可能会出现视频与书中文字不完全一致的情况。但这并不影响学习，反而能为学生提供多视角的知识与技能呈现。建议学生观看视频时，重视实践应用，不断提升职业能力与素养。期望配套视频能为学生的学习之旅提供有力的支持与帮助。

本书由重庆工业职业技术学院高级工程师蔡淼担任主编，重庆工业职业技术学院何静教授和张文静老师担任副主编。中国移动通信集团重庆有限公司高级工程师、全国电信和互联网行业技术能手曾樊历参与编写。编者都有多年从事一线网络安全实践的工作经验或教学经验，在编写过程中将教学与行业发展现状、行业相关标准及工作岗位要求有机衔接。本书编写分工如下：全书由蔡淼统稿，蔡淼编写项目 1～项目 5、项目 9～项目 11、项目 13；曾樊历编写项目 6；何静编写项目 12；张文静编写项目 7、项目 8。

读者可登录人邮教育社区（www.ryjiaoyu.com）下载本书提供的电子资源并使用。

由于编者水平有限，书中难免存在疏漏和不足之处，敬请广大读者批评指正，电子邮箱：151093403@qq.com。

编　者
2025 年 3 月

目　录

项目 ① **Windows 操作系统的账户和口令安全管理**

用户账户是操作系统的基本安全组件。操作系统通过用户账户来识别用户的身份，让有权限的用户登录系统，访问特定的资源。操作系统的账户和口令安全分别是操作系统安全的第一个维度和第二个维度。

知识目标

- 了解 Windows 操作系统的安全主体和安全标识符；
- 掌握 Windows 操作系统的用户账户及组账户；
- 掌握 Windows 操作系统的用户账户的口令安全管理；
- 了解口令攻击的方法与类型。

技能目标

- 能够运用 Windows 操作系统组件创建与管理本地用户账户和本地组账户；
- 能够运用 Windows 操作系统组件进行口令安全配置；
- 能够配置登录界面账户保护措施；
- 学会检查隐藏账户。

素质目标

- 履行道德准则和行为规范；
- 具有责任感；
- 具有安全意识、信息素养和工匠精神。

1.1 风险背景和行业标准

操作系统安全防护所保护的对象是操作系统，而它要防御的对象则是已通过社会工程学等手段来到装有操作系统的计算设备面前，或是突破外部层层网络防护到达操作系统层的攻击者，那么往往最先起到防御作用的就是操作系统的账户和口令。攻击者每天会发起数百万次口令攻击，弱口令、加密口令、网络钓鱼均是许多攻击的入口，确保合法用户访问正确的设备和正确的数据对于确保业务、系统甚至自我安全均至关重要。

《信息安全技术 网络安全等级保护基本要求》对于所有等级、所有专业的保护对象，都明确给出了关于账户和口令管理的基本要求，体现在"安全计算环境"的"身份鉴别"和"访问控制"中，基本要求如下。

① 应对登录的用户进行身份标识和身份鉴别，身份标识具有唯一性，身份鉴别信息具有复杂度要求并定期更换。

② 应具有登录失败处理功能，应配置并启用结束会话、限制非法登录次数等相关措施。

③ 应对登录的用户分配账户。

④ 应重命名或删除默认账户，修改默认账户的默认口令。

⑤ 应及时删除或停用多余的、过期的账户，避免共享账户的存在。

1.2 项目概述及分析

某企业新部署了一台装有 Windows 操作系统的服务器，系统管理员需要根据各个部门的岗位职责审批授权资料，在新服务器上为用户分配账户，并根据信息安全技术网络安全等级保护的要求以及系统防护的需要，对该服务器实施账户和口令的安全配置。

根据《信息安全技术 网络安全等级保护基本要求》和《电信网和互联网安全防护基线配置要求及检测要求 操作系统》，Windows 操作系统的账户和口令安全配置需满足如下要求。

① 应按照不同的用户分配不同的账户，避免不同用户共享账户，避免用户账户和设备间通信使用的账户共享。

② 应删除与运行、维护等工作无关的账户，删除过期账户。

③ 重命名管理员账户（Administrator），禁用来宾（Guest）账户。

④ 口令长度最少为 8 位，口令复杂度至少包含大写字母、小写字母、数字和特殊字符这 4 种字符中的 3 种。

⑤ 对于采用静态口令认证技术的设备，账户口令的生存期一般不超过 90 天，最长不超过 180 天。

⑥ 对于采用静态口令认证技术的设备，应配置设备，使用户不能重复使用最近 5 次（含 5 次）已使用的口令。

⑦ 对于采用静态口令认证技术的设备，应配置当用户连续认证失败次数超过 6 次（不含 6 次），锁定该用户使用的账户。

为了确保新部署的服务器符合《信息安全技术 网络安全等级保护基本要求》和《电信网和互联网安全防护基线配置要求及检测要求 操作系统》，并结合 Windows 操作系统的安全架构及工具，可以通过 Windows 操作系统的计算机管理组件相应模块的设置来满足要求①~③，通过本地安全策略组件相应模块的设置来满足要求④~⑦。

前面提到，操作系统要防御的对象是突破物理空间或网络空间到达操作系统层的攻击者，那么虽然配置了上述 Windows 操作系统的账户和口令安全机制，但在登录操作系统时，Windows 操作系统会默认显示最后登录系统的用户名等信息，这无疑给攻击者提供了便利。从防护角度，应该取消这样的默认配置。此外，攻击者为了使用系统，可能会在系统中建立隐藏账户，我们不能通过常规的账户管理方法查看隐藏账户。因此，还需要具备检查隐藏账户的意识和能力。

综上所述，为了完成新部署的 Windows 服务器账户和口令管理的安全配置，需要完成以下任务。

任务一：创建与管理本地用户账户和本地组账户。

任务二：口令安全的配置。

任务三：登录界面的账户保护。

任务四：隐藏账户检查。

1.3 实验环境

在实验中，利用一台装有 Windows Server 2012 R2 的虚拟机来模拟企业新部署的 Windows 操作系统服务器，实验环境拓扑如图 1-1 所示。客户端安装了虚拟机的物理主机，其安装的操作系统为 Windows 10，虚拟服务器是在物理主机的 VMware 虚拟环境中安装的虚拟机，操作系统为 Windows Server 2012 R2，客户端与虚拟服务器的网络是互通的。通过对虚拟机进行账户和口令管理的安全加固，掌握实际生产中所需要的 Windows 操作系统账户和口令安全管理配置的相关技能。

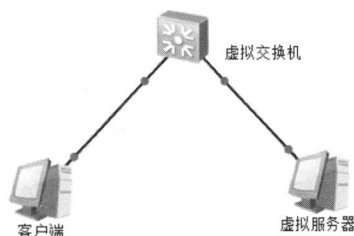

图 1-1 实验环境拓扑

1.4 知识准备

Windows 操作系统后期的版本都是多用户、多任务的操作系统，Windows Server 2012 R2 拥有完备的系统账户和安全、稳定的工作环境。在实施任务前，需要了解 Windows 操作系统的安全主体、安全标识符、用户账户、组账户等概念，还需要了解当前口令攻击的主要方法与类型。

1.4.1 Windows 操作系统的安全主体和安全标识符

安全主体：任何可通过操作系统进行身份验证的实体，主要有用户（user）、用户账户（account）、组账户（group）（也称组或组账户）和计算机（computer），以及在用户或计算机账户的安全上下文中运行的线程或进程。安全主体是 Windows 操作系统中安全资源控制的基础。

安全标识符（Security Identifier，SID）：用于在 Windows 操作系统中唯一标识一个安全主体。

安全标识符的工作方式：用户通过使用账户名称来引用账户，但操作系统内部则使用其 SID 来识别和引用账户，并在该 SID 对应的安全上下文中运行该账户所启动的进程。

创建用户账户或组账户时，Windows 操作系统将生成标识特定用户账户或组账户的 SID。本地用户账户或组账户的 SID 由计算机的本地安全机构（Local Security Authority，LSA）生成，并与其他账户信息一起存储在注册表的安全区域中。域用户账户或域组账户的 SID 由域安全机构生成，并作为域用户账户或域组账户对象的属性存储在 Active Directory 域服务中。

安全标识符的唯一性：对于每个本地用户账户或组账户，其 SID 对于创建它的计算机是唯一的。计算机上没有两个安全主体共享同一个 SID。同样，对于每个域账户或域组账户，SID 在企业中都是唯一的。对于已删除的账户，即使新建相同账户名的账户，也不会重复使

用 SID。例如，如果某个用户被调离工作岗位，那么其账户会被删除，这意味着标识该账户的 SID 同时被删除。如果稍后把他调回，管理员将重新创建一个同名的账户，Windows 操作系统也将生成一个新 SID，新 SID 与旧 SID 不同。因此，该用户的新、旧两个账户代表两个完全不同的安全主体。

1.4.2 Windows 操作系统的用户账户和组账户

用户账户：唯一标识使用计算机系统的用户。用户账户指示系统强制执行适当的授权，以允许或拒绝该用户账户访问资源。

用户账户的作用如下。

（1）表示、标识和验证用户的身份。通过用户账户，用户可以使用计算机、网络或域，可以通过身份验证的唯一标识符登录计算机、网络或域。

（2）授权（授予或拒绝）访问资源的权限。对用户进行身份验证后，根据为该用户分配的资源权限，授权该用户访问资源。

（3）审核对用户账户执行的操作。

组账户：也称组，是用户账户、计算机账户和其他组账户的集合。可以从安全角度将组账户作为项目进行管理。

组账户的作用如下。

（1）简化管理。可以一次向多个账户分配一组公用权限，无须分别单独分配给每个账户。此外，当用户转移工作或离开组织时，权限不会绑定到其用户账户，从而更便捷地重新分配或删除权限。

（2）最大程度地减小访问控制列表（Access Control List，ACL）的大小并加快安全检查的速度。安全组有自己的 SID，因此 SID 可用于指定资源的权限。在拥有数千个用户的环境中，如果使用单个用户账户的 SID 指定对资源的访问，该资源的 ACL 会变得难以管理，并且系统检查资源权限所需的时间也会超出容忍限度。

Windows Server 2012 R2 支持两种用户账户：本地用户账户和域用户账户。同样地，组账户也有两种：本地组账户和域组账户。

本地用户账户和本地组账户是在本地计算机上创建的，它们可用于管理对该计算机上资源的访问权限。本地用户账户和本地组账户在本地计算机上由安全账户管理器（Security Accounts Manager，SAM）管理。

在 Active Directory 域中创建的域用户账户和域组账户存储在 Active Directory 数据库中，并且使用 Active Directory 工具进行管理。这些安全主体是目录对象，可用于管理对域资源的访问权限。

本项目主要介绍本地用户账户和本地组账户的安全管理。

1. Windows 操作系统的本地用户账户

本地用户账户是安全主体，在本地计算机上创建、存储，可以在本地计算机上为这些账户分配权限，用于保护和管理对本地计算机上资源的访问权限。

本地用户账户通常在工作组模式下使用，主要特征是基于本机，即本地用户账户只能登录创建该账户的计算机，并访问该计算机的服务或系统资源。

除用户创建的本地用户账户外，Windows 操作系统还有默认本地用户账户。

默认本地用户账户是安装 Windows 操作系统时自动创建的内置账户。在安装 Windows 操作系统后，默认本地用户账户将无法被删除。

Windows 操作系统常用的两个默认用户账户是管理员账户和来宾账户。

管理员账户（Administrator）：即系统管理员。每一台计算机都有管理员账户，拥有本地计算机上文件、目录、服务以及其他资源的完全控制权。管理员账户不仅可以创建其他本地用户账户、分配用户权限，还可以通过更改用户权限随时控制本地资源。默认本地管理员账户不能被删除，但可以被重命名或禁用。

来宾账户（Guset）：允许没有账户的用户登录到本地计算机，在有限的用户权限下临时使用计算机上有限的资源。默认情况下，来宾账户具有空口令。来宾账户也不能被删除。

此外，Windows 操作系统除了有默认本地用户账户外，还有默认本地系统账户，这里主要介绍系统账户（SYSTEM）。系统账户能够自动运行程序所使用的运行环境，从技术角度拥有最高权限。因为管理员账户和系统账户拥有最高权限，所以它们也是攻击者在入侵 Windows 操作系统时的终极目标账户。

系统账户（SYSTEM）：默认本地系统账户，由操作系统或操作系统内部的系统服务使用。在 Windows 操作系统中有许多服务和进程需要进行内部登录，例如，在安装 Windows 操作系统时。系统账户的权限由操作系统管理，它是内部账户，不会显示在用户管理器中，并且不能添加到任何组账户。系统账户会显示在 NTFS 的文件管理器中"安全"菜单的"权限"部分。默认情况下，系统账户被授予对 NTFS 卷上的所有文件的完全控制权限。

2. Windows 操作系统的本地组账户

根据创建方式的不同，组账户可以分为用户自定义组账户和内置组账户。内置组账户是 Windows 操作系统自动创建的一些组账户，拥有系统事先定义好的执行系统管理任务的权限。

关于内置组账户的相关描述可以参看系统内容，以 Windows Server 2012 R2 为例，可以在"计算机管理（本地）"→"系统工具"→"本地用户和组"→"组"查看所有内置组账户，如图 1-2 所示。

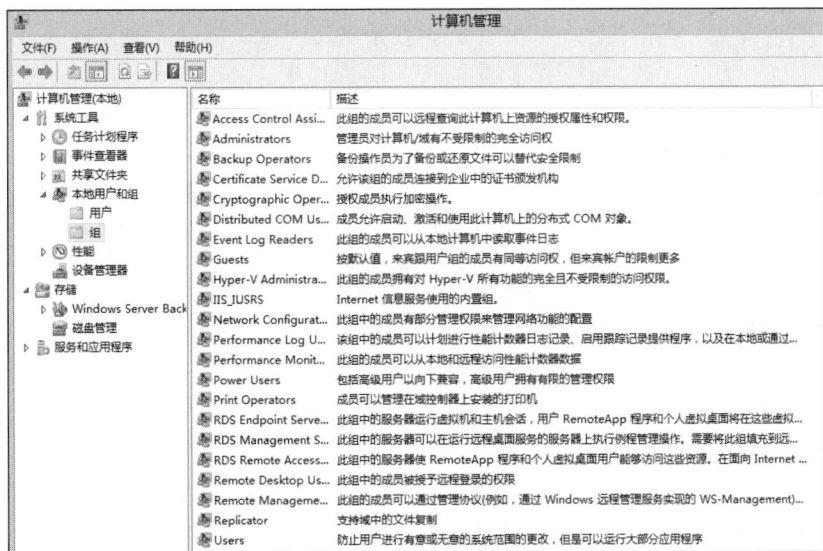

图 1-2　查看内置组账户

比较重要或常见的内置组账户介绍如下。

Administrators：管理员组，本地最高权限组账户，拥有不受限制的完全访问权。

Backup Operators：备份操作员组，可以被授权的对象包括备份文件和目录、还原文件和目录等。

Users：普通账户组，新建的用户在默认情况下都属于这个组账户。这个组账户的用户可以运行经过验证的应用程序。

Guests：来宾组，其成员和 Users 的成员有同等访问权，但来宾组的限制很多。

1.4.3 口令攻击的主要类型与方法

口令攻击是指以口令为攻击目标，破解合法用户的口令或避开口令验证，然后冒充合法用户潜入目标系统，夺取目标系统控制权的过程。

口令攻击的类型主要有针对口令强度的攻击、针对口令存储的攻击、针对口令传输的攻击及其他攻击。

不同类型的口令攻击，攻击的方法也不同。

1. 针对口令强度的主要攻击方法

① 强行攻击：对于固定长度的口令，在足够长的时间内，总能穷举出其全部可能的取值。计算机如果有足够强的能力来尝试大小写字母、数字、特殊字符等的所有组合，最终能够破解所有的口令。这种类型的攻击称为强行攻击。

例如，一个由 4 个小写字母组成的口令，大约有 46 万种可能的组合，可以在几分钟内被破解。

又如，一个由 6 个字符（包括大小写字母、数字、特殊字符等）组成的口令，大约有 10 万亿种可能的组合，可以在一定时间内被破解。

② 字典攻击：将一些常见的、使用概率较高的口令集中存放在字典文件中，用与强行攻击类似的方法进行逐个攻击。

攻击者一般都有自己的口令字典，其中包括常用的词、词组、数字及其组合等，并在攻击过程中不断地充实、丰富自己的口令字典，攻击者之间也经常会交换各自的口令字典。使用一部约 1 万个单词的字典一般能破解系统中 70% 的口令。

③ 组合攻击：组合使用强行攻击和字典攻击对口令进行破解。字典攻击只能尝试字典里存在的口令，但破解速度很快。强行攻击能尝试所有的口令，但是破解时间很长。许多管理员要求用户使用字母和数字的组合，用户一般是在字母后面添加几个数字，如把 mysql 改成 mysql123。对于此类口令，攻击者可以使用组合攻击的方法，即使用字典中的口令在尾部串接任意字母或数字等方法破解。组合攻击介于字典攻击和强行攻击之间，攻击效果显著。

2. 针对口令存储的主要攻击方法

针对缓存口令的攻击：在一个操作系统中，不论口令存储在什么位置，进行用户身份验证时总要加载到内存中，这就存在口令泄露的风险。例如，利用 PWDump 攻击，可以搜索系统内存，获取其中存储的账号或口令。

此外，一些系统为了使用户的操作更加方便和快捷，提供了口令记忆（缓存）功能。攻击者同样能够利用搜索系统内存的方法获得缓存中的口令，例如访问邮箱、网络账号管理等获取相关口令。

针对口令文件的攻击：文件是口令存储的一种常见形式。例如 Windows 操作系统中的 SAM 文件，Linux 操作系统中的 shadow 文件。很多使用脚本语言构建的网站或应用系统，在其源码文件中往往以明文形式存放连接数据库的账号和口令，一旦攻击者侵入网站服务器，就可以进一步获取后台数据库服务器的账号和口令。

3. 针对口令传输的主要攻击方法

嗅探攻击：通过嗅探器（sniffer）在局域网内嗅探明文传输的口令。

钓鱼攻击：企图从电子通信中，通过伪装成可信的组织机构（通常是目标所信任的机构），以获得如用户名、口令或信用卡明细等个人敏感信息的攻击过程。

4. 其他攻击方法

对于口令，最容易想到的一个威胁就是口令破解，许多组织因此花费大量工夫加强口令的安全性、牢固性、不可破解性，但是看似坚不可摧、很难破解的口令，还是可能被攻击者通过一些其他手段获取，类似大开着的"后门"。例如，社会工程攻击、特洛伊木马、重放攻击等。

社会工程攻击（Social Engineering Attack）：通过人际交往这一非技术手段以欺骗、套取的方式来获得口令。

特洛伊木马（Trojan horse）：寄宿在计算机里的一种非授权的远程控制程序，能够在计算机管理员未发觉的情况下开放系统权限、泄露用户信息，甚至窃取整个计算机管理员的使用权限。

重放攻击（Replay Attack）：又称重播攻击、回放攻击，是指攻击者发送一个目的主机已接收过的包，来达到欺骗系统的目的，主要用于在身份认证过程中破坏认证的正确性。

1.4.4 Windows 操作系统的口令安全

本地账户和口令信息保存在 SAM 中，SAM 用不可逆哈希算法加密口令后存储。

安全网络环境要求所有用户账户采用一定的口令策略来提升账户的口令安全，包括使用强口令，即至少包含 8 个字符，且是大小写字母、数字和特殊字符的组合。这样有助于防止未经授权的用户通过手动方法或自动工具猜测弱口令获取到用户账户或管理员账户的权限。此外，定期更改强口令可降低口令攻击成功的概率。

多次因口令不正确登录失败的用户可能是通过尝试来确定账户口令的恶意用户。可以通过配置禁用账户一段预设的时间来响应这类潜在攻击。账户锁定策略就是针对这种潜在攻击设置预设阈值以及设置达到阈值后要采取的操作。

Windows 操作系统可以通过口令策略和账户锁定策略两种方式来管理用户账户的口令安全。

口令策略：口令必须符合复杂性、口令长度最小值、口令最短使用期限、口令最长使用期限、强制口令历史等要求。

账户锁定策略：账户锁定时间、账户锁定阈值、重置账户锁定计数器等。

Windows 操作系统的每项口令策略和账户锁定策略的相关描述及注意事项可以查看系统内容。以口令长度最小值为例，打开"本地安全策略"窗口，在"安全设置"→"账户策略"→"密码策略"中，双击"密码长度最小值"，如图 1-3 所示，在弹出的"密码长度最小值属性"对话框的"说明"选项卡下，可以查看口令长度最小值的设置范围和注意事项等内容，如图 1-4 所示。

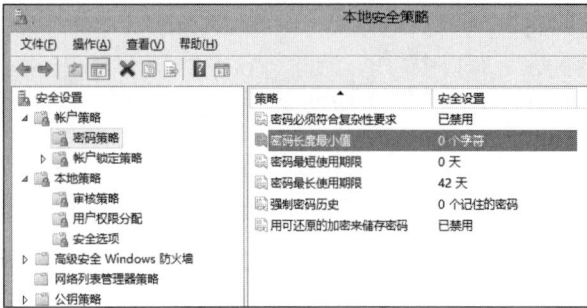

图 1-3 "本地安全策略"窗口

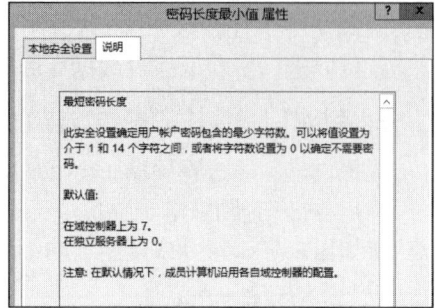

图 1-4 "密码长度最小值 属性"对话框

1.5 项目实施

为了对新部署的 Windows 操作系统服务器实施账户和口令的安全配置，接下来需要完成 4 个任务，包括创建与管理本地用户账户和本地组账户、口令安全的配置、登录界面的账户保护和隐藏账户检查。

任务 1-1 创建与管理本地用户账户和本地组账户

根据《信息安全技术 网络安全等级保护基本要求》和《电信网和互联网安全防护基线配置要求及检测要求 操作系统》中 Windows 操作系统的账户安全配置要求，须重命名本地管理员账户，禁用来宾账户，依据上级审批的授权资料，为运维部工程组的员工李四、财务部的员工张三和销售部的 3 名员工分配账户并创建工程组、财务部和销售部 3 个组账户。因财务部的员工张三离职，需删除他的账户 zhangsan；工程结束后，需要删除工程组组账户。

1. 禁用来宾账户、重命名本地管理员账户

① 打开"服务器管理器"→"仪表板"，单击右上方的"工具"菜单，在弹出的下拉菜单中单击"计算机管理（本地）"，打开"计算机管理"窗口，如图 1-5 所示。

图 1-5 "计算机管理"窗口

② 在"计算机管理"窗口的"系统工具"中，双击展开"本地用户和组"，选中"用户"，在右侧展示的列表中可以看到，安装 Windows Server 2012 R2 操作系统后，系统自动创建了本地用户账户 Administrator 和 Guest，如图 1-6 所示。

其中，Guest 图标上有一个向下的箭头，代表来宾账户已被禁用，即 Windows Server 2012 R2 操作系统在安装时虽然创建了来宾账户，但默认处于禁用的状态。对于其他版本的

Windows 操作系统，需要确认来宾账户是否处于禁用状态；若未禁用，须禁用来宾账户。禁用的方法参照下面的③。

③ 在"用户"列表中右击"Guest"，在弹出的快捷菜单中选择"属性"选项，打开"Guest 属性"对话框，如图 1-7 所示。勾选"账户已禁用"复选框（因 Windows Server 2012 R2 操作系统默认禁用来宾账户，所以此项已勾选，此处可确认），然后依次单击"应用""确定"按钮，完成对 Guest 账户的禁用设置。

图 1-6　"用户"列表

图 1-7　"Guest 属性"对话框

④ 在"用户"列表中右击"Administrator"，在弹出的快捷菜单中选择"重命名"选项，即可编辑管理员账户名，如图 1-8 所示。此处将本地管理员账户名更改为"winad2012"，如图 1-9 所示。

图 1-8　重命名本地管理员账户

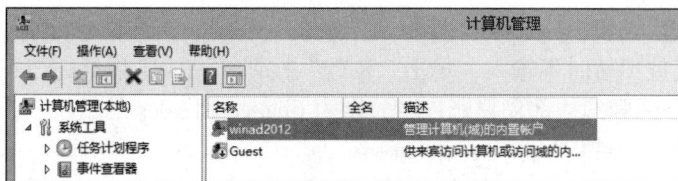

图 1-9　重命名后的本地管理员账户

2. 创建本地用户账户

① 在"用户"列表中右击空白处，在弹出的快捷菜单中选择"新用户"选项，打开"新用户"对话框，如图 1-10 所示。

在"用户名""全名""描述"文本框中输入要设置的内容，并在"密码""确认密码"文本框中输入相同的口令，单击"创建"按钮，完成本地用户账户的创建。此处为李四创建了一个用户名为 lisi 的账户。用同样的方法可以为财务部的员工张三和销售部的 3 名员工分配用户名为 zhangsan、SaleR、SaleE 和 SaleT 的本地用户账户，完成后"用户"列表中的本地用户如图 1-11 所示。

图 1-10 "新用户"对话框

图 1-11 "用户"列表中的本地用户

② 双击新建的账户，以"lisi"为例，将弹出该账户的属性对话框，如图 1-12 所示。

从该对话框中可以看到，账户还包括其他内容，如用户隶属的组账户、配置文件、拨入权限、终端用户等，这些都可以在这里进行修改。这里在"常规"选项卡下勾选"用户下次登录时须更改密码"复选框，以确保用户账户安全。

3. 创建本地组账户

在"计算机管理"窗口中，双击展开"本地用户和组"，选中"组"，在右侧展示的列表中，可以看到安装 Windows Server 2012 R2 操作系统时系统自动创建的内置组账户，如图 1-2 所示。右击空白处，在弹出的快捷菜单中选择"新建组"选项，弹出"新建组"对话框，如图 1-13 所示。

图 1-12 "lisi 属性"对话框

以创建工程组的组账户 project 为例，在"组名""描述"文本框中分别输入"project""运维部工程组"，其他项暂时不输入，单击"创建"按钮，完成工程组的组账户创建。用同样的方法可以为财务部和销售部创建账户名分别为 finance 和 sales 的组账户，完成后，"组"列表中本地组账户如图 1-14 所示。

4. 向本地组账户添加成员账户

向本地组账户添加成员账户有两种方法：直接向本地组账户添加成员账户和将用户账户添加到组账户中。

（1）直接向本地组账户添加成员账户

以向工程组组账户 project 添加本地用户账户 lisi 为例，在"计算机管理（本地）"→"本地用户和组"→"组"下，双击"project"组账户，弹出"project 属性"对话框，如图 1-15 所示。

图 1-13 "新建组"对话框

图 1-14 "组"列表中本地组账户

单击"添加"按钮，弹出"选择用户"对话框，如图 1-16 所示。

图 1-15 "project 属性"对话框

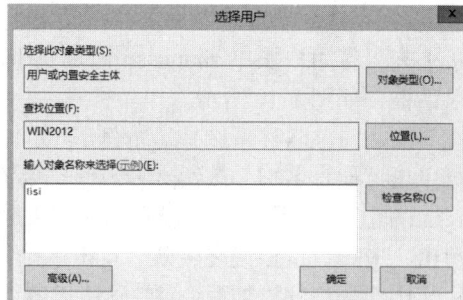

图 1-16 "选择用户"对话框

在"输入对象名称来选择（示例）"区域输入需要添加的本地用户账户名称"lisi"，输入后可单击"检查名称"按钮选择或修正要添加的用户账户的名称，单击"确定"按钮，回到"project 属性"对话框，可以看到在"成员"的下面多了"lisi"用户，如图 1-17 所示，依次单击"应用""确定"按钮，完成成员的添加。若要删除成员，在组账户的属性对话框的"成员"区域选中相应成员，然后单击"删除"按钮，最后单击"应用"按钮使之生效。

为组账户添加成员后，须确认成员是否添加成功，只要再次双击相应的组账户，在弹出的"project 属性"对话框中，可看到相应的成员信息，表明成员账户添加成功。

（2）将本地用户账户添加到本地组账户

以将本地用户账户 zhangsan 添加到 finance 组账户为例。在"计算机管理（本地）"→"本地用户和组"→"用户"下，双击"zhangsan"用户账户，弹出"zhangsan 属性"对话框，选择"隶属于"选项卡，如图 1-18 所示。

图 1-17　有成员"lisi"的组账户
"project 属性"对话框

图 1-18　"zhangsan 属性"对话框
"隶属于"选项卡

可以看到在"隶属于"下方区域已有 Users 组账户，这是因为新建的用户在默认情况下都属于这个组账户。为了准确地管理用户权限，将默认的归属组删除，选中"Users"，单击"删除"按钮，然后单击"应用"按钮使之生效。

接下来，将用户账户 zhangsan 添加到 finance 组账户，单击"添加"按钮，弹出"选择组"对话框，如图 1-19 所示。

在"输入对象名称来选择（示例）"文本框中输入需要添加的组账户名称"finance"，输入后可单击"检查名称"按钮选择或修正要添加的组账户的名称，单击"确定"按钮，回到"zhangsan 属性"对话框，可以看到在"隶属于"下面出现了 finance 组账户，如图 1-20 所示。单击"应用"按钮使之生效，单击"确定"按钮退出，完成将用户账户添加到组账户。

完成用户账户的添加后，需要确认隶属组是否添加成功。只要再次双击相应的用户账户，在弹出的用户账户属性对话框中的"隶属于"选项卡下可看到相应的隶属组信息，如图 1-20 所示，如果其中有 finance 组账户，则表明隶属组添加成功。

5. 删除本地用户账户和本地组账户

（1）删除本地用户账户

以删除本地用户账户 zhangsan 为例，在"计算机管理（本地）"→"本地用户和组"→"用户"中，右击"zhangsan"，在弹出的快捷菜单中选择"删除"选项，如图 1-21 所示。随后会弹出"本地用户和组"提示框，如图 1-22 所示，提示安全标识符的唯一性，单击"是"按钮，完成用户账户的删除。

（2）删除本地组账户

以删除本地组账户 project 为例，在"计算机管理（本地）"→"本地用户和组"→"组"中，右击"project"，在弹出的快捷菜单中选择"删除"选项，同样会弹出提示安全标识符的唯一性的"本地用户和组"提示框，类似于图 1-22，单击"是"按钮，完成组账户的删除。

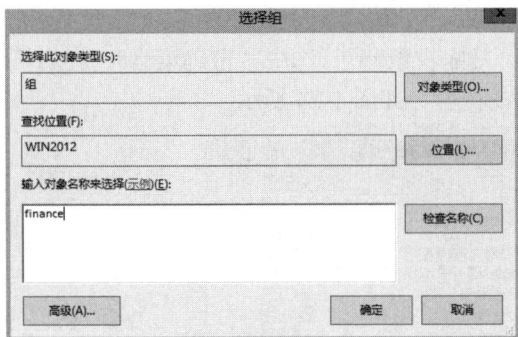

图 1-19 "选择组"对话框

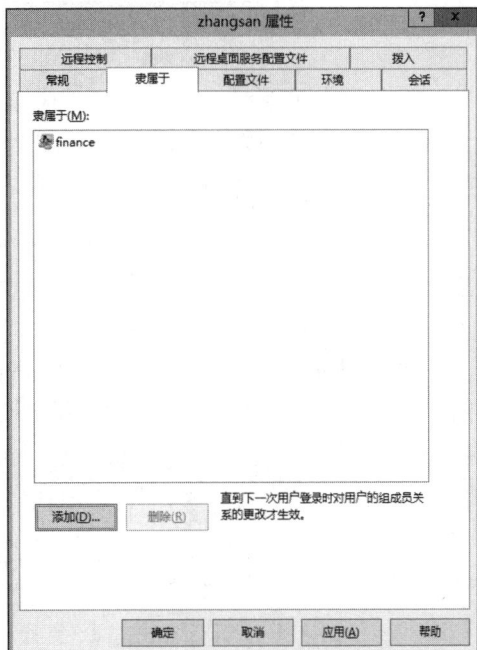

图 1-20 隶属于 finance 组账户的本地用户账户
"zhangsan 属性"对话框

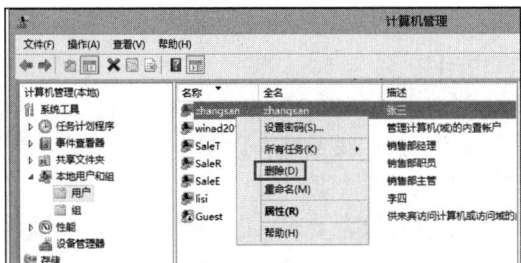

图 1-21 删除用户

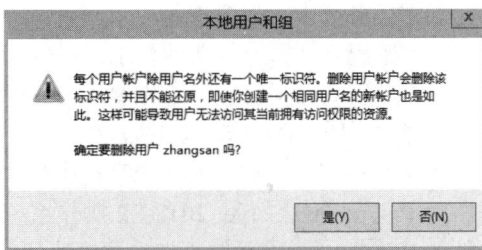

图 1-22 "本地用户和组"提示框

任务 1-2 口令安全的配置

根据《信息安全技术 网络安全等级保护基本要求》和《电信网和互联网安全防护基线配置要求及检测要求 操作系统》中 Windows 操作系统的口令安全配置要求，须对新部署的服务器设置口令策略和账户锁定策略，从而强制各账户的口令设置满足以下要求。

① 口令长度最少为 8 位，口令复杂度至少包含大小写字母、数字和特殊字符 4 种类别字符中的 3 种。

② 账户口令的生存期一般不超过 90 天。

③ 不能重复使用最近 5 次（含 5 次）内已使用的口令。

④ 当用户连续认证失败次数超过 6 次（不含 6 次），锁定该用户使用的账户。

1. 设置口令策略

① 打开"服务器管理器"→"仪表板"，单击右上方的"工具"菜单，在弹出的下拉菜单中单击"本地安全策略"，打开"本地安全策略"窗口，如图 1-23 所示。

13

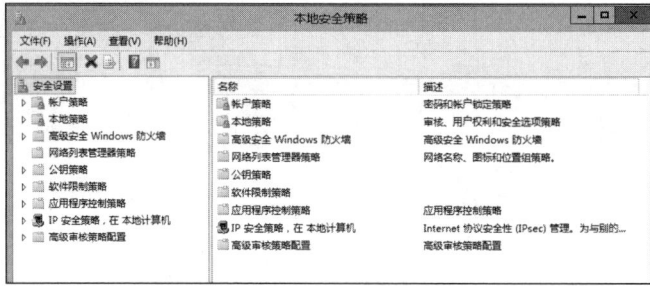

图 1-23　"本地安全策略"窗口

② 在"本地安全策略"窗口中，双击展开"账户策略"，选中"密码策略"，在右侧展示的列表中，可以看到各项口令策略安全设置的内容，如图 1-24 所示。

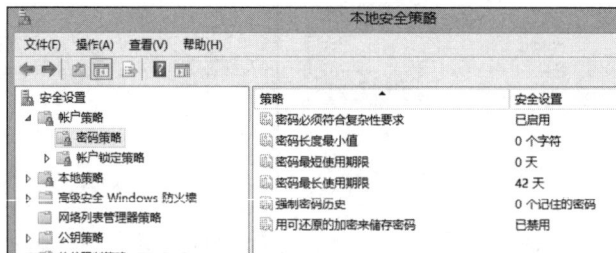

图 1-24　"密码策略"列表

根据任务要求，需要进行以下设置。

a. "密码必须符合复杂性要求"设置为"已启用"。

双击"密码必须符合复杂性要求"，在弹出的"密码必须符合复杂性要求 属性"对话框中，选择"说明"选项卡，如图 1-25 所示。根据描述，启用该策略，以满足"口令复杂度至少包含大小写字母、数字和特殊字符中的 3 种"的要求。

对于 Windows Server 2012 R2 操作系统，该策略设置符合要求，若要修改，或其他版本较低的 Windows 操作系统不符合要求，可按如下操作进行。

在"密码必须符合复杂性要求 属性"对话框中，选择"本地安全设置"选项卡，选择"已启用"单选按钮，依次单击"应用"和"确定"按钮，完成配置，如图 1-26 所示。

b. "密码长度最小值"设置为"8"。

双击"密码长度最小值"，在弹出的"密码长度最小值 属性"对话框中，选择"说明"选项卡，如图 1-4 所示。根据描述，该策略确定用户账户口令包含的最少字符数，需将其设置为"8"，以满足"口令长度最少为 8 位"的要求。

在"密码长度最小值 属性"对话框中，选择"本地安全设置"选项卡，在文本框中输入"8"，如图 1-27 所示。然后依次单击"应用"和"确定"按钮，完成配置。

c. "密码最长使用期限"设置为"90"。

双击"密码最长使用期限"，在弹出的"密码最长使用期限 属性"对话框中，选择"说明"选项卡，如图 1-28 所示。根据描述，该策略确定在系统要求用户更改某个口令之前可以使用该口令的天数，需将其设置为"90"，以满足"账户口令的生存期一般不超过 90 天"的要求。

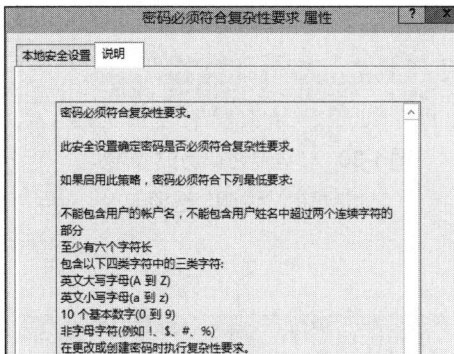

图 1-25 "密码必须符合复杂性要求 属性"对话框的"说明"选项卡

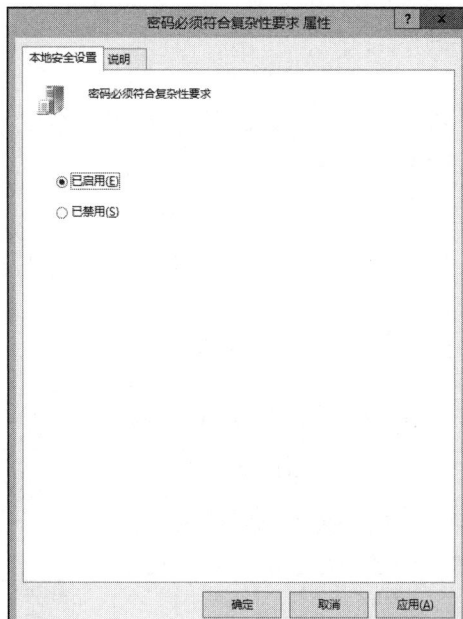

图 1-26 将"密码必须符合复杂性要求" 设置为"已启用"

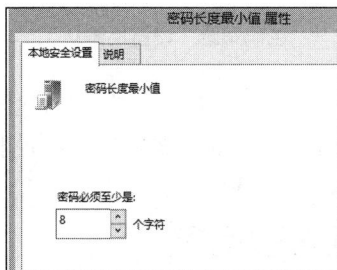

图 1-27 将"密码长度最小值"设置为"8"

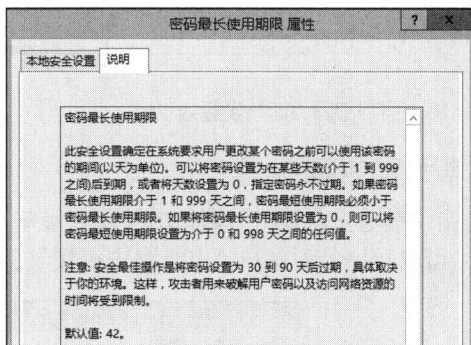

图 1-28 "密码最长使用期限 属性" 对话框的"说明"选项卡

  在"密码最长使用期限 属性"对话框中,选择"本地安全设置"选项卡,在文本框中输入"90",然后依次单击"应用"和"确定"按钮,完成配置,如图 1-29 所示。

  d. "强制密码历史"设置为"5"。

  双击"强制密码历史",在弹出的"强制密码历史 属性"对话框中,选择"说明"选项卡,如图 1-30 所示。根据描述,该策略确定再次使用某个旧口令之前必须与某个用户账户关联的不同的新口令数,需将其设置为"5",以满足"不能重复使用最近 5 次(含 5 次)内已使用的口令"的要求。

  在"强制密码历史 属性"对话框中,选择"本地安全设置"选项卡,在文本框中输入"5",然后依次单击"应用"和"确定"按钮,完成配置,如图 1-31 所示。

  ③ 完成②中各项口令策略的设置后,需要返回"密码策略"列表确认设置是否成功,如图 1-32 所示。

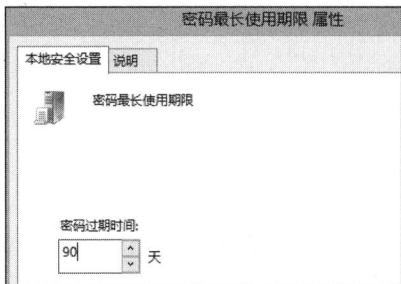

图1-29 将"密码最长使用期限"
设置为"90"

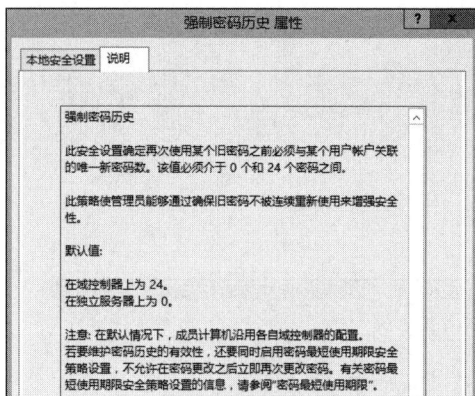

图1-30 "强制密码历史 属性"
对话框的"说明"选项卡

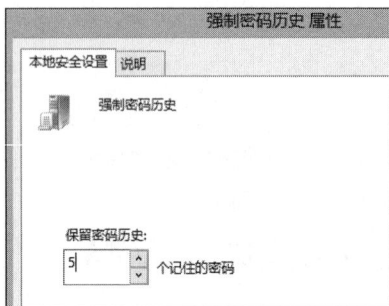

图1-31 将"强制密码历史"设置为"5"

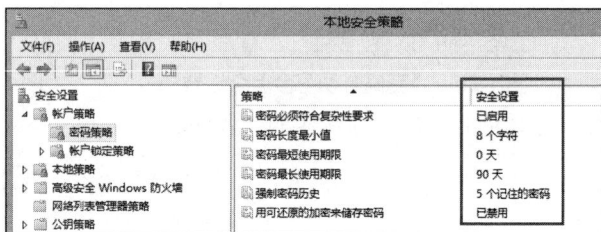

图1-32 "密码策略"设置后确认

2. 设置账户锁定策略

① 在"本地安全策略"窗口的"账户策略"下，选中"账户锁定策略"，在右侧展示的列表中，可以看到各项账户锁定策略安全设置的内容，如图1-33所示。

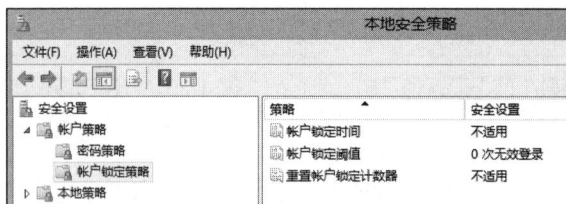

图1-33 "账户锁定策略"列表

② 根据任务要求，需要进行以下设置。

a."账户锁定阈值"设置为"6"。

双击"账户锁定阈值"，在弹出的"账户锁定阈值 属性"对话框中，选择"说明"选项卡，如图1-34所示。根据描述，该策略确定导致用户账户被锁定的尝试登录失败的次数。若为0，则永远不锁定账户。需将其设置为"6"，以满足"当用户连续认证失败次数超过6次（不含6次），锁定该用户使用的账户"的要求。

在"账户锁定阈值 属性"对话框中，选择"本地安全设置"选项卡，在文本框中输入"6"，如图1-35所示。然后单击"应用"按钮，会弹出"建议的数值改动"提示框，如图1-36

所示，单击"确定"按钮，完成配置。

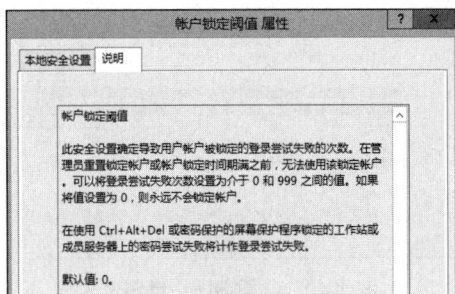

图 1-34 "账户锁定阈值 属性"对话框的
"说明"选项卡

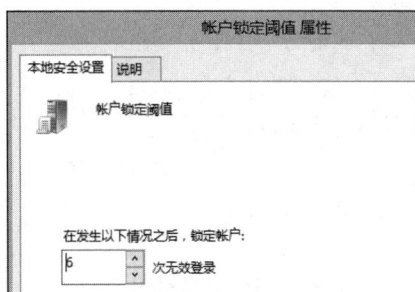

图 1-35 "账户锁定阈值"
设置为"6"

完成后，需要返回确认"账户锁定阈值"设置是否成功，如图 1-37 所示。

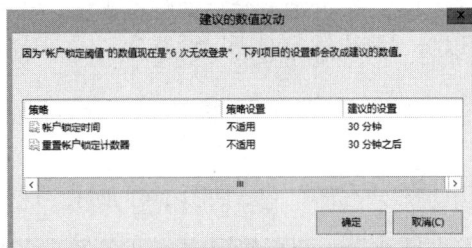

图 1-36 "建议的数值改动"提示框

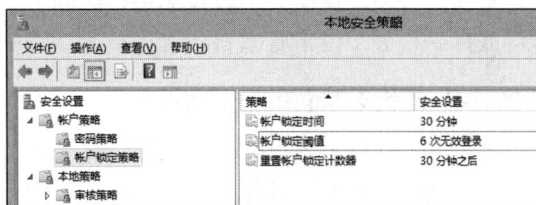

图 1-37 "账户锁定策略"配置后确认

b. 锁定账户的解锁。

若某用户账户因多次输入错误口令达到了"账户锁定阈值"，此处为 6 次，则该账户会被锁定，将不能继续登录服务器。用户账户的锁定会体现在该账户的属性中，即在"计算机管理（本地）"→"本地用户和组"→"用户"中相应账户的属性中体现。比如，本地用户账户 lisi 因 6 次输错口令导致账户被锁定，其属性如图 1-38 所示，可见"账户已锁定"复选框自动被勾选上了。若服务器管理员确认 lisi 账户安全，要予以解锁时，可以通过手动的方式，在此处取消勾选"账户已锁定"复选框，然后依次单击"应用"和"确定"按钮。

除了通过手动的方式解锁账户外，Windows 操作系统还提供了自动解锁的功能。"账户锁定策略"的另外两个策略"账户锁定时间"和"重置账户锁定计数器"，就是设置账户自动解锁的参数，即锁定时间和重置锁定计数器的时间。双击相应策略，选择"说明"选项卡，可以查看对两个策略的描述，如图 1-39 和图 1-40 所示。

图 1-38 被锁定的本地用户账户 lisi 的属性

若未设置"账户锁定阈值"，则"账户锁定时间"和"重置账户锁定计数器"两个策略都设置为"不适用"。

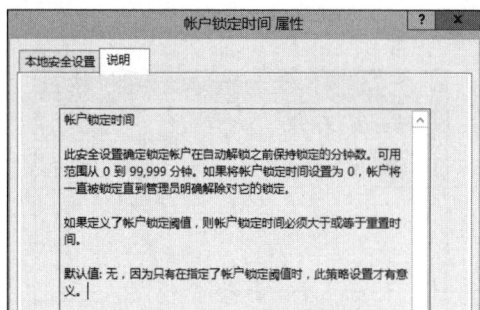

图 1-39 "账户锁定时间 属性"的
"说明"选项卡

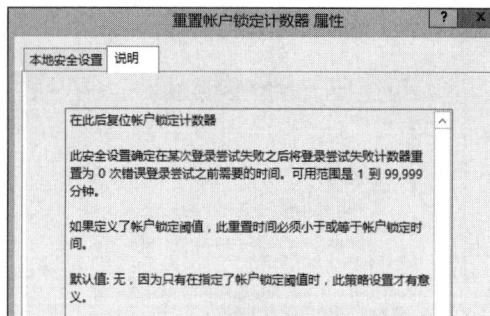

图 1-40 "重置账户锁定计数器
属性"的"说明"选项卡

若设置了"账户锁定阈值"，则可以通过"账户锁定时间"和"重置账户锁定计数器"两个策略设置自动解锁的时间，这也是在将"账户锁定阈值"设置为"6"时，弹出图 1-36 所示的"建议的数值改动"提示框的原因，代表账户锁定 30 分钟后会自动解锁账户。管理员可重新设置两个策略来更改自动解锁时间，也可以将"账户锁定时间"设置为"0"，让锁定的账户一直处于锁定状态直到管理员手动解锁账户。

任务 1-3 登录界面的账户保护

Windows 操作系统会默认显示最后登录系统的用户账户名等信息，如图 1-41 所示。这对于要侵入操作系统的非法用户，相当于为其打开操作系统的第一道防线了，接下来只需要猜中口令就可以进入系统了。为提升新部署 Windows 操作系统的安全性，需要在登录界面隐藏账户名等信息。

有两种方法可以隐藏登录界面的账户信息：设置本地安全策略和设置注册表。

图 1-41 未设置账户保护的登录界面

1. 通过设置本地安全策略隐藏登录界面的账户信息

① 打开"服务器管理器"→"仪表板"，单击右上方的"工具"菜单，在弹出的下拉菜单中单击 "本地安全策略"，打开"本地安全策略"窗口，如图 1-23 所示。

在"本地安全策略"窗口中，双击展开"本地策略"，选中"安全选项"，在右侧展示的列表中，找到"交互式登录：不显示最后的用户名"，如图 1-42 所示。

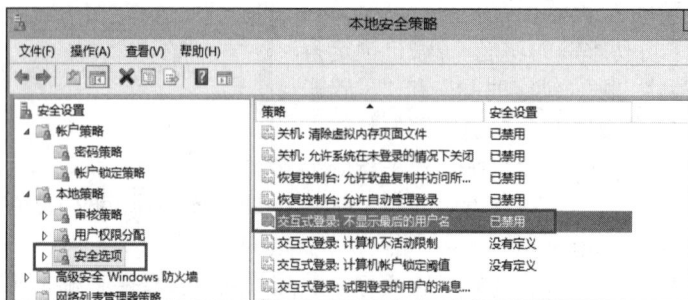

图 1-42 找到"交互式登录：不显示最后的用户名"

双击"交互式登录：不显示最后的用户名"，在弹出的"交互式登录：不显示最后的用户名 属性"对话框中，选择"本地安全设置"选项卡，系统默认"已禁用"，如图 1-43 所示，此处勾选"已启用"单选按钮，依次单击"应用"和"确定"按钮，完成配置。

② 验证。切换到登录界面，可以看到登录界面不再显示账户的信息，如图 1-44 所示。

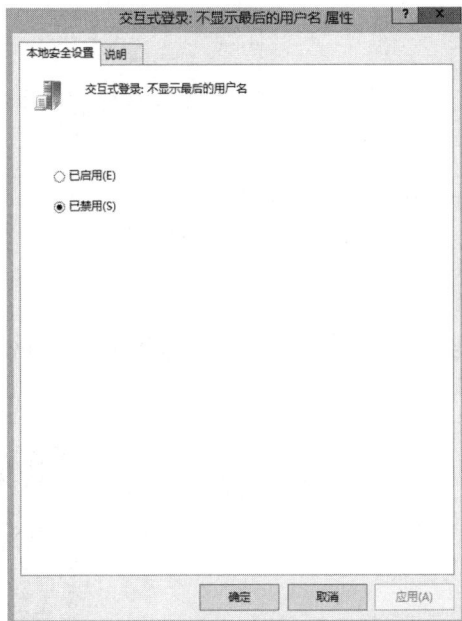

图 1-43　"交互式登录：不显示最后的用户名
属性"对话框

图 1-44　完成账户保护
设置的登录界面

2. 通过设置注册表隐藏登录界面的账户信息

① 按"Win+R"键，或在"开始"菜单搜索"运行"，打开"运行"对话框，在"运行"对话框中输入"regedit"，如图 1-45 所示。

② 单击"确定"按钮后会打开"注册表编辑器"窗口，如图 1-46 所示。

图 1-45　"运行"对话框

在"\HKEY_LOCAL_MACHINE\SOFTWARE\Microsoft\Windows\CurrentVersion\policies"路径下，单击"system"文件夹，在右侧展示的列表中找到"dontdisplaylastusername"并双击，在弹出的"编辑 DWORD(32 位)值"对话框中，将"数值数据"设置为"1"，如图 1-47 所示，然后单击"确定"按钮，完成配置。

③ 验证。切换到登录界面，同样可以看到登录界面不再显示账户的信息，如图 1-44 所示。

综上，通过本地安全策略设置和通过注册表设置这两种方法都可以达到保护登录界面账户信息的目的，实际操作中可以采用其中一种方法，也可以在"本地安全策略"和"注册表"中都进行设置。

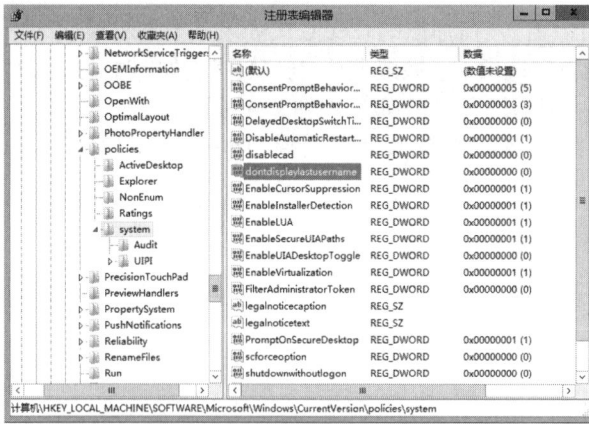

图 1-46 "注册表编辑器"窗口

图 1-47 "编辑 DWORD（32 位）值"对话框

任务 1-4　隐藏账户检查

攻击者为了使用系统，可能会在系统中建立隐藏账户。为确保新部署的 Windows 服务器的账户安全，管理员需要掌握检查隐藏账户的方法。

1. 在"计算机管理"窗口中检查账户

通常情况下，按照任务 1-1 中的方法在"计算机管理（本地）"→"本地用户和组"→"用户"下查看服务器的本地用户账户，如图 1-6 所示。

2. 在命令提示符窗口检查账户

按"Win+R"键，在打开的"运行"对话框输入"cmd"，或在"开始"菜单搜索"cmd"，并按"Enter"键，可以打开命令提示符窗口。

在命令提示符窗口中执行"net users"命令，可显示服务器的本地用户账户，如图 1-48 所示。

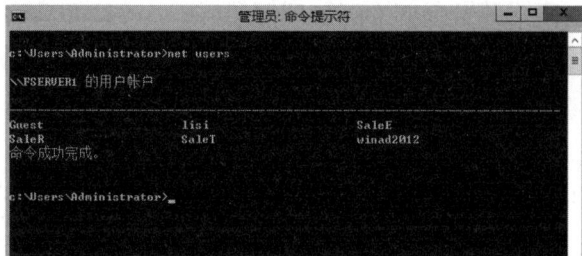

微课视频

微课 02　隐藏账户检查

图 1-48　命令提示符窗口

3. 在注册表检查账户

攻击者在系统中建立的隐藏账户，在"计算机管理（本地）"→"本地用户和组"下或在命令提示符窗口中执行"net users"命令，可能是查看不到的，需要在注册表中才能检查出来。

在"运行"对话框中输入"regedit"并按"Enter"键，打开"注册表编辑器"窗口，如图 1-46 所示。在"HKEY_LOCAL_MACHINE\SAM\SAM"路径下查看，操作系统账户资料均保存在这里。因为账户信息的重要性很高，Windows 操作系统对其进行了隐藏，所以当我们找到这个位置时，什么都看不到，需要进行下面的操作。

右击"SAM"，在弹出的快捷菜单中选择"权限"，如图 1-49 所示。

在弹出的"SAM 的权限"对话框中，在"组或用户名"下选中"Administrators (WIN2012\Administrators)"，在"Administrators 的权限"下的"完全控制"后勾选"允许"，如图 1-50 所示，然后单击"应用"按钮和"确定"按钮。

图 1-49   查看账户信息

图 1-50   "SAM 的权限"对话框

按"F5"键刷新，可以看到 SAM 下显示的账户信息，如图 1-51 所示。

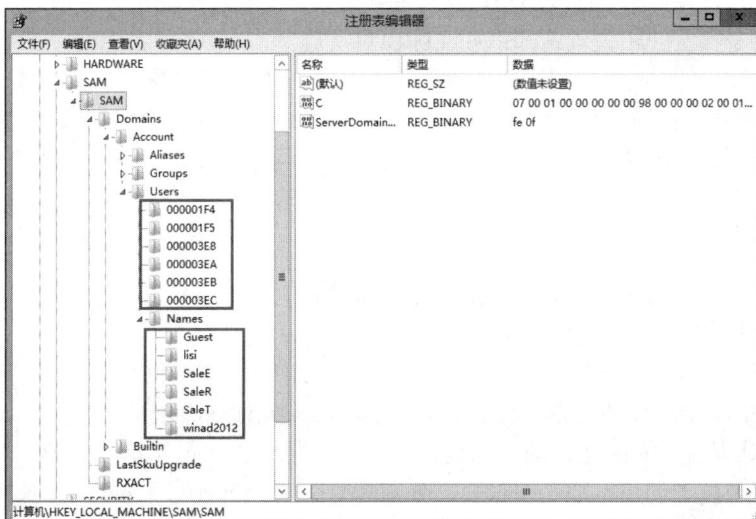

图 1-51   SAM 下显示的账户信息

到"HKEY_LOCAL_MACHINE\SAM\SAM\Domains\Account\Users"路径下的 Names 子键下查看各账户名子键，确定是否存在"命令提示符"窗口和"计算机管理"视图窗口查看不到的账户，若注册表与"命令提示符"窗口和"计算机管理"视图窗口查看的情况一致，则不存在隐藏账户，若不一致，则存在隐藏账户。如图 1-52 所示，存在隐藏账户"super$"，其在注册表中存在，而在"命令提示符"窗口和"计算机管理"视图窗口中不存在。可根据"super$"的类型值找到 Users 子键下的相应子键进行删除。

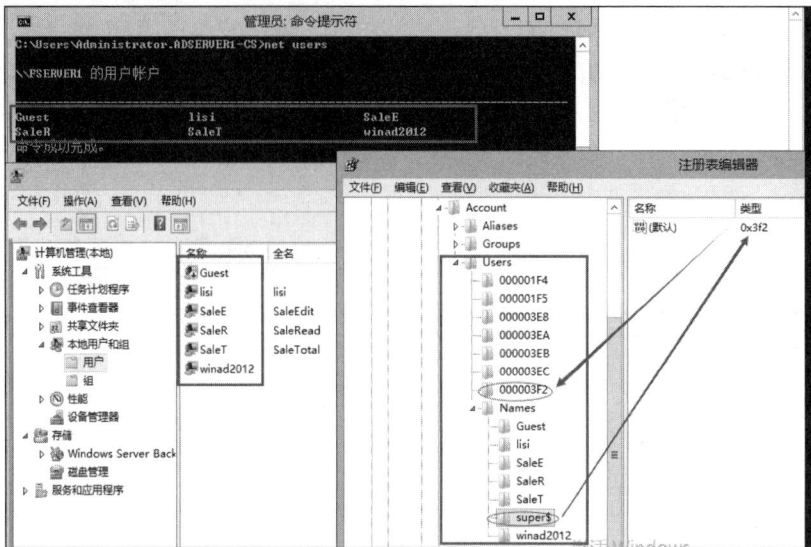

图 1-52　隐藏账户检查

1.6　项目小结

本项目介绍了 Windows 操作系统安全的第一个维度（账户安全）和第二个维度（口令安全）。从知识准备和项目实施两个角度，本项目依次讲解了 Windows 操作系统的安全主体和安全标识符、Windows 操作系统的用户账户和组账户、口令攻击的主要方法与类型、Windows 操作系统的口令安全的相关理论知识和实际项目实施。

通过对本项目的学习，希望读者能够构建 Windows 操作系统账户和口令安全管理的基本思路以及遵循的理论依据和原则，在实践中能够准确地为系统创建用户账户，并做好账户和口令的安全管理，从而从账户安全和口令安全的维度确保 Windows 操作系统的安全。

1.7　实践拓展

根据本项目所学内容，创建需要使用服务器的其他本地用户账户和组账户，并将本地用户账户划分到相应的组账户中，满足以下要求。

①　为财务部 3 名员工创建本地用户账户，即 finTT、finER 和 finRT。

②　将 finTT、finER 和 finRT 这 3 个用户账户加入 finace 组账户。

③　工程结束后，需由运维部员工负责服务器日常维护，创建运维部组账户 operators，并为运维部 4 名员工创建本地用户账户，分别为 OperR、OperE、OperT、OperW，并将其加入运维部组账户 operators。

④　运维部员工李四原来是工程组成员，工程结束后，李四的用户账户 lisi 需要加入运维部组账户 operators。

按上述要求完成配置后，请回答以下问题。

①　若设置 finTT 对文件"财务"有完全控制权，那么 finER 和 finRT 是否也有相同的权限？为什么？若设置 finace 组账户对文件"财务"有完全控制权，结果会有什么不同？为什么？

②　工程组 project 组账户对文件"项目"有完全控制权，运维部 operators 组账户对文件

"项目"有只读权限，在完成 1.5 节的任务和 1.7 节的实践拓展后，即 project 组账户被删除，新建了 operators 组账户，并将 lisi 加入 operators 组账户，李四对"项目"文件有什么权限？为什么？

③ 若 finTT、finER 和 finRT 这 3 个用户账户的所有权限均一致，那么是否可以只创建一个账户让 3 名员工共同使用？为什么？

1.8 素养拓展

Windows 操作系统的账户和口令安全管理的操作不算复杂，对于操作系统的安全管理员来说重点在于"做还是不做"，难点在于不断深入理解 Windows 操作系统安全模型的内在机制。创建一个账户很简单，但创建的依据是什么？是否要创建？需要什么权限？安全管理员必须清楚并确定，做到"守土有责"。肩负更大的责任，需要更强的能力，安全管理员需要保持安全意识的敏感度，并不断提升信息素养，在实践中钻研不止，培养工匠精神。

1.9 项目习题

1.（多选题）Windows Server 2012 R2 默认建立的本地用户账户有（　　）。

    A. Administrator   B. Guest

    C. users   D. Administrators

2.（单选题）对于一台工作组模式下的 Windows 计算机，用来保存用户账户和口令的数据库文件是（　　）。

    A. ntds. Dit   B. SAM

    C. SAM.dit   D. SAM.db

3.（判断题）在 Windows 操作系统中，若误删了账户，只要重新建立一个相同账户名的用户账户就可以拥有和原来一样的权限。（　　）

项目 ② Windows 操作系统的授权安全管理

"操作系统授权"通常是指操作系统提供的一种机制，用于控制和管理不同账户或组账户对系统资源的访问权限。这种机制确保了只有经过授权的用户才能执行特定的操作或访问特定的资源，从而保护系统的完整性和安全性。操作系统的授权安全是操作系统安全的第三个维度。

知识目标

- 理解共享文件夹安全；
- 理解 NTFS 及其权限；
- 了解 EFS 加密过程。

技能目标

- 掌握 Windows 操作系统访问控制的配置方法；
- 掌握共享文件夹及其权限的配置；
- 掌握 NTFS 及其权限的配置；
- 能够设置 EFS 来加密数据。

素质目标

- 培养国家安全观、家国情怀；
- 培养社会责任感；
- 培养严谨的科学素养和工匠精神。

2.1 风险背景和行业标准

操作系统安全管理，一方面要防护来自外部的网络攻击，为外部攻击设置重重障碍；另一方面要规范系统内部的操作安全。

从防护外部网络攻击的角度，《2020 年我国互联网网络安全态势综述》指出利用安全漏洞针对境内主机进行扫描探测、代码执行等的远程攻击行为日均超过 2176.4 万次。而到达权限防护这个层面时，说明攻击者已经完成了前期系统漏洞的收集分析，并且利用系统漏洞已突破防护设备进入系统。若操作系统没有进行有效的授权管理，就意味着给攻击者减少了一道障碍。

从系统内部管理的角度，不同的用户角色应该具有不同的系统权限，不同的权限能看到和操作不同的数据，这样既可以规范管理，也可以避免误操作、人为破坏、数据泄露等安全问题。

《信息安全技术 网络安全等级保护基本要求》对所有等级、所有专业的保护对象，都明确给出了关于授权管理的基本要求，体现在"安全计算环境"的"访问控制"或"安全运维管理"的"网络和系统安全管理"中，基本要求如下。

① 应划分不同的管理员角色进行网络和系统的运维管理，明确各个角色的责任和权限。

② 应对登录的用户分配账户和权限。

2.2 项目概述及分析

某企业新部署了一台装有 Windows 操作系统的服务器，根据信息安全技术网络安全等级保护的要求，已按照人员的不同角色分配了账户，现在需要对该服务器实施访问权限安全配置。

首先，根据《信息安全技术 网络安全等级保护基本要求》和《电信网和互联网安全防护基线配置要求及检测要求 操作系统》，Windows 操作系统的授权安全配置需符合如下要求。

① 本地、远程系统强制关机仅指派给 Administrators。

② 在本地安全设置中取得文件或其他对象的所有权仅指派给 Administrators。

③ 在本地安全设置中只允许授权的账户进行本地、远程访问登录此计算机。

④ 根据各个角色的责任和权限对用户分配权限。

⑤ 设置共享文件夹的访问权限，只允许授权的用户拥有共享此文件夹的权限。

⑥ 使用 NTFS。

为了确保新部署的服务器符合《信息安全技术 网络安全等级保护基本要求》和《电信网和互联网安全防护基线配置要求及检测要求 操作系统》，并结合 Windows 操作系统的安全架构及工具，可以通过 Windows 操作系统的本地安全策略组件相应模块的设置来满足上述要求①～③。

Windows 操作系统需要使用 NTFS，从文件系统安全、共享安全两个方面来加强 Windows 操作系统的授权管理，从而满足上述要求④～⑥。

通过 NTFS 权限和共享权限管理技术保障了文件资源安全和共享安全，但仍有可能被外部攻击者突破权限设置获取权限之外的文件，因此，需要通过数据加密进一步提升文件安全水平。

综上所述，为了完成新部署的 Windows 服务器授权管理的安全配置，需要完成以下任务。

任务一：重要访问控制限制。

任务二：共享文件夹共享权限的配置。

任务三：NTFS 其权限配置。

任务四：设置 EFS 来加密数据。

2.3 实验环境

在实验中，利用一台装有 Windows Server 2012 R2 的虚拟机来模拟企业新部署的 Windows 操作系统的服务器，实验环境拓扑如图 2-1 所示。通过对虚拟机进行授权管理的安全加固，掌握实际生产中所需要的 Windows 操作系统的授权安全管理配置的相关技能。

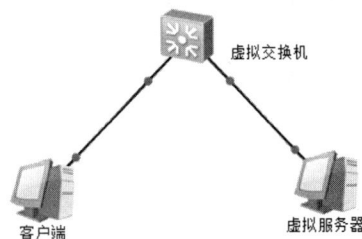

图 2-1　实验环境拓扑

2.4 知识准备

Windows 操作系统的授权安全管理共有 4 道关卡，包括 Windows 操作系统访问控制、文件共享安全、文件系统安全和加密文件系统。

2.4.1 Windows 操作系统访问控制

Windows 操作系统访问控制作为授权安全管理的第一道关卡，其设置主要涉及"关闭系统""从远程系统强制关机""取得文件或其他对象的所有权""允许本地登录""从网络访问此计算机"。

关闭系统：确定哪些在本地登录到计算机的用户可以使用关机命令关闭操作系统。误用此用户权限会导致拒绝服务。需要将该权限仅指派给 Administrators。

从远程系统强制关机：确定哪些用户可以从网络上的远程位置关闭计算机。误用此用户权限会导致拒绝服务。需要将该权限仅指派给 Administrators。

取得文件或其他对象的所有权：确定哪些用户可以取得系统中任何安全对象（包括 Active Directory 对象、文件和文件夹、打印机、注册表项、进程以及线程）的所有权。分配此用户权限可能有安全风险。由于对象所有者具有对象的完全控制权限，需将其仅指派给 Administrators。

允许本地登录：确定哪些用户可以登录到该计算机。需将该权限设置给指定授权用户。

从网络访问此计算机：确定哪些用户和组账户可通过网络连接到计算机。拥有此用户权限不代表可以使用远程桌面服务。需要将该权限设置给指定授权用户。

2.4.2 文件共享安全

网络用户获得文件共享的权限后，就可以对共享文件进行访问了。为了确保信息共享的安全，需要设置好网络用户访问操作系统资源的第二道关卡，即需要为账户设置相应的文件共享权限。

文件共享权限通过共享文件夹权限设置。共享文件夹权限只适用于文件夹，而不适用于单个文件，即只能为文件夹设置共享权限。共享权限只控制来自网络的访问，也用于管理 FAT32 文件系统，或者其他没有使用 NTFS 的计算机。

共享文件夹权限的种类如下。

读取：显示文件夹名称、文件名称、文件数据和属性，运行应用程序文件。

更改：创建文件夹，向文件夹添加文件，修改文件数据，向文件追加数据，修改文件属性，删除文件夹中的文件，以及执行读取权限所允许的操作。

完全控制：除拥有读取权限外，还拥有更改权限。

2.4.3 文件系统安全

文件系统权限是操作系统授权安全管理的第三道关卡，获得操作系统的访问权限后，若网络用户也获得了文件共享的权限，还需要获得文件系统的权限才能成功访问文件资源。

1. NTFS 权限概述

从 Windows NT 开始引入了 NTFS。NTFS 提供更加细致的访问权限控制。通过 NTFS 访问控制列表设置，不仅可以为文件夹授权，而且可以为单个文件授权。这样不仅可以最大限度地保障重要数据的安全存储，还可以通过严格的权限设置，有效地保证数据的访问安全。

2. NTFS 权限分类

NTFS 文件权限如下。

读取：读取文件内容、查看文件属性与权限等，不能修改文件内容。

写入：写入文件内容、在文件中添加数据和修改文件属性等。

读取和执行：除了拥有读取权限外，还具备执行应用程序的权限。

修改：除了拥有读取、写入、读取和执行的权限外，还可以删除文件。

完全控制：除了拥有上述权限，还可以修改文件权限。

NTFS 文件夹权限如下。

读取：查看该文件夹中的文件和子文件夹的名称、所有者、权限和属性等。

写入：在文件夹内新建文件与子文件夹、修改文件夹属性等。

列出文件夹内容：查看该文件夹中的文件和子文件夹的名称。

读取和执行：含义与列出文件夹内容权限的相同，但权限的继承不同。该权限可被子文件和子文件夹继承，而列出文件夹内容权限只能被子文件夹继承。

修改：除了拥有前面的所有权限外，还可以删除此文件夹。

完全控制：除了拥有上述权限，还可以修改 NTFS 文件夹权限。

NTFS 权限属性如下。

可继承性：NTFS 权限是可继承的。当父文件夹的权限设置后，子文件夹自动继承父文件夹的 NTFS 权限。

允许权限累加：NTFS 的权限是允许累加的。如果一个账户属于多个组账户，而该账户所在的不同组账户对某个文件或者文件夹拥有不同的 NTFS 权限，那么该用户便拥有多个组账户的 NTFS 权限。例如，账户 A 同时属于 group1 组账户和 group2 组账户，如果 group1 组账户对某文件的权限是读取，group2 组账户对该文件的权限是写入，那么账户 A 对该文件的权限是读取和写入。

拒绝权限优先：拒绝的 NTFS 权限比允许的 NTFS 权限的级别高。如果一个账户属于多个用户，只要有一个组账户对某个文件或者文件夹的某个 NTFS 权限是拒绝的，则该用户就没有此权限。例如，账户 A 同时属于 group1 组账户和 group2 组账户，如果 group1 组账户对某文件的权限是读取和写入，group2 组账户对该文件的权限是读取和拒绝写入，那么账户 A 对该文件的权限就只有读取。

2.4.4 加密文件系统

保护数据最好的方法是给数据加密。加密文件系统是 Windows 操作系统授权安全管理的第四道关卡。

加密文件系统（Encrypting File System，EFS）提供文件加密的功能。文件经过加密后，只有当初对其加密的账户能够读取，因此可以提高文件的安全性。只要数据存储在 NTFS 分区上，就可以使用 EFS 技术给文件或者文件夹加密。

用户账户或应用程序想要读取加密文件时，系统会将加密文件由磁盘内读出、自动解密后提供给用户账户或应用程序使用，然而存储在磁盘内的文件仍然处于加密状态；而当用户账户或应用程序要将文件写入磁盘时，它们也会被自动加密后再写入磁盘。这些操作针对用户账户都是透明的。

需要注意的是，只有 NTFS 磁盘内的文件、文件夹才可以被加密，若将文件复制或移动到非 NTFS 磁盘内，则需解密后才能完成复制或移动的操作。用 EFS 加密的文件，只有存储在本地硬盘内才会被加密，通过网络来传送时不会加密，即如果需要网络传送，文件在传送前会被解密。另外，文件加密和文件压缩的两个操作之间是互斥的。如果要对已压缩的文件加密，则该文件会自动被解压；如果要对已加密的文件压缩，则该文件会自动被解密。

2.5 项目实施

为了对新部署的 Windows 操作系统的服务器进行访问权限安全配置，接下来需要完成 4 个任务，包括重要访问控制限制、共享文件夹共享权限的配置、NTFS 权限配置、设置 EFS 来加密数据。

任务 2-1 重要访问控制限制

根据《信息安全技术 网络安全等级保护基本要求》和《电信网和互联网安全防护基线配置要求及检测要求 操作系统》，Windows 操作系统的授权安全配置要求将"关闭系统""从远程系统强制关机""取得文件或其他对象的所有权"权限仅指派给 Administrators；根据企业管理实际情况，将"允许本地登录"权限指派给需要进行本地登录的 Administrators 和 operators，将"从网络访问此计算机"权限指派给需要进行远程访问的 sales 和 finance。

微课视频

微课 03 重要
访问控制限制

1. 将"关闭系统"权限仅指派给 Administrators

① 打开"服务器管理器"→"仪表板"，单击右上方的"工具"菜单，在弹出的下拉菜单中单击"本地安全策略"，打开"本地安全策略"窗口，如图 2-2 所示。

图 2-2　"本地安全策略"窗口

② 在"本地安全策略"窗口中，单击展开"本地策略"，选中"用户权限分配"，在右侧展示的列表中，可以看到"关闭系统"，如图 2-3 所示。

③ 双击"关闭系统"，弹出"关闭系统 属性"对话框，如图 2-4 所示。逐一选中除

Administrators 外的其他账户及组账户进行删除，这里选中"Backup Operators"，单击"删除"按钮，然后依次单击"应用""确定"按钮，完成配置。

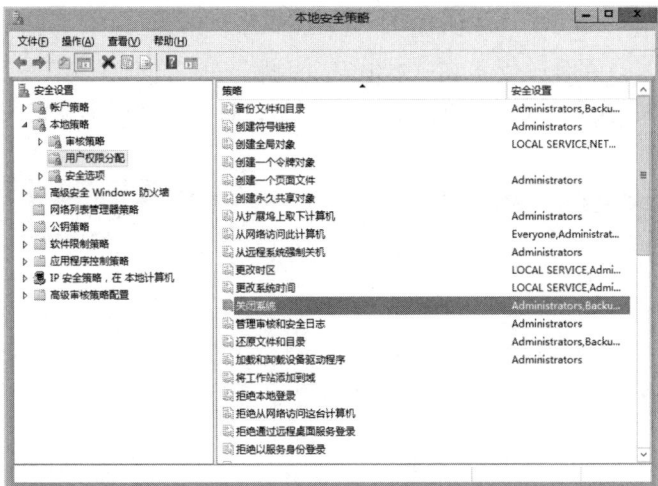

图 2-3 "用户权限分配"列表

2. 将"从远程系统强制关机"权限仅指派给 Administrators

按照第 1 点中的①～②，在"本地安全策略"→"本地策略"→"用户权限分配"右侧展示的列表中，找到"从远程系统强制关机"并双击，打开"从远程系统强制关机 属性"对话框，如图 2-5 所示。逐一选中除 Administrators 外的其他账户及组账户，单击"删除"按钮，然后依次单击"应用""确定"按钮，完成配置。

图 2-4 "关闭系统 属性"对话框   图 2-5 "从远程系统强制关机 属性"对话框

3. 将"取得文件或其他对象的所有权"权限仅指派给 Administrators

按照第 1 点中的①～②，在"本地安全策略"→"本地策略"→"用户权限分配"右侧展示的列表中，找到"取得文件或其他对象的所有权"并双击，打开"取得文件或其他对象

的所有权 属性"对话框，如图 2-6 所示。逐一选中除 Administrators 外的其他账户及组账户，单击"删除"按钮，然后依次单击"应用""确定"按钮，完成配置。

4. 将"允许本地登录"权限指派给指定授权用户

① 按照第 1 点中的①～②，在"本地安全策略"→"本地策略"→"用户权限分配"右侧展示的列表中，找到"允许本地登录"并双击，打开"允许本地登录 属性"对话框，如图 2-7 所示。

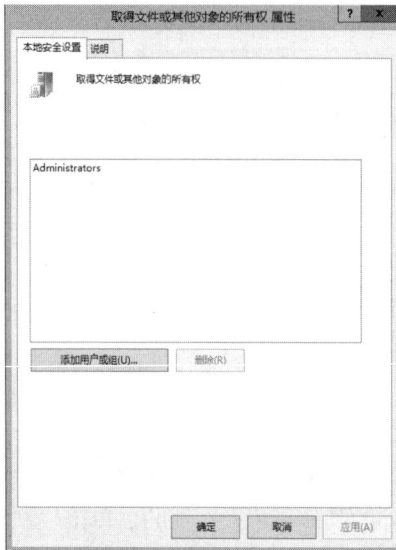

图 2-6 "取得文件或其他对象的所有权 属性"对话框　　图 2-7 "允许本地登录 属性"对话框

② 默认情况下，Administrators 已在允许列表中，按照任务要求，再添加 operators 到允许列表中。单击"添加用户或组"按钮，弹出"选择用户或组"对话框。单击"对象类型"按钮，弹出"对象类型"对话框，如图 2-8 所示，选中全部对象类型，单击"确定"按钮。然后在"选择用户或组"对话框的"输入对象名称来选择(示例)"文本框中输入需要添加的组账户名称"operators"。输入后可单击"检查名称"按钮，选择或修正要添加的用户或组账户的名称，操作结果如图 2-9 所示。最后，单击"确定"按钮，完成组账户的添加。可按照同样的方法完成其他需要"允许本地登录"权限的用户或组账户的添加。

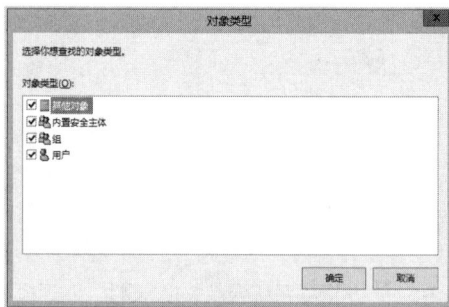

图 2-8 "对象类型"对话框　　　　图 2-9 "选择用户或组"对话框

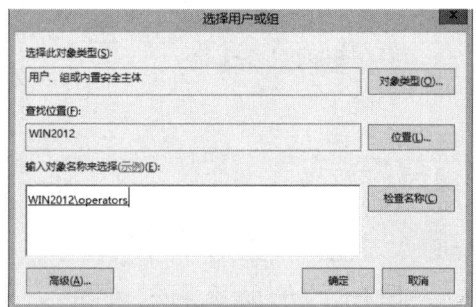

③ 完成在"允许本地登录"中添加指定的授权组账户 Administrators 和 operators 后，在"允许本地登录 属性"对话框中，选中除 Administrators 和 operators 之外的其他账户及组账

户，单击"删除"按钮，然后依次单击"应用""确定"按钮，完成设置。

5. 将"从网络访问此计算机"权限指派给指定授权用户

① 按照第 1 点中的①～②，在"本地安全策略"→"本地策略"→"用户权限分配"右侧展示的列表中，找到"从网络访问此计算机"并双击，打开"从网络访问此计算机 属性"对话框，如图 2-10 所示。

② 按照任务要求，添加 sales 和 finance 到允许列表中。参考第 4 点中的②，单击"添加用户或组"按钮，在弹出的"选择用户或组"对话框，单击"对象类型"按钮，在弹出的"对象类型"对话框（见图 2-8），选中全部用户类型，单击"确定"按钮。然后在"选择用户或组"对话框的"输入对象名称来选择（示例）"文本框输入需要添加的组账户名称"sales"，输入后可单击"检查名称"按钮选择或修正要添加的用户或组账户的名称。最后，单击"确定"按钮，完成组账户的添加。可按照同样的方法完成 finance 的添加。

③ 完成在"从网络访问此计算机"中添加指定的授权组账户 sales 和 finance 后，在"从网络访问此计算机 属性"对话框中，选中除 sales 和 finance 之外的其他账户及组账户，单击"删除"按钮，最后依次单击"应用""确定"按钮，完成设置。

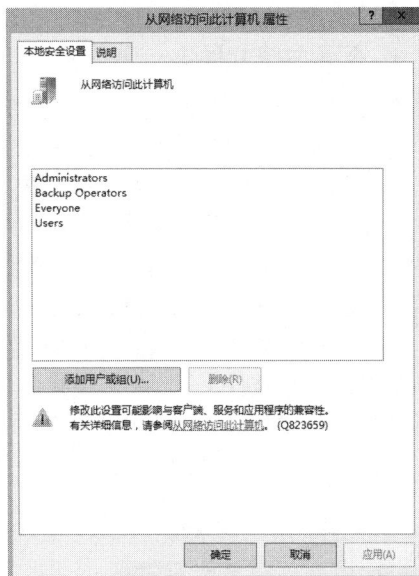

图 2-10 "从网络访问此计算机 属性"对话框

6. 验证

按照第 1 点中的①～②，在"本地安全策略"→"本地策略"→"用户权限分配"右侧展示的列表中，确认图 2-11 所示的权限。

① 将"关闭系统"权限仅指派给 Administrators。

② 将"从远程系统强制关机"权限仅指派给 Administrators。

③ 将"取得文件或其他对象的所有权"权限仅指派给 Administrators。

④ 将"允许本地登录"权限指派给指定的授权组账户 operators 及 Administrators。

⑤ 将"从网络访问此计算机"权限指派给指定的授权组账户 sales 和 finance。

图 2-11 任务 2-1 确认结果

任务 2-2　共享文件夹共享权限的配置

根据该企业各角色的责任和权限规划，sales 的 SaleR、SaleE、SaleT 均可以通过网络访问新部署的 Windows Server 2012 R2 服务器 C 盘下的 sales 文件夹，SaleR 对其只有读取权限，SaleE 对其有修改权限，SaleT 对其有完全控制权限。下面来完成共享文件夹共享权限的配置。

1. 配置共享文件夹

① 在虚拟服务器的磁盘上以超级账户权限创建一个文件夹，名字为"sales"。

② 打开"服务器管理器"→"仪表板"，单击右上方的"工具"菜单，在弹出的下拉菜单中单击"计算机管理（本地）"，弹出"计算机管理"窗口，如图 2-12 所示。

③ 配置共享文件夹。在"计算机管理"窗

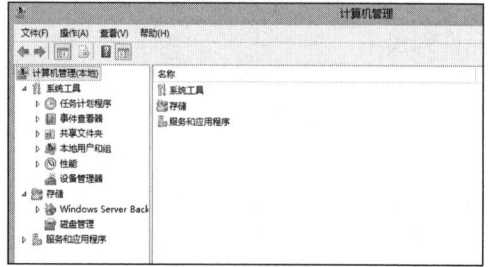

图 2-12　"计算机管理"窗口

口下展开"共享文件夹"，选中"共享"并右击，在弹出的快捷菜单中选择"新建共享"选项，弹出"创建共享文件夹向导"对话框的欢迎界面，如图 2-13 所示。

单击"下一步"按钮，弹出"文件夹路径"界面，如图 2-14 所示。

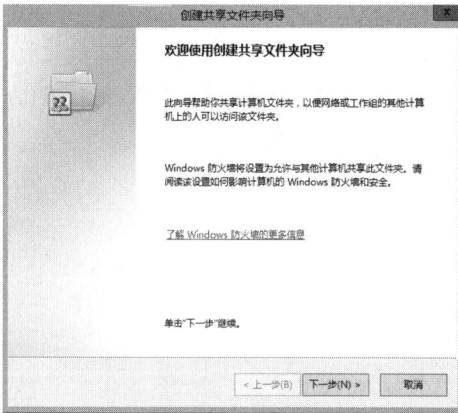

图 2-13　欢迎界面

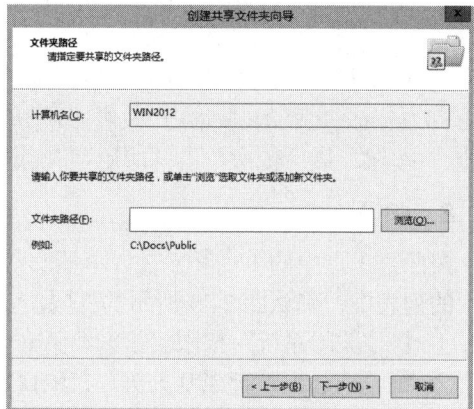

图 2-14　"文件夹路径"界面

单击"浏览"按钮，选择①中创建的 sales 文件夹，单击"确定"按钮，回到"文件夹路径"界面，在"文件夹路径"文本框中会出现"C:\sales"的内容。单击"下一步"按钮，弹出"名称、描述和设置"界面，如图 2-15 所示。

在"共享名"处有默认的共享名，也可以重新命名文件夹的共享名。"共享路径"文本框是灰色的，不能修改。"描述"处可添加该共享文件夹的描述。填写完毕后，单击"下一步"按钮，弹出"共享文件夹的权限"界面，如图 2-16 所示。

在"共享文件夹的权限"界面中共有 4 个选项，前 3 个是固定权限，第四个是自定义权限。根据任务要求选中"自定义权限"，然后单击"自定义"按钮，弹出"自定义权限"对话框，如图 2-17 所示。

在"自定义权限"对话框中，首先将所有用户可读取的权限删除，即选中"组或用户名"中的"Everyone"，单击"删除"按钮；然后单击"添加"按钮，弹出"选择用户或组"对话框，如图 2-18 所示。

图 2-15　"名称、描述和设置"界面

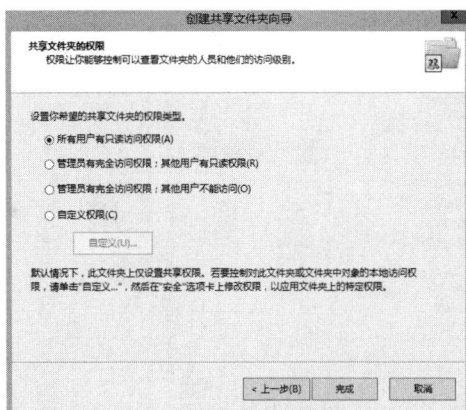

图 2-16　"共享文件夹的权限"界面

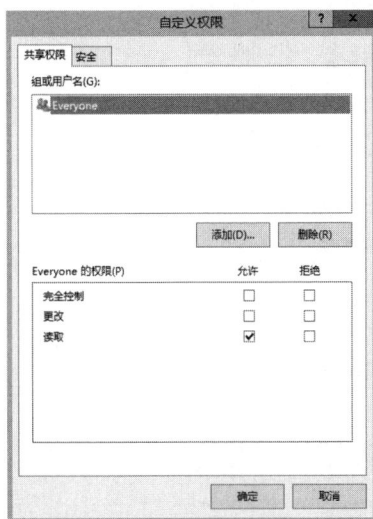

图 2-17　"自定义权限"对话框

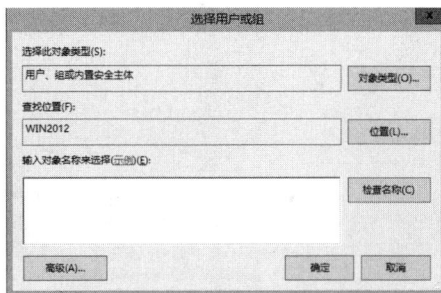

图 2-18　"选择用户或组"对话框

在"输入对象名称来选择(示例)"文本框中输入 SaleR、SaleE、SaleT 这 3 个账户名，并用";"间隔，单击"确定"按钮，回到"自定义权限"对话框。在"SaleR 的权限"下面只勾选"读取"，表示 SaleR 账户对 sales 文件夹的共享文件夹权限为只有"读取"权限，没有其他权限。用同样的方法在"SaleE 的权限"下面勾选"更改"，在"SaleT 的权限"下面勾选"完全控制"，如图 2-19 所示。完成后，单击"确定"按钮，回到图 2-16 所示的"创建共享文件夹向导-共享文件夹的权限"对话框中。

注意：在"自定义权限"对话框，若勾选"更改"，则"读取"会同时被自动勾选；若勾选"完全控制"，则"读取""更改"会同时被自动勾选。

在图 2-16 所示的"共享文件夹的权限"界面中，单击"完成"按钮，弹出"共享成功"界面，如图 2-20 所示。

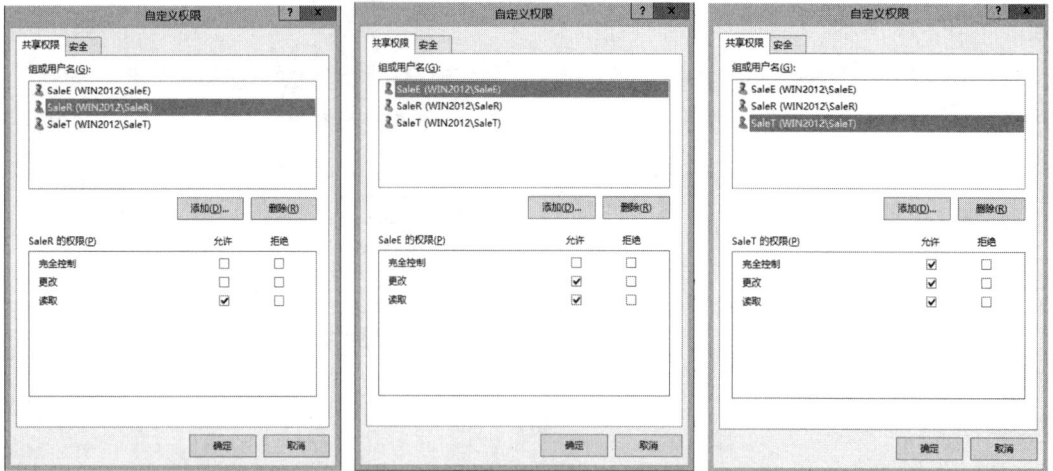

(a) SaleR 的权限	(b) SaleE 的权限	(c) SaleT 的权限

图 2-19　自定义权限

图 2-20　"共享成功"界面

在"共享成功"界面中单击"完成"按钮，至此完成 sales 文件夹共享路径及共享权限的配置，共享名为"sales"。

2. 在客户端测试共享文件夹

在本任务的实验环境中，客户端即安装虚拟机的物理主机，物理主机与虚拟服务器是互通的。

① 在客户端上，按"Win+R"键弹出"运行"对话框，在该对话框中输入文件服务器的 IP 地址路径，本任务是"\\192.168.192.134"，如图 2-21 所示，或者服务器名称，如"\\WIN2012"。单击"确定"按钮，弹出"Windows 安全中心"对话框的"输入网络凭据"界面，如图 2-22 所示。

② 在"输入网络凭据"界面中输入有效的用户名和正确的口令。如果用户名和口令正确，并且该账户有访问共享文件夹的权限，那么会打开服务器的共享资源，如图 2-23 所示。

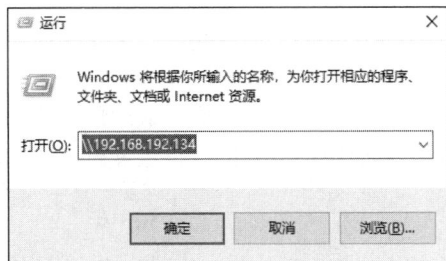

图 2-21 "运行"对话框

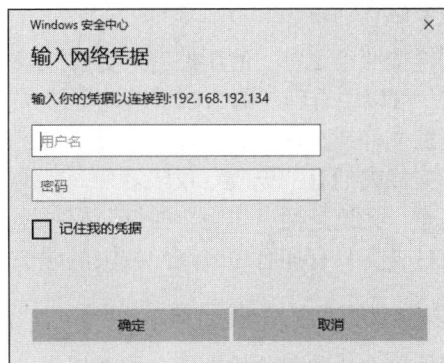

图 2-22 "输入网络凭据"界面

3. 验证不同用户的权限

注：为准确管理用户权限，在执行以下任务前，确定 SaleR、SaleE、SaleT 三个账户仅隶属于 sales 组，它们已从默认的隶属组账户 users 中删除，相关方法参考项目 1。

（1）验证"完全控制"权限

按照第 2 点，在客户端上连接到服务器，在"输入网络凭据"界面内输入"SaleT"用户名和对应的口令，单击"确定"按钮，打开服务器的共享资源，如图 2-23 所示。双击 sales 文件夹，打开 sales 文件夹，在该文件夹中可以创建新的文件或文件夹，以及进行其他文件操作。由此可见，SaleT 用户对此共享文件夹拥有"完全控制"权限。图 2-24 所示的文件及文件夹是 SaleT 用户远程创建的。到服务器打开 sales 文件夹，会发现多了同样的文件及文件夹，如图 2-25 所示。

图 2-23 成功查看服务器的共享资源

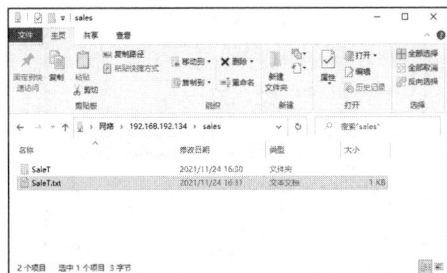

图 2-24 SaleT 用户远程创建的文件及文件夹

图 2-25 服务器上 sales 文件夹中的内容

（2）验证"读取"权限

同样按照第 2 点，使用只有"读取"权限的 SaleR 用户登录，打开共享资源，进入 sales 文件夹，可以查看到与图 2-24 所示相同的资源，并且可以查看文件内容。但是，如果在 sales 文件夹中执行新建、修改、删除文件或文件夹等操作时，就会出现"××访问被拒绝"提示框，图 2-26 所示是"目标文件夹访问被拒绝"提示框。

图 2-26 "目标文件夹访问被拒绝"提示框

（3）验证"更改"权限

同样按照第2点，使用拥有"更改"权限的SaleE用户登录，打开共享资源，进入sales文件夹，可以查看到与图2-24所示相同的资源，并且可以查看文件内容。在文件夹中也可以创建新的文件或文件夹，并修改或删除自己创建的文件或文件夹。由此可见，SaleE用户对此共享文件夹拥有"更改"权限。

注意，无论是拥有"完全控制"权限还是"更改"权限，都不能删除其他用户创建的文件或文件夹，只有拥有超级账户权限的账户才可以删除其他用户创建的文件或文件夹。

任务 2-3 NTFS 权限配置

根据该企业各角色的责任和权限规划，operators的OperR、OperE、OperT、OperW均可以通过本地登录访问新部署的Windows Server 2012 R2服务器C盘下的operator文件夹。OperR对其只有读取权限，OperE对其有修改权限，OperT对其有完全控制权限，OperW对其有写入权限。下面来完成NTFS权限配置。

1. 配置文件夹的 NTFS 权限

① 在虚拟服务器的磁盘上以超级账户创建一个文件夹，名称为"operator"，并在文件夹内创建子文件夹project和子文件text，如图2-27所示。

② 选中operator文件夹，右击，在弹出的快捷菜单中选择"属性"，弹出"operator属性"对话框，如图2-28所示。

单击"安全"选项卡，可以查看该文件夹的权限。超级账户对该文件夹有完全控制权限，Users组账户有读取权限。

③ 单击"operator属性"对话框中"安全"选项卡中的"编辑"按钮，弹出"operator的权限"对话框，如图2-29所示。

图 2-27 operator 文件夹

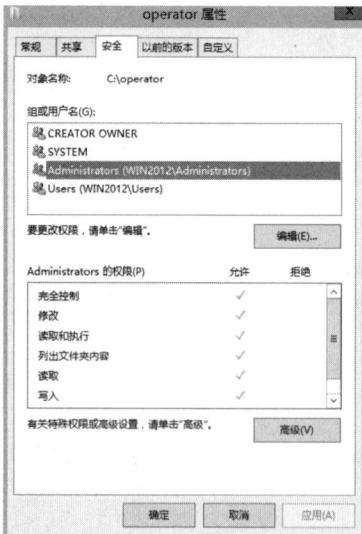

图 2-28 "operator 属性"对话框

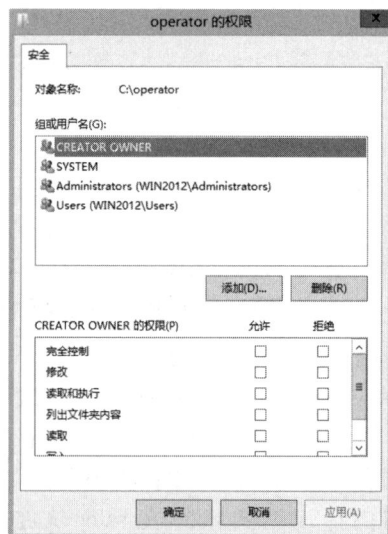

图 2-29 "operator 的权限"对话框

在"operator的权限"对话框中单击"添加"按钮，弹出"选择用户或组"对话框，如

图 2-30 所示。

在"输入对象名称来选择(示例)"文本框中输
入 OperR、OperE、OperT、OperW 这 4 个账户名，
并用";"间隔，单击"确定"按钮，回到"operator
的权限"对话框。在"OperR 的权限"下面勾选
"读取和执行"，在"OperE 的权限"下面勾选"修
改"，在"OperT 的权限"下面勾选"完全控制"，
在"OperW"下面勾选"写入"，如图 2-31 所示。
完成后，单击"确定"按钮，回到图 2-28 所示的

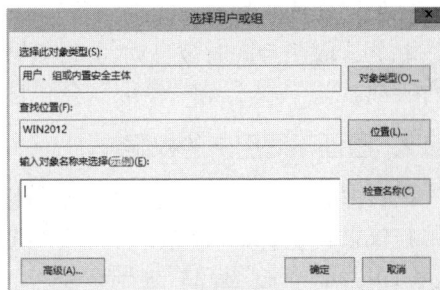

图 2-30　"选择用户或组"对话框

"operator 属性"对话框中，单击"确定"按钮，完成文件夹 NTFS 权限的设置。

（a）OperR 的权限

（b）OperE 的权限

（c）OperT 的权限

（d）OperW 的权限

图 2-31　自定义权限

注意： 在"operator 的权限"对话框中，若勾选"读取和执行"，则"列出文件夹内容"

和"读取"会同时被自动勾选；若勾选"修改"，则"读取和执行""列出文件夹内容""写入"和"读取"会同时被自动勾选；若勾选"完全控制"，则"修改""读取和执行""列出文件夹内容""写入"和"读取"会同时被自动勾选。

2. 验证不同用户的权限

注：为准确管理用户权限，在执行以下任务前，确定 OperR、OperE、OperT、OperW 四个账户仅隶属于 operator 组，它们已从默认的隶属组账户 users 中删除，相关方法参考项目 1。

（1）验证"完全控制"权限

使用 OperT 用户从本地登录服务器，找到 operator 文件夹所在位置，右击文件夹，在弹出的快捷菜单中选择"属性"选项，可查看并修改文件夹的属性；双击文件夹，可打开文件夹并查看其中的内容，与图 2-27 所示相同。在该文件夹中可以创建新的文件或文件夹，以及进行其他文件操作，如修改、删除等。由此可见，OperT 用户对此文件夹拥有"完全控制"权限。如图 2-32 所示，OperT 用户已删除了超级账户创建的文件夹"project"，并创建了新的文件夹"OperT 创建"。

图 2-32　OperT 用户操作后的文件资源

（2）验证"修改"权限

使用 OperE 用户从本地登录服务器，找到 operator 文件夹所在位置，右击文件夹，在弹出的快捷菜单中选择"属性"选项，可查看和修改部分属性，但不能修改文件夹的 NTFS 权限；单击"安全"选项卡下的"编辑"按钮，会弹出"用户账户控制"对话框，如图 2-33 所示，需要管理员口令才可以继续。

双击文件夹，可打开文件夹并查看其中的内容。在 operator 文件夹中，OperE 用户可以创建新的文件或文件夹，以及进行其他文件操作，如修改、删除等。

由此可见，OperE 用户对此文件夹拥有修改的权限。如图 2-34 所示，OperE 用户已删除了 OperT 用户创建的文件夹"OperT 创建"，并创建了新的文件夹"OperE 创建"。

图 2-33　"用户账户控制"对话框

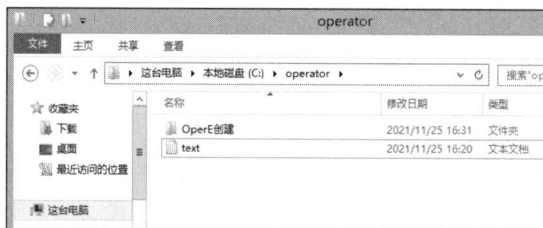

图 2-34　OperE 用户操作后的文件资源

（3）验证"写入"权限

使用 OperW 用户从本地登录服务器，找到 operator 文件夹所在位置，右击文件夹，单击"属性"选项，可查看和修改部分属性，同样不能修改文件夹的 NTFS 权限。

双击文件夹，可打开文件夹并查看其中的内容。在 operator 文件夹中，OperE 用户可以创建新的文件夹或文件、修改文件内容，以及删除自己创建的文件，但不能删除或重命名其他用户创建的文件夹或文件。在删除或重命名其他用户创建的文件或文件夹时，会弹出"文件夹/文件访问被拒绝"提示框，如图 2-35 所示。

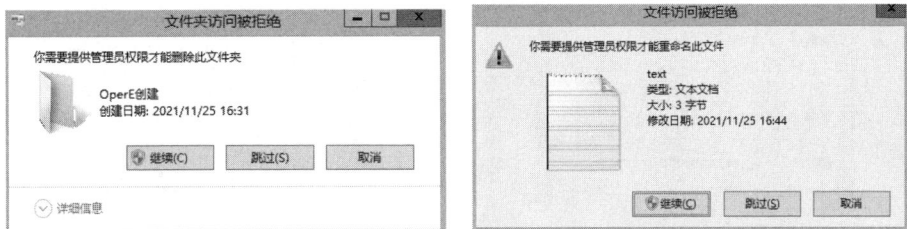

(a)"文件夹访问被拒绝"提示框　　　　(b)"文件访问被拒绝"提示框

图 2-35　提示框

由此可见，OperW 用户对此文件夹拥有"写入"权限。

（4）验证"读取和执行"权限

使用 OperR 用户从本地登录服务器，找到 operator 文件夹所在位置，右击文件夹，在弹出的快捷菜单中选择"属性"选项，可查看属性，但不能修改任何属性。修改属性时，会弹出"拒绝访问"提示框，如图 2-36 所示。

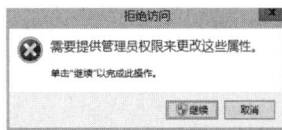

图 2-36　"拒绝访问"提示框

双击文件夹，可打开文件夹并查看其中的内容，但不能进行任何修改或删除的操作。进行修改或删除操作时，会弹出图 2-35 所示的"文件夹/文件访问被拒绝"提示框。

由此可见，OperR 用户对此文件夹只拥有"读取和执行"权限。

任务 2-4　设置 EFS 来加密数据

在任务 2-3 中，已经设置了 operators 的 4 个账户 OperR、OperE、OperT、OperW 对 C 盘下的 operator 文件夹的 NTFS 权限。其中 OperT 具有完全控制权限，在该文件夹域内有读取、修改和删除的权限。比如，在任务 2-3 中，OperT 用户删除了超级账户创建的文件夹 project。

在本任务中，将让 OperE 用户对其新创建的文件夹"OperE 创建"进行加密，然后验证加密效果。下面来完成该任务。

微课视频

微课 04　EFS 加密文件系统

1. 对服务器上的文件夹加密

使用 OperE 用户从本地登录服务器，找到 operator 文件夹所在位置，双击打开文件夹，选中之前创建的"OperE 创建"文件夹，右击，在弹出的快捷菜单中选择"属性"，会弹出"OperE 创建 属性"对话框，如图 2-37 所示。

在"OperE 创建 属性"对话框中，选中"常规"选项卡，单击"高级"按钮，弹出"高级属性"对话框，勾选"加密内容以便保护数据"复选框，如图 2-38 所示。

单击"确定"按钮，回到"OperE 创建 属性"对话框，依次单击"应用"按钮和"确定"按钮。完成操作后，"OperE 创建"文件夹变成绿色，如图 2-39 所示。

OperE 用户在"OperE 创建"文件夹内新建文件，名为"OperE 创建.txt"，新建文件也显示为绿色，如图 2-40 所示。

图 2-37 "OperE 创建 属性"对话框

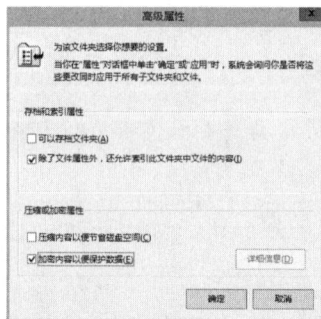

图 2-38 "高级属性"对话框

图 2-39 加密后的文件夹

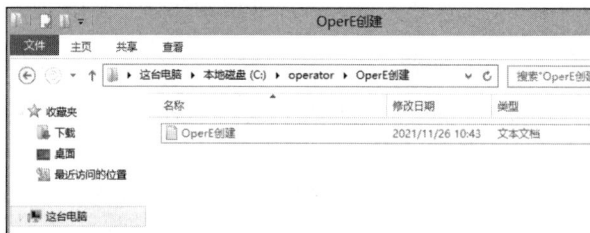

图 2-40 在加密后的文件夹中新建文件

2．验证加密效果

（1）验证加密用户的访问权限

OperE 用户对"OperE 创建"文件夹及文件夹内文件的权限与任务 2-3 中的相同，可以进行新建、查看、修改、删除自己创建的文件等操作。

（2）验证非加密用户的访问权限

使用 OperT 用户从本地登录服务器，找到 operator 文件夹所在位置，双击打开文件夹。因为 OperT 用户对 operator 文件夹拥有"完全控制"权限，所以可以浏览文件夹内的内容，也可以双击打开"OperE 创建"文件夹，并可以查看到其中的内容。当双击"OperE 创建.txt"文件时，弹出拒绝访问提示框，如图 2-41 所示。

"OperE 创建.txt"文件继承了父文件夹的 NTFS 权限，查看其属性可知，OperT 用户对该文件仍有"完全控制"权限，如图 2-42 所示。弹出拒绝访问提示框，并不是 OperT 用户没有 NTFS 权限，而是 EFS 加密技术起了作用。进行了 EFS 加密的文件，只有对其进行加密的用户自己才可以访问，即只有 OperE 用户才能访问其加密的文件"OperE 创建.txt"，其他用户均不能访问，超级账户也不例外。但是拥有"修改"权限的账户可以删除 EFS 加密的文件。比如，本任务中 OperT 用户是可以将"OperE 创建.txt"文件删除的。

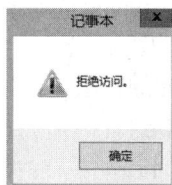

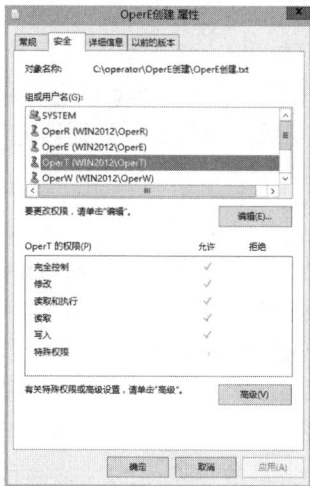

图 2-41　无访问权限　　　　图 2-42　OperT 用户对"OperE 创建.txt"文件的权限

2.6　项目小结

本项目介绍了 Windows 操作系统安全的第三个维度——操作系统授权的安全管理。从知识准备和项目实施两个角度，本项目依次讲解了 Windows 操作系统授权管理的 4 道关卡，包括 Windows 操作系统访问控制、文件共享安全、文件系统安全和加密文件系统的相关理论知识和实际项目实施。

通过对本项目的介绍，希望读者能够构建 Windows 操作系统授权管理的基本架构，在实践中能够准确为系统账户配置适当的权限，从而从授权的维度确保操作系统的安全。

2.7　实践拓展

根据本项目所学内容，创建文件夹 finance，在文件夹中创建名为"财务"的子文件夹和名为"账单.txt"的子文件，并为 finance 组账户配置权限，满足以下要求。

① finance 组账户同时具备本地登录和网络访问权限。

② 共享权限：finTT 账户对文件夹 finance 具有完全控制权限，finER 账户对文件夹 finance 具有修改权限，finRT 账户对文件夹 finance 具有读取权限。

③ NTFS 权限：finTT 账户对文件夹 finance 具有完全控制权限，finER 账户对文件夹 finance 具有读取权限，finRT 账户对文件夹 finance 具有完全控制权限。

按上述要求完成配置后，请回答以下问题。

① finance 组账户的 3 个用户账户 finTT、finER 和 finRT 依次通过网络访问服务器的共享文件夹 finance，尝试查看、修改、删除等操作，3 个用户对文件夹及文件都具有什么权限？是哪些权限起了作用？

② finance 组账户的 3 个用户账户 finTT、finER 和 finRT 依次通过本地登录服务器，访问文件夹 finance，尝试查看、修改、删除等操作，3 个用户对文件夹及文件都具有什么权限？

是哪些权限起了作用？

③ 如果没有完成组账户的权限配置，组账户中的用户会有什么权限？一个用户要最终成功访问共享文件资源，依次都是哪些授权管理起了作用？

2.8 素养拓展

作为操作系统的安全管理员，应具备国家网络安全观，时刻绷紧"安全"这根弦。"安全无小事"，无论所管理的操作系统上存储着什么数据，都是国家资产，都要把好安全防护的每一道关卡，细致、准确、有效地做好每一项配置。

2.9 项目习题

1.（单选题）一台计算机装有 Windows Server 2012 R2 操作系统，假如系统管理员要为一个 NTFS 分区上的文件夹 project 设置 NTFS 权限。用户账户 steven 同时属于 sales 组账户和 operators 组账户，sales 组账户对文件夹 project 有读取权限，operators 组账户对文件夹 project 有完全控制权限，那么 steven 从本地访问文件夹 project 的权限是（　　）。

    A. 读取　　　　　　　　　　　　B. 读取和运行

    C. 列出文件夹目录　　　　　　　　D. 完全控制

2.（多选题）一台计算机装有 Windows Server 2012 R2 操作系统，假如系统管理员要为一个 NTFS 分区上的文件夹 tech 设置 NTFS 权限。用户账户 mary 同时属于 sales 组账户和 operators 组账户，sales 组账户对文件夹 tech 有完全控制权限，operators 组账户对文件夹 tech 有拒绝写入权限，那么用户 mary 从本地访问文件夹 tech，可以进行（　　）操作。

    A. 读取　　　　　　　　　　　　B. 写入

    C. 删除　　　　　　　　　　　　D. 完全控制

3.（判断题）文件经过 EFS 加密后，会显示为绿色，只有当初对其加密的用户或被授权的用户能够读取，读取时需要输入口令进行解密。（　　）

4.（判断题）经过 EFS 加密的文件经网络传输后仍是加密状态，需对其加密的用户才能查看。（　　）

项目 ③ Windows 操作系统的网络安全管理

随着计算机网络的诞生，现代操作系统扩展出了网络功能。操作系统的网络功能为计算机提供了对外开放的端口。通过这类端口，计算机可以在网络中提供服务或获得服务，比如作为网络的服务端提供资源共享服务，或作为网络的客户端获得共享资源。与此同时，这类端口会让计算机在网络中受到安全方面的威胁。因此，操作系统的网络安全是操作系统安全的第四个维度。

知识目标

- 掌握端口的概念；
- 掌握防火墙基本原理；
- 掌握 IP 安全策略；
- 知道远程桌面连接。

技能目标

- 能够运用第三方工具扫描、观测系统端口；
- 能够配置 Windows 防火墙；
- 能够配置 Windows IP 安全策略；
- 能够配置远程桌面连接并进行安全加固。

素质目标

- 树立"筑牢网络安全防线"的网络强国观；
- 培养担当社会责任的使命感；
- 培养法律意识。

3.1 风险背景和行业标准

随着企业进行数字化转型，企业的应用程序已无处不在，与此同时，网络攻击的威胁也是无处不在的。这些威胁来自不同的威胁方，共同点在于其布局是全球化的。而随着人工智能技术的飞速发展，网络攻击的活动会变得更加频繁。操作系统是企业各种应用的基础，操作系统除了要做好账户、口令和授权的安全管理外，自身的网络安全防护更是不容忽视的。

《信息安全技术　网络安全等级保护基本要求》对所有等级、所有专业的保护对象，都明确给出了关于网络管理的基本要求，体现在"安全区域边界"的"访问控制"和"安全计算环境"的"入侵防范"中，基本要求如下。

① 应在网络边界根据访问控制策略设置访问控制规则，默认情况下除允许通信受控接口外拒绝所有通信。

② 应删除多余或无效的访问控制规则，优化访问控制列表，并保证访问控制规则数量最小化。

③ 应对源地址、目的地址、源端口、目的端口和协议等进行检查，以允许/拒绝数据包进出。

④ 应关闭不需要的高危端口。

3.2　项目概述及分析

某企业新部署了一台装有 Windows 操作系统的服务器，根据信息安全技术网络安全等级保护的要求，已按照人员的不同角色分配了账户，并按需求设置了账户权限。该服务器还需要在网络上开放远程桌面的服务，以便远程操作服务器，现在需要对该服务器操作系统实施网络安全配置。

根据《信息安全技术　网络安全等级保护基本要求》和《电信网和互联网安全防护基线配置要求及检测要求　操作系统》，Windows 操作系统的网络安全配置需符合如下要求。

① 启用自带防火墙或安装第三方防护软件，根据业务需要，限定允许访问网络的应用程序和允许远程登录该设备的 IP 地址范围。

② 应在网络边界根据访问控制策略设置访问控制规则，默认情况下除允许通信受控接口外拒绝所有通信。

③ 应删除多余或无效的访问控制规则，优化访问控制列表，并保证访问控制规则数量最小化。

④ 应对源地址、目的地址、源端口、目的端口和协议等进行检查，以允许/拒绝数据包进出。

⑤ 应关闭不需要的高危端口。

⑥ 如对互联网开放 Windows Terminial 服务（Remote Desktop，远程桌面服务），需修改默认服务端口。

为了确保新部署的服务器能够提供应有的服务，并符合《信息安全技术　网络安全等级保护基本要求》和《电信网和互联网安全防护基线配置要求及检测要求　操作系统》，保障操作系统网络上的安全，需要根据服务器提供的服务明确服务器必须开放哪些网络端口，借助第三方工具确认服务器已对外开放的端口，结合 Windows 操作系统的安全架构及工具，需要启用防火墙，通过对 Windows 操作系统的"Windows 防火墙"或"IP 安全策略"的设置，对非必要端口予以关闭，从而满足要求①～⑤，通过注册表修改远程桌面的默认服务端口来满足要求⑥。

综上所述，为了完成新部署的 Windows 服务器网络管理的安全配置，需要完成以下任务。

任务一：确认端口开放情况。

任务二：Windows 防火墙安全配置。

任务三：配置远程桌面连接。

任务四：远程桌面连接的安全加固。

3.3　实验环境

在实验中，使用一台装有 Windows Server 2012 R2 的虚拟机来模拟企业新部署的 Windows 操作系统的服务器，实验环境拓扑如图 3-1 所示。客户端为安装虚拟机的物理主机，客户端安装的操作系统为 Windows 10，虚拟服务器是在物理主机的 VMware 虚拟环境中安装的虚拟机，操作系统为 Windows Server 2012 R2。客户端与虚拟服务器的网络是互通的。通过对虚拟机进行网络安全的加固，掌握实际生产中所需要的 Windows 操作系统网络安全管理的相关技能。

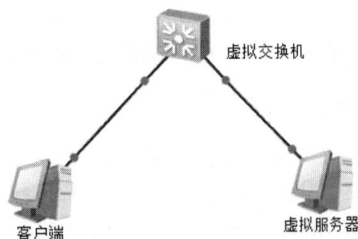

图 3-1　实验环境拓扑

3.4　知识准备

操作系统的网络安全管理主要是根据服务器提供的服务来管理 IP 地址和端口的开放。Windows 操作系统提供"Windows 防火墙"和"IP 安全策略"来管理 IP 地址和端口。在项目实施前，需要具备端口控制、防火墙、IP 安全策略的相关知识，以及知道常用的远程操作 Windows 操作系统的方式——远程桌面服务。

3.4.1　端口控制

端口：此处的端口特指计算机网络传输控制协议/互联网协议（Transmission Control Protocol/Internet Protocol,TCP/IP）中的端口，是逻辑意义上的端口，准确地说是 TCP/IP 传输层的端口。在计算机网络中，各主机间通过 TCP/IP 发送和接收数据包，各个数据包根据其目的主机的 IP 地址来选择网络路由，最终到达目的主机。当数据包到达目的主机后，操作系统将其交给哪个应用程序处理，就要根据端口来确定。在 TCP/IP 中端口用两个字节表示，那么端口的范围就是 $0 \sim (2^{16}-1)$，所以，通常端口由一个正整数标识，范围就是 $0 \sim 65535$。

端口分类：端口一般分为如下三大类。

$0 \sim 1023$ 是周知端口（well known port），它们都有确切的定义，紧密地绑定于一些服务，对应互联网上一些常见的服务。每一个此类端口都代表一个系统服务，例如 80 端口代表 HTTP 服务。

$1024 \sim 49151$ 是注册端口（registered port），松散地绑定于一些服务。也就是说有许多服务绑定于这些端口，当操作系统上端口未绑定服务或之前绑定的服务已解绑时，这些端口同样可用于其他服务。

$49152 \sim 65535$ 是动态端口（dynamic port），也称私有端口（private port），理论上，不固定为服务分配这些端口。

常见端口：80 端口用于 HTTP 服务，21 端口用于文件传输服务，23 端口用于远程登录服务，25 端口用于邮件服务，1433、1434 端口用于 SQL Server 服务，1521 端口用于 Oracle 数据库服务，3306 端口用于 MySQL 数据库服务等。

因此，端口是计算机与外界通信的渠道，它们就像一道道门一样控制着数据与指令的传输。那么攻击者也通常会根据主机对外开放的端口情况，知道目标主机大致提供了哪些服务，进而猜测可能存在的漏洞。

端口控制：攻击者入侵系统，一般会在掌握系统网络情况后，对系统进行扫描，以获取系统开放的端口信息，进而寻找潜在的系统漏洞。相对地，作为系统管理员，需要根据各服务器上提供的服务的实际情况，精准确定每台服务器必须对外开放的 TCP、用户数据报协议（User Datagram Protocol，UDP）端口，然后进行严格的端口控制。Windows 操作系统自带 netstat 指令可用于查看端口信息，也可以使用工具软件全量扫描计算机开放的端口情况，或使用 Telnet 工具探测高危端口的开放情况，从而做好安全防范。

3.4.2　防火墙

防火墙是指设置在不同网络或网络安全域之间的一系列部件组合。防火墙可以通过检测、限制、更改穿过防火墙的数据流，从而尽可能地对外部访问内部的流量进行控制，实现网络的安全保护。可以由管理员设置防火墙的安全策略，只有符合安全策略的数据流才能通过防火墙，使符合规则的通信不受影响，使不符合规则的通信被阻挡。

从防火墙的软硬件形式来分，防火墙可以分为软件防火墙和硬件防火墙。最初的防火墙与平时所看到的交换机设备一样，都属于硬件。目前，网络设备厂商华为、华三等都有自己的防火墙设备。随着防火墙应用的逐步普及和计算机软件技术的发展，为了满足不同层次用户对防火墙技术的需求，很多网络安全软件厂商开发出了基于纯软件的防火墙。该类型的防火墙主要安装在主机中，只对一台主机进行防护，而不对整个网络进行防护。

Windows 防火墙是一种有状态的软件防火墙，会检查和筛选所有 TCP/IP 通信连接。设置规则后，只有允许的通信才能进入系统，其余通信将被丢弃，从而保护系统的安全。

3.4.3　IP 安全策略

IP 安全策略用于配置互联网络层安全协议（Internet Protocol Security，IPSec）服务。IP 安全策略能为大多数现有网络中的大多数业务提供不同级别的保护。它将通信内容与设定好的规则进行比较以判断流量是否与预期相吻合，然后决定是允许还是拒绝通信的传输。它杜绝了传统 TCP/IP 设计上的"随意信任"安全隐患，可以实现更仔细、更精确的 TCP/IP 安全。

Windows 操作系统在"本地安全策略"窗口可以创建 IP 安全策略，通过匹配源/目的地址、源/目的端口及筛选操作，完成 IP 安全策略的配置，那么配置好的 IP 安全策略集合就相当于一个免费但功能完善的个人防火墙。

3.4.4　远程桌面服务

远程桌面服务可以加速桌面和应用程序部署并将其扩展到任何设备，从而提高远程工作人员的效率。远程桌面服务使用户能够连接到虚拟桌面、RemoteApp 和基于会话的桌面，允许用户在任何地方都可以操作 Windows 操作系统。

3.5　项目实施

为了对新部署的装有 Windows 操作系统的服务器实施网络安全管理配置，根据《信息安全技术　网络安全等级保护基本要求》和《电信网和互联网安全防护基线配置要求及检测要求　操作系统》，Windows 操作系统的网络安全配置应严格设置访问控制策略。首先，需要掌握服务器对外开放端口的情况，根据服务器提供的服务明确服务器必须开放的网络端口以及允许访问的 IP 地址范围。然后，Windows 操作系统需要开启防火墙，通过"Windows 防火墙"或"IP 安全策略"对通信策略进行配置。为了满足企业远程连接服务器的需求,需要为服务器启用远程桌面服务并对远程桌面服务进行安全加固。

任务 3-1 确认端口开放情况

为了明确访问服务器的源地址、目的地址、源端口、目的端口和协议,关闭不需要的高危端口,应摸清服务器本身对外开放了哪些端口。这里使用 Nmap 端口扫描工具来掌握服务器端口对外开放的情况,并用 Windows 自带的 Telnet 工具来确认端口状态,最后分析、确定服务器必须开放的端口以及非必要端口。

1. 在客户端使用 Nmap 掌握服务器端口的整体开放情况

① 从官网下载 Nmap 安装包并按照向导完成工具安装。

② 双击 Nmap 端口扫描工具图标,如图 3-2 所示,打开的 Nmap 扫描窗口如图 3-3 所示。

图 3-2 Nmap 端口扫描工具图标

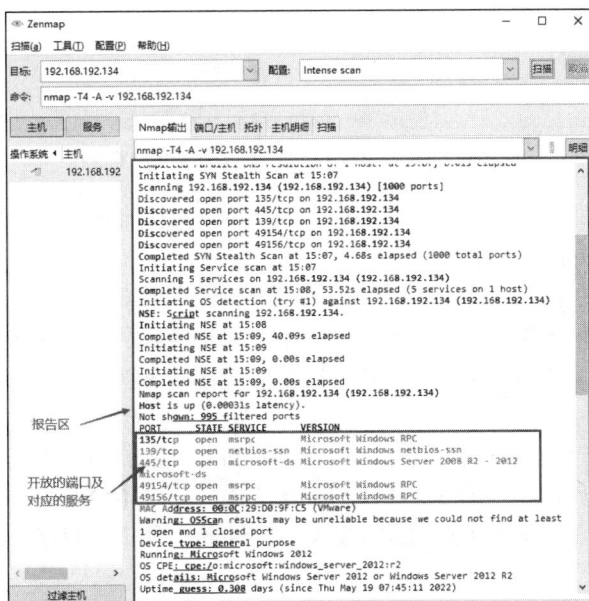

图 3-3 Nmap 扫描窗口

③ 打开 Nmap 扫描窗口后,在"目标"文本框内输入目标主机的地址,本任务为某企业新部署装有 Windows 操作系统的服务器,IP 地址为"192.168.192.134"。输入完成后,单击右侧"扫描"按钮,Nmap 端口扫描工具开始扫描,扫描结束后会在中间的报告区生成扫描报告,在扫描报告中可以看到目标主机对外开放的端口情况。如图 3-3 所示,可以看到服务器对外开放了 135、139、445、49154、49156 这 5 个 TCP 端口。

2. 通过 Windows 10 客户端自带的 Telnet 工具确认个别端口的开放状态

在整体掌握服务器端口开放状态的情况下,想探测个别端口的开放状态可以使用 Windows 客户端自带的 Telnet 工具。

① 默认情况下 Windows 10 客户端自带的 Telnet 工具是未启用的,

微课视频

微课 05 Windows 的 Telnet 工具

可采用如下步骤启用 Telnet 工具。

在客户端的"开始"菜单搜索"控制面板"，双击图标打开"控制面板"，在"控制面板\程序\程序和功能"路径下，单击"启用或关闭 Windows 功能"，如图 3-4 所示。

图 3-4　Windows 10 客户端启用 Telnet Client

在"Windows 功能"窗口找到"Telnet Client"并勾选其前面的复选框，然后单击"确定"按钮，完成 Telnet Client 的启用。

② 在 Windows 10 客户端的"开始"菜单搜索"cmd"并双击，打开"命令提示符"窗口。

在 Nmap 扫描结果中选择一个服务器开放的端口进行探测，以 135 端口为例。在命令提示符窗口按照"telnet 目标 IP 地址 端口号"指令格式，输入指令"telnet 192.168.192.134 135"，然后按"Enter"键。

若目标主机开放 135 端口，则会进入客户端与目标主机端口的连接界面，按"Ctrl+]"键，即进入命令交互界面，如图 3-5 所示。在该界面可通过指令给目标主机发送数据包，那么若该端口存在漏洞，攻击者可通过这个方式攻击主机，所以不是必须对外开放的端口，一定要予以关闭。

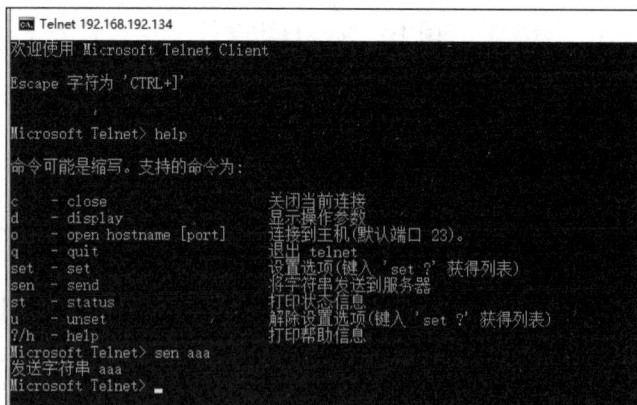

图 3-5　命令交互界面

若端口未开放，比如连接服务器的 136 端口，则会显示"在端口 136：连接失败"，如

图 3-6 所示。

图 3-6 Telnet 连接端口失败

3. 分析、确定服务器必须开放的端口

通过上述第 1、2 点的方法，可以掌握服务器的端口开放状态。服务器基于 TCP/IP 对外提供服务，就必须对外开放端口，如当前任务服务器对外提供的服务是文件共享服务，从 Nmap 扫描报告中，已知 Windows 操作系统在网络上对外开放了 135、139、445、49154、49156 这 5 个端口。为了对比，用 Nmap 端口扫描工具扫描另一台新安装的虚拟服务器，未提供任何服务，Nmap 扫描报告如图 3-7 所示。

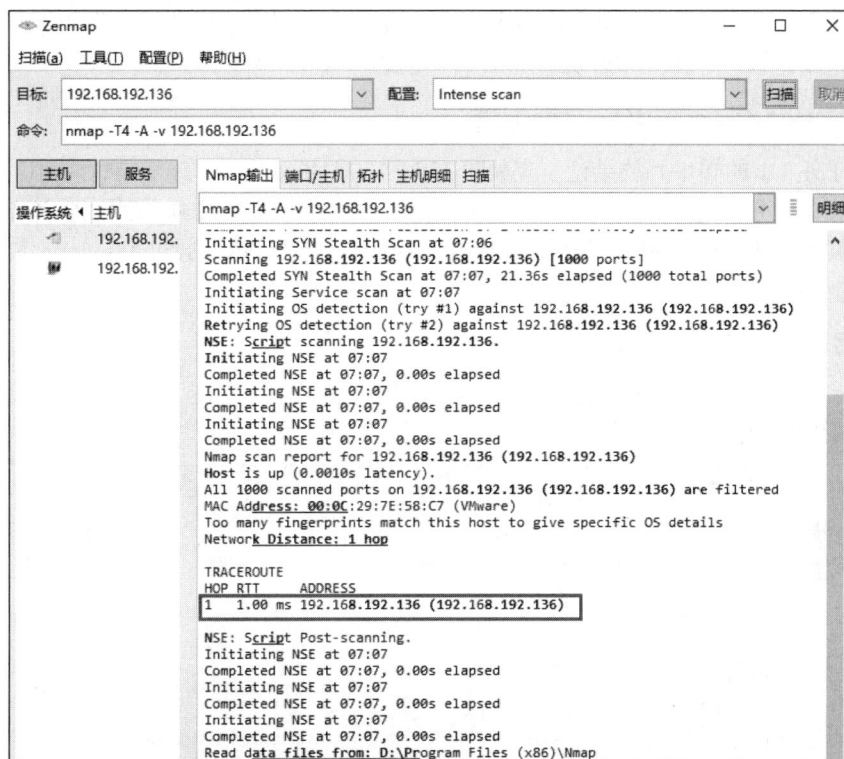

图 3-7 新安装的虚拟服务器的 Nmap 扫描报告

从扫描报告可以看出，新安装的 Windows 服务器未对外开放任何端口。图 3-3 所示的扫描出的 5 个端口是当开放文件共享服务时，Windows 操作系统开放的。其实，在按照向导配置文件共享服务时，Windows 操作系统给出过提示，图 2-13 所示的中间部分"Windows 防火墙将设置为允许与其他计算机共享此文件夹"。

接下来，需要分析这 5 个端口是否都必须开放？

文件共享服务是基于服务器消息块（Server Message Block，SMB）协议的。在 Windows NT 中，SMB 运行于 NBT（NetBIOS over TCP/IP）之上，要使用 137、139（UDP）、139（TCP）端口；在 Windows 2000 及以上版本中，SMB 可以直接运行在 TCP/IP 上，而没有额外的 NBT

层，则使用 TCP 445 端口。本任务服务器安装的是 Windows Server 2012 R2 操作系统，所以仅需开放 445 端口。

135 端口主要用于远程过程调用（Remote Procedure Call，RPC）协议为分布式组件对象模型（Distributed Component Object Model，DCOM）提供服务。DCOM 技术与对方计算机进行通信时，会自动调用目标主机中的 RPC 服务，而 RPC 服务将自动询问目标主机中的 135 端口，当前有哪些端口可以被用来通信。135 端口会被攻击者利用并在远程计算机中写入恶意代码，还有些拒绝服务（Denial of Service，DOS）攻击直接针对这个端口，这个端口面临的危险极大。一定要在非常确定的情况下开放这个端口，即使开放也应该对源/目的地址/端口做出严格的限制。在本任务中，135 端口不是文件共享服务必须使用的端口，应予以关闭。

49154 和 49156 是动态端口，也不是文件共享服务必须使用的端口，按照端口控制的原则，也应该予以关闭。

综上，在这台装有 Windows Server 2012 R2 的服务器上，通过 Nmap 端口扫描工具扫描，发现 135、139、445、49154、49156 这 5 个 TCP 端口对外开放，因为服务器目前仅对外提供文件共享服务，仅 445 端口为必须开放的端口，其余 4 个端口均应关闭。

任务 3-2 Windows 防火墙安全配置

根据任务 3-1 的端口开放结论，应关闭 135、139、49154、49156 这 4 个端口；根据共享文件提供共享服务的范围，仅允许特定主机（客户端 192.168.192.1）访问该服务器的文件共享服务，其他主机不能使用。需要先启用 Windows 防火墙，然后通过 Windows 防火墙关闭端口、限制 IP 地址。

1. 启用 Windows 防火墙

① 在"控制面板\系统和安全\Windows 防火墙"路径下（见图 3-8），单击左侧列表中的"启用或关闭 Windows 防火墙"。

图 3-8 "Windows 防火墙"界面

② 在"自定义设置"界面中（见图 3-9），分别在"专用网络设置"和"公用网络设置"下选择"启用 Windows 防火墙"单选按钮。

2. 设置默认规则

① 在图 3-8 所示的"Windows 防火墙"界面中，单击左侧列表中的"高级设置"，在弹出的"高级安全 Windows 防火墙"窗口中，选中"本地计算机上的高级安全 Windows 防火墙"，如图 3-10 所示，然后在界面的中间部分，单击"Windows 防火墙属性"。

图 3-9 "自定义设置"界面

图 3-10 "高级安全 Windows 防火墙"窗口

② 在弹出的"高级安全 Windows 防火墙-本地计算机 属性"对话框中，分别确认"域配置文件""专用配置文件""公用配置文件" 3 个选项卡中"防火墙状态"选择"启用(推荐)"，"入站连接"选择"阻止(默认值)"，"出站连接"选择"允许(默认值)"，如图 3-11 所示，为"域配置文件"选项卡中相关设置，另两个选项卡内容与其一致。

图 3-11 "高级安全 Windows 防火墙-本地计算机 属性"对话框

3. 阻止访问非必要端口

① 在图 3-10 所示的"高级安全 Windows 防火墙"窗口，先单击左侧窗格中的"入站规

则"，如图 3-12 所示，然后在右侧"操作"窗格内单击"新建规则"。

图 3-12　新建规则

② 在弹出的"新建入站规则向导-规则类型"对话框中，选择"端口"单选按钮，如图 3-13 所示，然后单击"下一步"按钮。

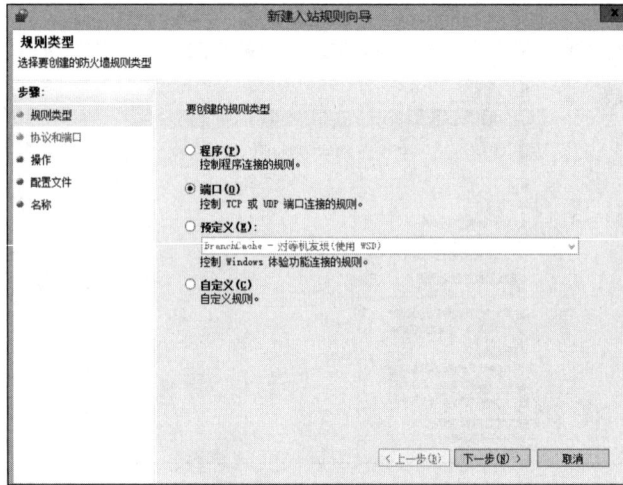

图 3-13　"新建入站规则向导-规则类型"对话框

③ 在弹出的"新建入站规则向导-协议和端口"对话框中，选择"TCP"单选按钮和"特定本地端口"单选按钮，并依照本任务前述分析，在后面的文本框中填写"135,139,49154,49156"，如图 3-14 所示，然后单击"下一步"按钮。

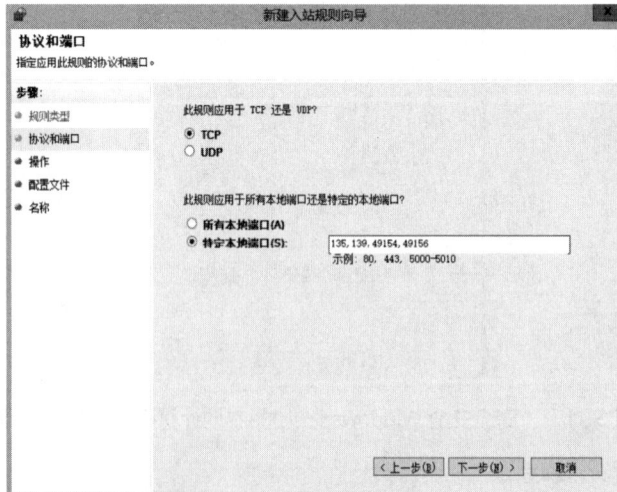

图 3-14　"新建入站规则向导-协议和端口"对话框

④ 在弹出的"新建入站规则向导-操作"对话框中，选择"阻止连接"单选按钮，如图 3-15 所示，然后单击"下一步"按钮。

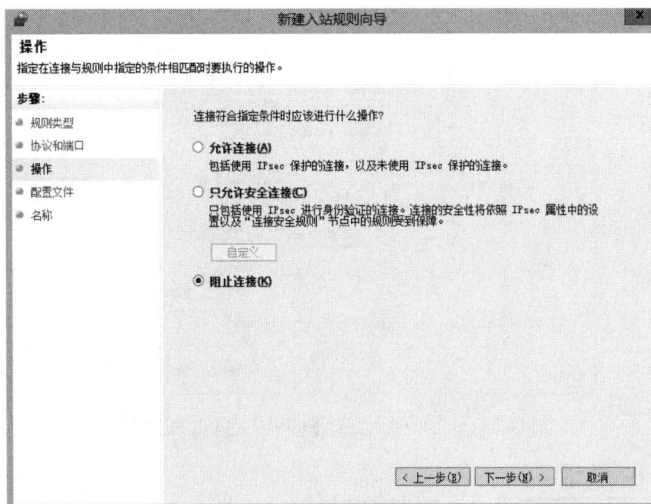

图 3-15 "新建入站规则向导-操作"对话框

⑤ 在弹出的"新建入站规则向导-配置文件"对话框中，勾选"域""专用""公用"复选框，如图 3-16 所示，然后单击"下一步"按钮。

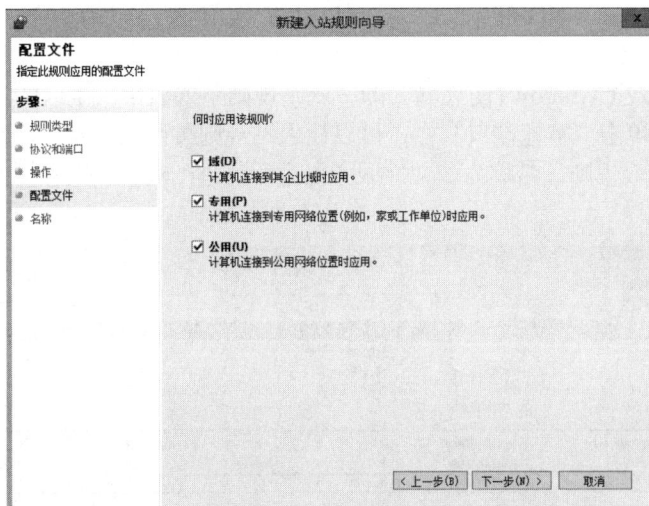

图 3-16 "新建入站规则向导-配置文件"对话框

⑥ 在弹出的"新建入站规则向导-名称"对话框中，在"名称"文本框中输入一个名称，主要是为了标记，在"描述(可选)"下面的文本框中可以描述本次阻止端口等内容，也可以不填写，如图 3-17 所示。单击"完成"按钮，完成 135、139、49154、49156 这 4 个 TCP 端口的关闭。

⑦ 测试文件共享服务是否可以正常使用。参照任务 2-2 的方法，使用 saleT 账户成功连接共享文件服务器，并可以进行上传、下载、编辑、删除等操作。

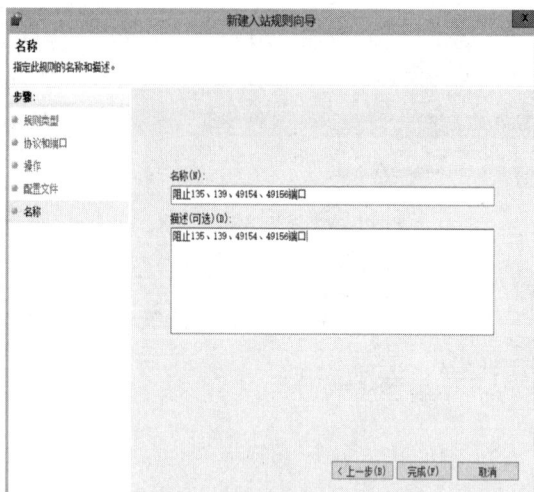

图 3-17　"新建入站规则向导-名称"对话框

4. 限定访问 IP 地址

根据业务需求，仅允许 192.168.192.1 地址访问文件共享服务，即访问 445 端口，以下提供两种方法限定访问 IP 地址。

方法一：在系统生成的规则中配置。

在系统开启文件共享服务时，便在防火墙上增加了允许访问 135，139，445，49154，49156 端口的规则。除 445 端口外，其他端口已阻止访问，需要在开放 445 端口的相应规则中增加 IP 地址限制。

① 在"高级安全 Windows 防火墙"的"入站规则"列表中，生效的规则前有⊘图标，如图 3-18 所示，单击"本地端口"栏，可以让入站规则按照端口排序。在入站规则中找到 445 端口对应的生效规则，名称为"文件服务器远程管理(SMB-In)"和"文件和打印机共享(SMB-In)"。

图 3-18　"高级安全 Windows 防火墙"的"入站规则"列表

② 双击"文件服务器远程管理(SMB-In)"，在弹出的"文件服务器远程管理(SMB-In)属性"对话框中，选择"作用域"选项卡，在"远程 IP 地址"下选择"下列 IP 地址"单选按钮，如图 3-19 所示，再单击"添加"按钮。

③ 在弹出的"IP 地址"对话框中，选择"此 IP 地址或子网"单选按钮，在下面的文本框中设置 IP 地址或子网，本任务为"192.168.192.1"，如图 3-20 所示。如果要设置某个 IP 地址范围，则选择"此 IP 地址范围"单选按钮。设置完成后，单击"确定"按钮，然后在设置了远程 IP 地址的"文件服务器远程管理(SMB-In)属性"对话框中，依次单击"应用"按钮和"确定"按钮。

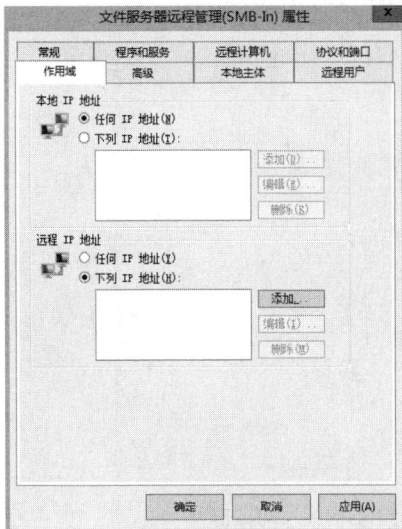

图 3-19 "文件服务器远程管理（SMB-In）属性"对话框

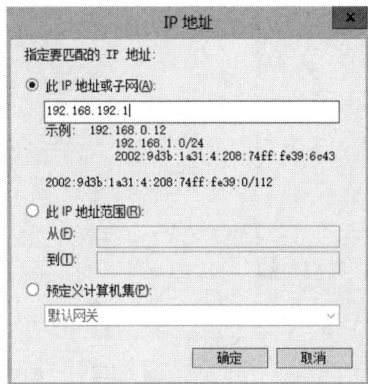

图 3-20 "IP 地址"对话框

按照同样的步骤，设置"文件和打印机共享(SMB-In)"中的"远程 IP 地址"为"192.168.192.1"。

④ 验证。客户端（IP 地址为 192.168.192.1）可以正常连接服务器并使用文件共享服务，而另一台对照服务器（IP 地址为 192.168.192.136）连接服务器会显示"网络错误"，如图 3-21 所示。

图 3-21 对照服务器连接服务器报错

方法二：新建 445 端口规则，禁用系统添加的 445 端口规则。

① 按照本任务第 3 点中①的方法，新建"入站规则"，在弹出的"新建入站规则向导-规则类型"对话框中，选择"自定义"单选按钮，然后单击"下一步"按钮。

② 在弹出的"新建入站规则向导-程序"对话框中，选择"所有程序"单选按钮，如图 3-22 所示，然后单击"下一步"按钮。

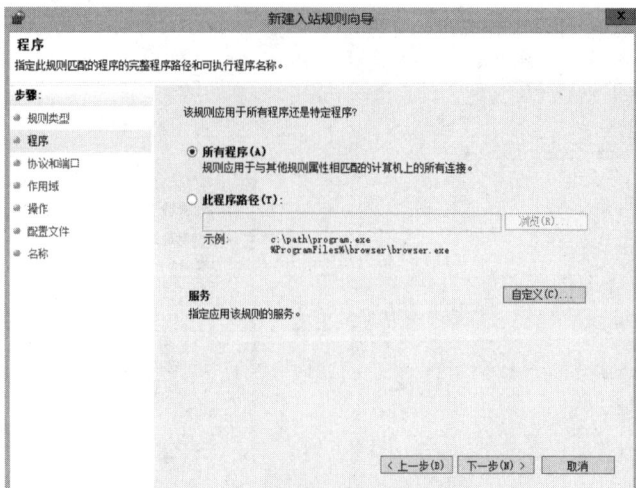

图 3-22 "新建入站规则向导-程序"对话框

③ 在弹出的"新建入站规则向导-协议和端口"对话框中，"协议类型"选择"TCP"，"本地端口"选择"特定端口"，在下面的文本框中输入"445"，"远程端口"选择"所有端口"，如图 3-23 所示，然后单击"下一步"按钮。

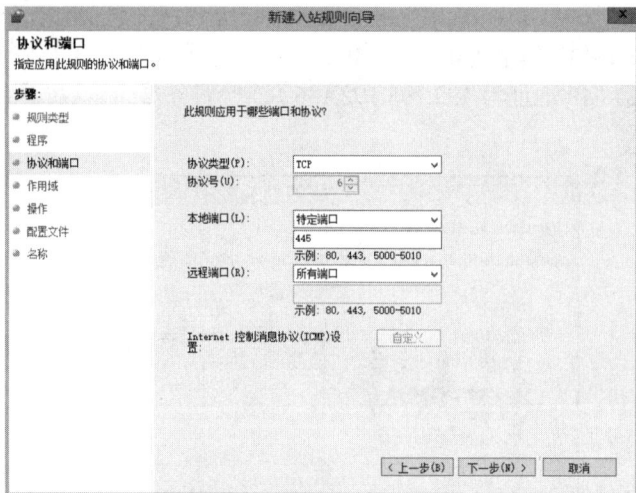

图 3-23 "新建入站规则向导-协议和端口"对话框

④ 在弹出的"新建入站规则向导-作用域"对话框中，在"此规则应用于哪些本地 IP 地址？"下面选择"任何 IP 地址"单选按钮，在"此规则应用于哪些远程 IP 地址？"下面选择"下列 IP 地址"单选按钮，如图 3-24 所示，然后单击"添加"按钮。

⑤ 在弹出的"IP 地址"对话框中，如图 3-20 所示，选择"此 IP 地址或子网"单选按钮，在下面的文本框中输入"192.168.192.1"单击"确定"按钮，然后在设置了远程 IP 地址的"新建入站规则向导-作用域"对话框中，单击"下一步"按钮。

⑥ 在弹出的"新建入站规则向导-操作"对话框中，选择"允许连接"单选按钮，如图 3-25 所示，然后单击"下一步"按钮。

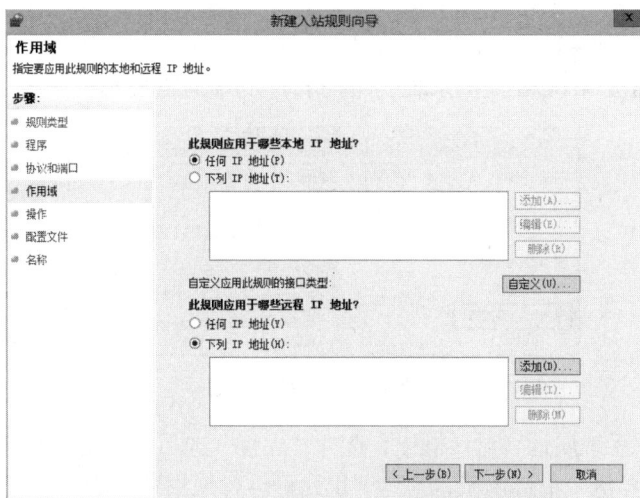

图 3-24　"新建入站规则向导-作用域"对话框

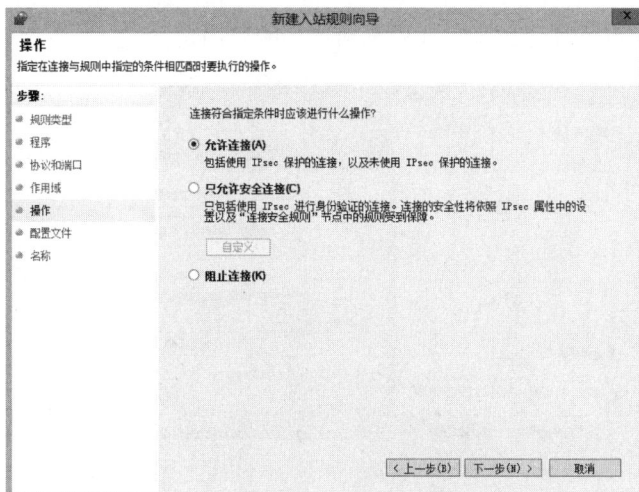

图 3-25　"新建入站规则向导-操作"对话框

⑦ 同第 3 点中的⑤～⑥，在"新建入站规则向导-配置文件"对话框中，勾选"域""专用""公用"复选框，如图 3-16 所示。在"新建入站规则向导-名称"对话框中，设置"名称"及"描述"。单击"完成"按钮，完成 445 端口新建规则的设置。

⑧ 在图 3-18 所示的"高级安全 Windows 防火墙"的"入站规则"列表中，依次右击规则"文件服务器远程管理(SMB-In)"和规则"文件和打印机共享(SMB-In)"，在弹出的快捷菜单中选择"禁用规则"，规则前的图标显示为灰色表示禁用成功。

⑨ 验证。客户端（IP 地址为 192.168.192.1）可以正常连接服务器并使用文件共享服务，而另一台对照服务器（IP 地址为 192.168.192.136）连接服务器会显示"网络错误"，如图 3-21 所示。

任务 3-3　配置远程桌面连接

为了满足远程连接服务器的需求，需要为服务器启用远程桌面服务。

微课视频

微课 06　配置远程桌面连接

57

1. 启用远程桌面连接

① 在"控制面板\系统和安全\系统"路径下，如图 3-26 所示，单击"高级系统设置"。

图 3-26 "系统"界面

② 在弹出的"系统属性"对话框中，选择"远程"选项卡，在"远程桌面"下选择"允许远程连接到此计算机"单选按钮，勾选"仅允许运行使用网络级别身份验证的远程桌面的计算机连接(建议)"复选框，会弹出"远程桌面连接"提示框（这意味着 Windows 防火墙启用了新规则），如图 3-27 所示，单击"确定"按钮；然后依次单击"系统属性"对话框中的"应用"按钮和"确定"按钮，完成远程桌面连接的启用设置。

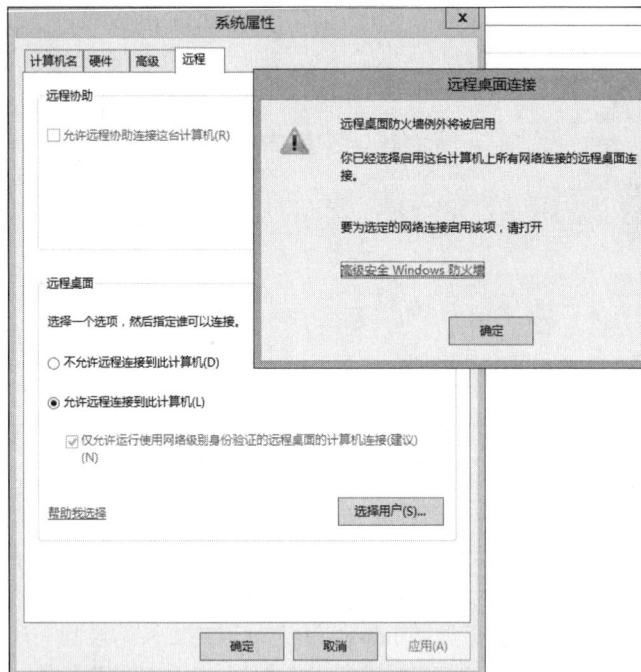

图 3-27 "系统属性"对话框和"远程桌面连接"提示框

2. 验证远程桌面连接

① 按"Win+R"键打开"运行"对话框，在文本框中输入"mstsc"，如图 3-28 所示，然后单击"确定"按钮。

② 在弹出的"远程桌面连接"窗口中，如图 3-29 所示，单击"显示选项"。

③ 在展开的"远程桌面连接"窗口中，选择"常规"选项卡，在"计算机"文本框中输入要连接服务器的 IP 地址，本任务为"192.168.192.134"，在"用户名"文本框中输入用

户名，本任务为"winad2012"，如图 3-30 所示，然后单击"连接"按钮。

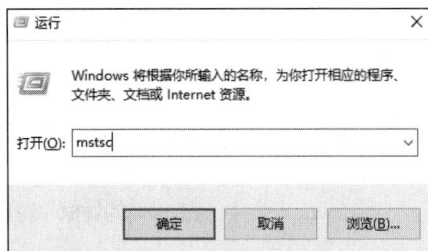

图 3-28 "运行"对话框

图 3-29 "远程桌面连接"窗口

图 3-30 展开的"远程桌面连接"窗口

④ 在弹出的"远程桌面连接"对话框（见图 3-31）中，单击"连接"按钮。然后在弹出的"Windows 安全中心-输入你的凭据"对话框中，输入登录账户的口令，然后单击"确定"按钮，如图 3-32 所示。

⑤ 在接下来弹出的"远程桌面连接"对话框（见图 3-33）中，单击"是"按钮。然后就连接到了服务器的远程桌面，如图 3-34 所示，通过远程桌面可以实现远程对服务器进行操作。

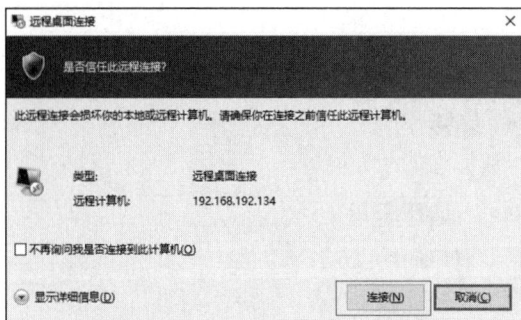

图 3-31 "远程桌面连接"对话框 1

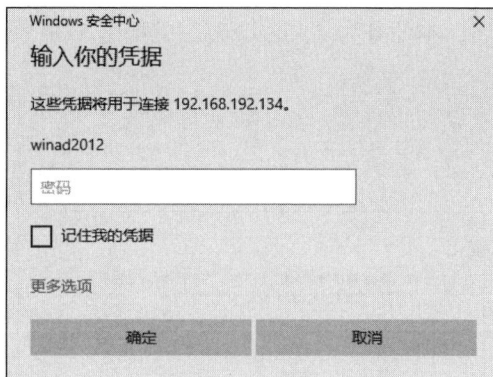

图 3-32 "Windows 安全中心-输入你的凭据"对话框

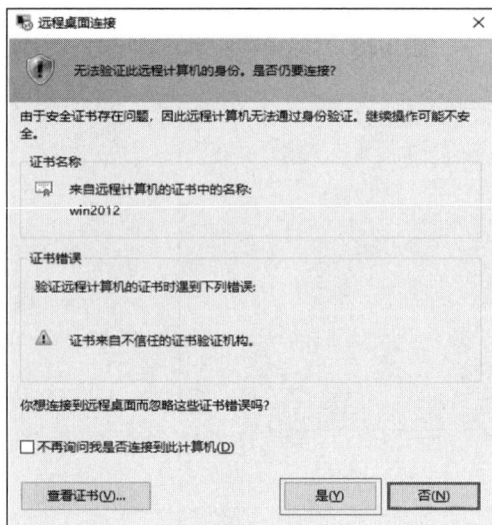

图 3-33 "远程桌面连接"对话框 2

图 3-34 服务器的远程桌面

任务 3-4 远程桌面连接的安全加固

服务器启用新的服务后，系统便发生了变化，需要针对远程桌面连接对操作系统进行安全加固。

首先，从账户权限的维度授予需要远程登录的用户权限，收回不需要登录的用户权限。对于本任务的服务器而言，根据企业的权责划分，仅运维部员工，即 operators 组账户的用户账户及 Administrators 的管理员账户可以有远程桌面连接的权限。其次，启用远程桌面连接后，系统自动开放远程桌面连接的默认端口 3389，为了避免被攻击者爆破或者占用连接的情况，需要修改该默认端口。最后，根据企业管理规定，仅允许通过办公区客户端远程连接服务器，即仅允许客户端 192.168.192.1 远程连接服务器。

因此，现从限制远程登录用户、修改远程桌面默认服务端口、限制访问网络 3 个方面对远程桌面连接进行加固。

1. 限制远程登录用户

① 要让用户具备使用远程桌面服务的权限，首先要确定该用户的账户或所在组账户已添加在"本地安全策略-本地策略-用户权限分配-从网络访问此计算机"的列表中，如图 3-35 所示。

② "本地安全策略-本地策略-用户权限分配"中的"允许通过远程桌面服务登录"控制远程桌面服务权限。双击该策略，在弹出的"允许通过远程桌面服务登录 属性"对话框中，可以看到具备通过远程桌面服务登录系统账户权限的组账户有 Administrators 和 Remote Desktop Users，如图 3-36 所示。设置账户具有通过远程桌面服务登录系统的权限有如下两种方法。

图 3-35 "从网络访问此计算机"的列表　　　　图 3-36 "允许通过远程桌面服务登录"的列表

默认情况下，本地管理员账户具备通过远程桌面服务登录系统的权限。按照任务要求，还需要将运维部员工，即 operators 组账户中的用户账户设置为具备远程桌面服务登录系统的权限。

方法一：在 Remote Desktop Users 组账户中设置远程登录用户账户。

打开"服务器管理器-仪表板"窗口，单击右上方的"工具"菜单，在弹出的下拉菜单中单击"计算机管理(本地)"，打开"计算机管理"窗口，如图 1-5 所示。

在"计算机管理"窗口中，双击展开"本地用户和组"，选中"组"，在右侧展示的列表中，可以找到 Remote Desktop Users 组账户。双击该组账户，弹出"Remote Desktop Users 属性"对话框，按照任务 1-1 中"向本地组账户添加成员账户"的操作，现将 operators 组账户的 OperT 用户账户添加到 Remote Desktop Users 组账户中，如图 3-37 所示，然后单击"应用"按钮和"确定"按钮，完成设置。

方法二：在"控制面板-系统"管理工具中设置远程登录用户账户。

在图 3-27 所示的"系统属性"对话框中的"远程"选项卡内，单击"选择用户"按钮，在弹出的"远程桌面用户"对话框中，单击"添加"按钮，如图 3-38 所示。

图 3-37 "Remote Desktop Users 属性"对话框

图 3-38 "系统属性"对话框和"远程桌面用户"对话框

在弹出的"选择用户"对话框的"输入对象名称来选择(示例)"文本框中输入用户账户名，此处输入 operators 组账户的 OperR 用户账户，单击"检查名称"按钮，系统会自动补全账户全名，如图 3-39 所示，单击"确定"按钮。然后依次单击"远程桌面用户"对话框和"系统属性"对话框的"确定"按钮，完成设置。

按照方法一或方法二的操作为 operators 组账户的其他用户账户完成远程桌面连接的权限设置。

③ 验证。OperT 账户使用远程桌面服务连接服务器，可以成功登录，如图 3-34 所示。使用不具备远程桌面连接权限的账户 SaleT 连接服务器，提示"连接被拒绝，因为没有授权此用户账户进行远程登录"，如图 3-40 所示。

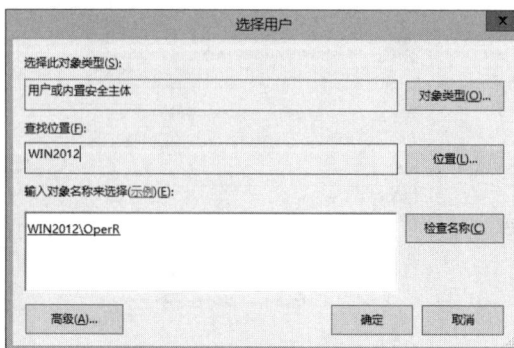

图 3-39 "选择用户"对话框

图 3-40 提示"连接被拒绝，因为没有授权此
用户账户进行远程登录"

2. 修改远程桌面默认服务端口

（1）在注册表中修改远程桌面默认服务端口

在"运行"对话框中输入"regedit"并单击"确定"按钮，打开"注册表编辑器"，在"注

册表编辑器"左侧窗格中找到"HKEY_LOCAL_MACHINE\SYSTEM\CurrentControlSet\Control\ Terminal Server\WinStations"路径下的"RDP-Tcp"文件夹并单击,如图 3-41 所示,在右侧窗格中找到"PortNumber"键值,双击修改键值。

图 3-41 "注册表编辑器"窗口

在弹出的"编辑 DWORD（32 位）值"对话框中,"基数"选择"十进制"单选按钮,在"数值数据"文本框中输入除 3389 之外的 1024～49151 注册端口中未被其他服务占用的端口,本任务设置为"13322",如图 3-42 所示,然后单击"确定"按钮,完成设置。

（2）重启远程桌面服务

修改远程桌面服务默认端口后需要重启远程桌面服务使其生效。

按"Win+R"键打开"运行"对话框,在"打开"文本框中输入"services.msc",然后单击"确定"按钮。

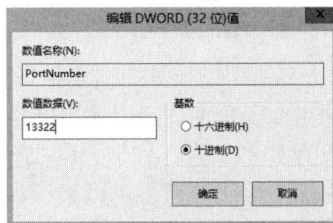

图 3-42 "编辑 DWORD(32 位)值-PortNumber"对话框

在弹出的"服务"窗口中,找到并选中"Remote Desktop Services"服务,如图 3-43 所示,然后单击左侧的"重启动"。

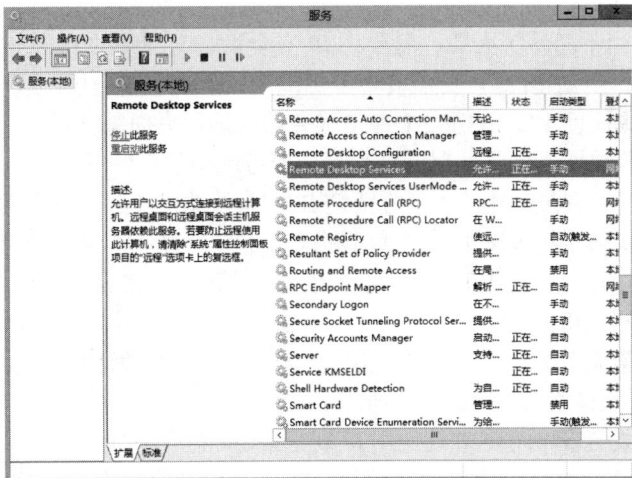

图 3-43 "服务"窗口

在弹出的"重新启动其他服务"提示框中，如图 3-44 所示，单击"是"按钮，完成远程桌面服务重启。

（3）验证

完成远程桌面默认服务端口修改后，按照任务 3-3 的步骤重新连接远程桌面，提示"无法连接到远程计算机"，如图 3-45 所示。默认情况下是通过默认端口 3389 连接远程桌面的，而经过安全加固的远程桌面服务是通过新端口提供服务的，本任务为 13322 端口，所以连接失败。

图 3-44　"重新启动其他服务"提示框　　　图 3-45　"无法连接到远程计算机"提示框

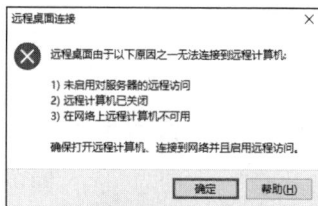

3. 限制访问网络

完成限制远程登录用户和修改远程桌面默认服务端口的设置后，即完成了远程桌面连接的主要安全加固，但还不能正常使用相关服务，需要开放远程桌面服务新的服务端口，本任务为 13322 端口，根据需求还需要限制连接服务器的客户端，本任务仅允许 192.168.192.1 客户端连接服务器。可以采用如下两种方法。

方法一：通过 Windows 防火墙设置。

运用任务 3-2 中"限定访问 IP 地址"中的"方法二"的步骤，在"高级安全 Windows 防火墙"的"入站规则"列表中，新建规则，设置仅允许远程 IP 地址 192.168.192.1 连接 TCP 端口 13322。

方法二：通过 IP 安全策略设置。

IP 安全策略相当于简易防火墙，需要将 IP 安全策略与准确的 IP 筛选器及筛选器操作相匹配。针对本任务，要创建的 IP 安全策略需要包括如下两个安全规则。

① 允许指定源地址 192.168.192.1 连接服务器的远程桌面服务端口。

② 阻止所有源地址连接服务器的远程桌面服务端口。

注：在方法二的配置过程中，为了弄清楚 IP 安全策略的工作机制及策略的有效性，建议先把 Windows 防火墙关闭，即在图 3-9 所示的"自定义设置"界面，"专用网络设置"和"公用网络设置"中均选择"关闭 Windows 防火墙（不推荐）"。完成学习后，将防火墙再开启。

（1）创建 IP 安全策略

在"本地安全策略"窗口中，右击"IP 安全策略，在本地计算机"，在弹出的快捷菜单中选择"创建 IP 安全策略"，如图 3-46 所示。

在弹出的"IP 安全策略向导-欢迎使用 IP 安全策略向导"对话框中，单击"下一步"按钮。

在弹出的"IP 安全策略向导-IP 安全策略名称"对话框的"名称"文本框中填入 IP 安全策略名称，本任务为"允许 192.168.192.1 到 TCP13322"，然后单击"下一步"按钮。

在弹出的"IP 安全策略向导-安全通讯请求"对话框中，保留默认配置，单击"下一步"按钮。

在弹出的"IP 安全策略向导-正在完成 IP 安全策略向导"对话框中，取消勾选"编辑属性"，单击"完成"按钮，完成"允许 192.168.192.1 到 TCP13322"安全策略创建。

（2）管理 IP 筛选器列表

① 添加指定 IP 地址到服务器远程桌面端口的 IP 筛选器。

右击"IP 安全策略，在本地计算机"，如图 3-46 所示，在弹出的快捷菜单中选择"管理 IP 筛选器列表和筛选器操作"。

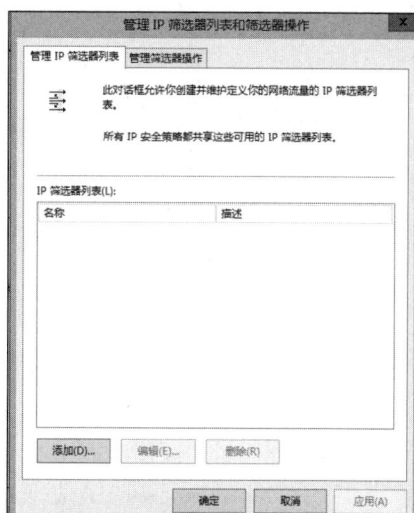

在弹出的"管理 IP 筛选器列表和筛选器操作"对话框中，选择"管理 IP 筛选器列表"选项卡，如图 3-47 所示，单击"添加"按钮。

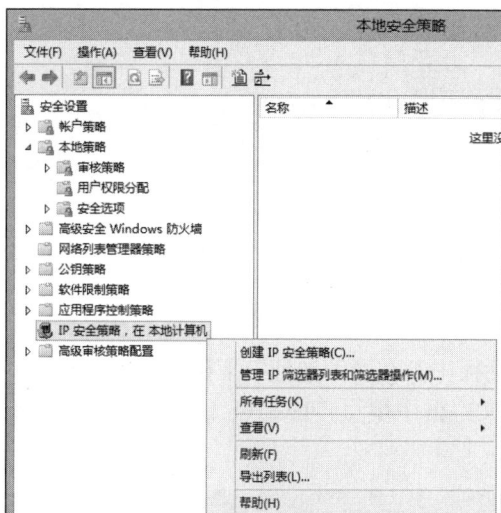

图 3-46　"本地安全策略"窗口　　　　图 3-47　"管理 IP 筛选器列表和筛选器操作"对话框

在弹出的"IP 筛选器列表"对话框中，在"名称"文本框中填写该 IP 筛选器的名称，本任务为"192.168.192.1 到 13322 端口"，勾选"使用'添加向导'"复选框，如图 3-48 所示，然后单击"添加"按钮。

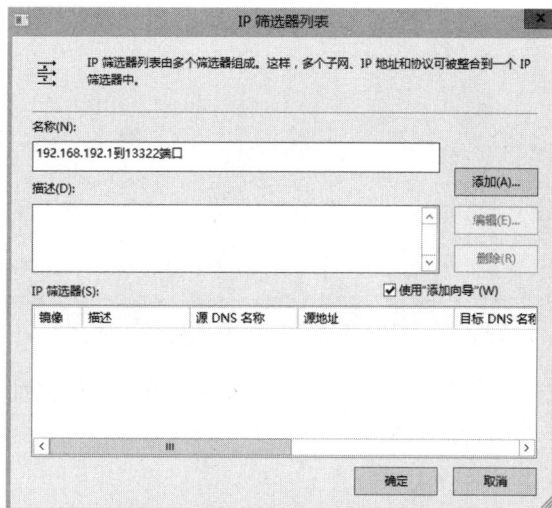

图 3-48　"IP 筛选器列表"对话框

在弹出的"IP 筛选器向导-欢迎使用筛选器向导"对话框中，单击"下一步"按钮。

在弹出的"IP 筛选器向导-IP 筛选器描述和镜像属性"对话框中，填写"描述"文本框，本任务为"192.168.192.1 到 13322 端口"，如图 3-49 所示，然后单击"下一步"按钮。

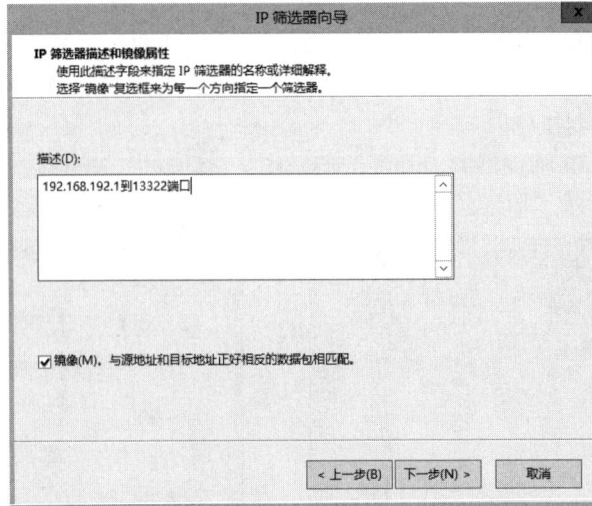

图 3-49　"IP 筛选器向导-IP 筛选器描述和镜像属性"对话框

在弹出的"IP 筛选器向导-IP 流量源"对话框中，在"源地址"下拉列表中选择"一个特定的 IP 地址或子网"，在"IP 地址或子网"文本框中填写"192.168.192.1"，如图 3-50 所示，然后单击"下一步"按钮。

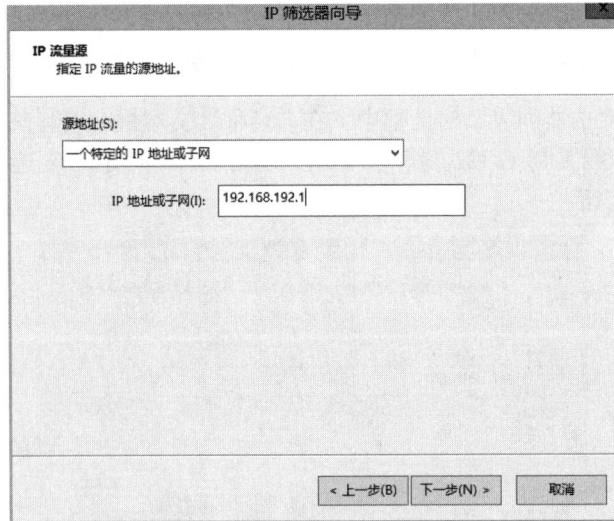

图 3-50　"IP 筛选器向导-IP 流量源"对话框

在弹出的"IP 筛选器向导-IP 流量目标"对话框中，在"目标地址"下拉列表中选择"我的 IP 地址"，如图 3-51 所示，然后单击"下一步"按钮。

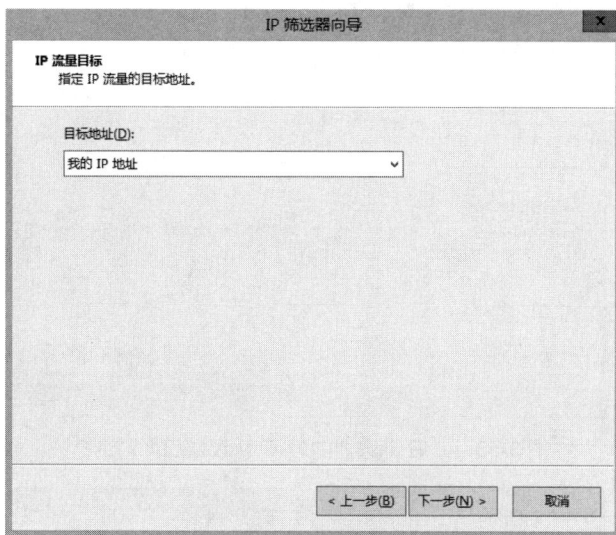

图 3-51 "IP 筛选器向导-IP 流量目标"对话框

在弹出的"IP 筛选器向导-IP 协议类型"对话框中，在"选择协议类型"下拉列表中选择"TCP"，如图 3-52 所示，然后单击"下一步"按钮。

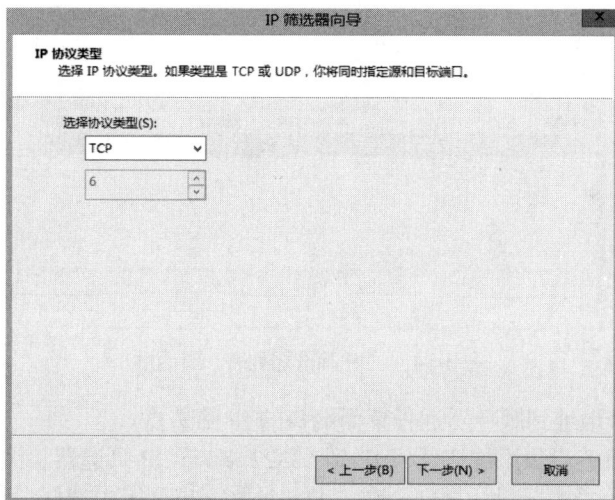

图 3-52 "IP 筛选器向导-IP 协议类型"对话框

在弹出的"IP 筛选器向导-IP 协议端口"对话框中，勾选"从任意端口"和"到此端口"，并在"到此端口"下面的文本框中填入端口号，本任务为"13322"，如图 3-53 所示，然后单击"下一步"按钮。

在弹出的"IP 筛选器向导-正在完成 IP 筛选器向导"对话框中，取消勾选"编辑属性"，单击"完成"按钮，完成"192.168.192.1 到 13322 端口"IP 筛选器的添加。在"IP 筛选器列表"对话框中可以看到新添加的 IP 筛选器的详情，如图 3-54 所示。

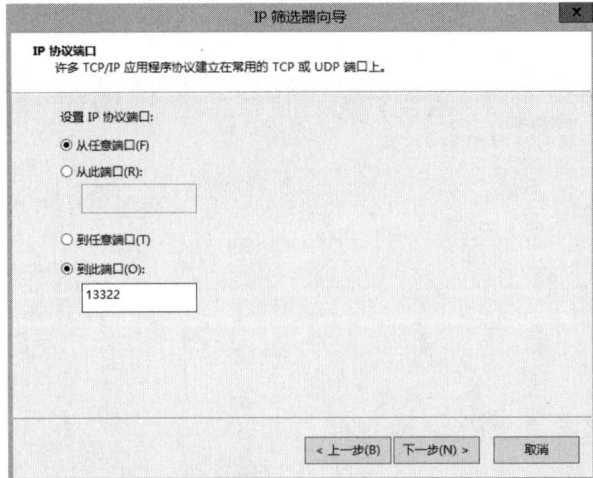

图 3-53　"IP 筛选器向导-IP 协议端口"对话框

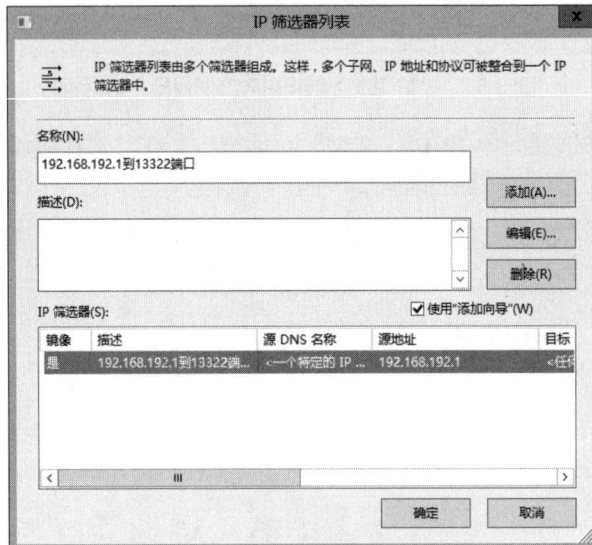

图 3-54　"IP 筛选器列表"对话框

② 添加任何 IP 地址到服务器远程桌面端口的 IP 筛选器。

按照上述①中所述步骤添加"任何 IP 到 13322 端口"IP 筛选器。注意在图 3-50 所示的 "IP 筛选器向导-IP 流量源"对话框中，在"源地址"下拉列表中选择"任何 IP 地址"。

③ 完成两个 IP 筛选器的添加后，在"管理 IP 筛选器列表和筛选器操作"对话框的"管理 IP 筛选器列表"选项卡中会呈现出两个 IP 筛选器，如图 3-55 所示。

（3）管理筛选器操作

① 添加"允许连接"筛选器操作。

在"管理 IP 筛选器列表和筛选器操作"对话框中，如图 3-55 所示。选择"管理筛选器操作"选项卡，勾选"使用'添加向导'"复选框，单击"添加"按钮，在弹出的"筛选器操作向导-欢迎"对话框中，单击"下一步"按钮。

在弹出的"筛选器操作向导-筛选器操作名称"对话框中的"名称"文本框中填写该筛选器操作名称，本任务可填写"允许连接"，如图 3-56 所示，然后单击"下一步"按钮。

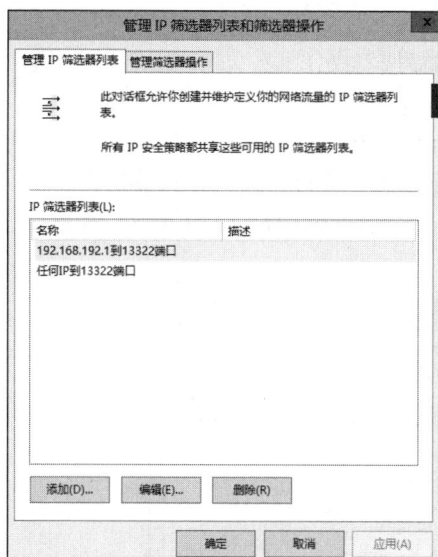

图 3-55　"管理 IP 筛选器列表"选项卡

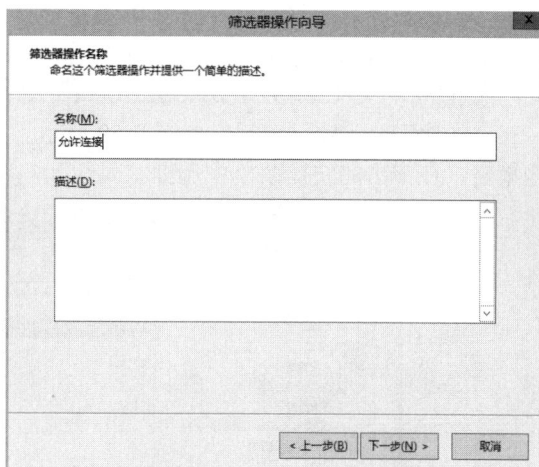

图 3-56　"筛选器操作向导-筛选器操作名称"对话框

在弹出的"筛选器操作向导-筛选器操作常规选项"对话框中，选择"许可"单选按钮，如图 3-57 所示，然后单击"下一步"按钮。

在弹出的"筛选器操作向导-正在完成 IP 安全筛选器操作向导"对话框中，取消勾选"编辑属性"复选框，单击"完成"按钮。

② 添加"阻止连接"筛选器操作。

按照上述①中所述添加"阻止连接"筛选器操作。注意在图 3-57 所示的"筛选器操作向导-筛选器操作常规选项"对话框中，选择"阻止"单选按钮。

③ 完成两个筛选器操作的添加后，在"管理 IP 筛选器列表和筛选器操作"对话框的"管理筛选器操作"选项卡中会呈现两个筛选器操作，如图 3-58 所示。

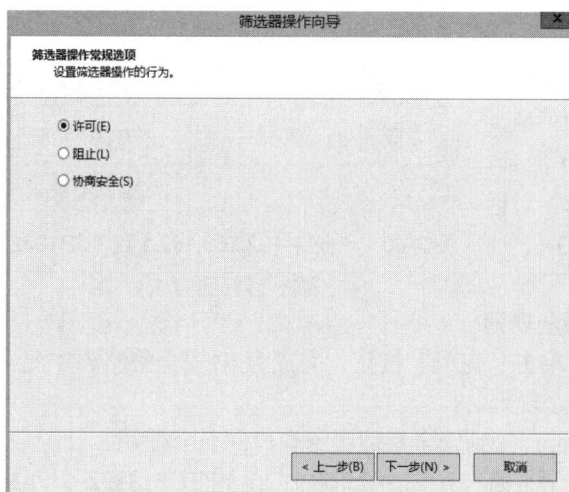

图 3-57　"筛选器操作向导-筛选器操作常规选项"对话框

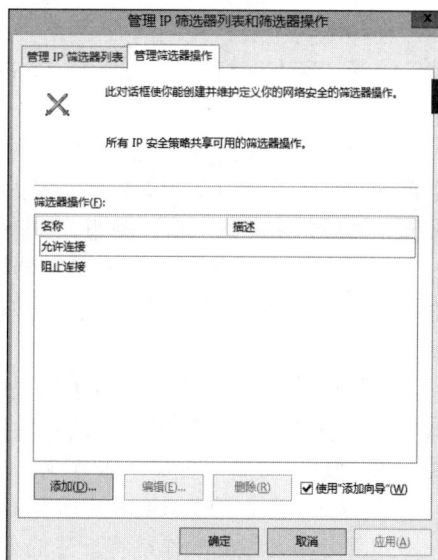

图 3-58　"管理筛选器操作"选项卡

（4）添加安全规则

添加安全规则即为 IP 安全策略匹配 IP 筛选器和筛选器操作。

① 为 IP 安全策略添加允许指定 IP 地址连接到安全桌面服务端口的安全规则。

本部分将要做的操作是将新建的 IP 安全策略"允许 192.168.192.1 到 TCP13322"，匹配前面已添加的"192.168.192.1 到 13322 端口"IP 筛选器和"允许连接"筛选器操作。

在"本地安全策略"窗口，如图 3-59 所示，右击"允许 192.168.192.1 到 TCP13322"IP 安全策略，在弹出的快捷菜单中选择"属性"。

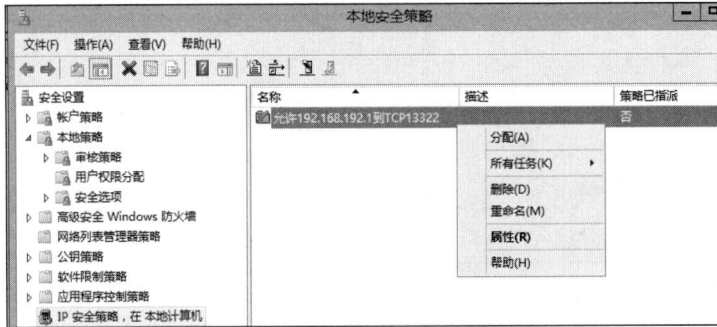

图 3-59　"本地安全策略"窗口

在弹出的"允许 192.168.192.1 到 TCP13322 属性"对话框中，选择"规则"选项卡，勾选"使用'添加向导'"复选框，如图 3-60 所示，然后单击"添加"按钮。

在弹出的"安全规则向导-欢迎"对话框中，单击"下一步"按钮。

在弹出的"安全规则向导-隧道终结点"对话框中，保持默认选项，单击"下一步"按钮。

在弹出的"安全规则向导-网络类型"对话框中，选择"所有网络连接"选项，单击"下一步"按钮。

在弹出的"安全规则向导-IP 筛选器列表"对话框中，选择"192.168.192.1 到 13322 端口"单选按钮，然后单击"下一步"按钮，如图 3-61 所示。

在弹出的"安全规则向导-筛选器操作"对话框中，选择"允许连接"单选按钮，如图 3-62 所示，然后单击"下一步"按钮。

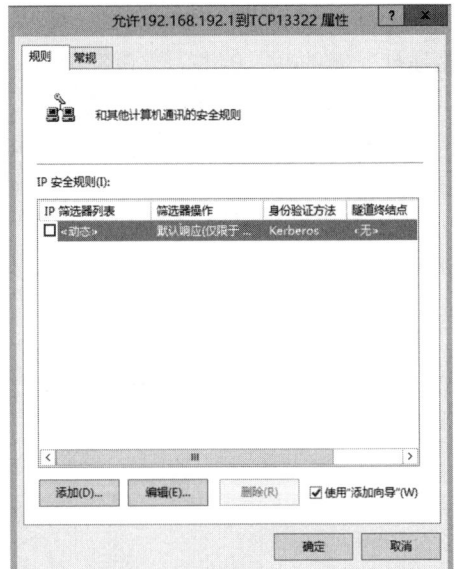

图 3-60　"允许 192.168.192.1 到 TCP13322 属性"对话框（1）

在弹出的"安全规则向导-正在完成安全规则向导"对话框中，取消勾选"编辑属性"，单击"完成"按钮，完成为 IP 安全策略添加允许指定 IP 地址连接到安全桌面服务端口的安全规则。

② 为 IP 安全策略添加阻止所有 IP 地址连接到安全桌面服务端口的安全规则。

本部分将要做的操作是将新建的 IP 安全策略"允许 192.168.192.1 到 TCP13322"，匹配前面已添加的"任何 IP 到 13322 端口"IP 筛选器和"阻止连接"筛选器操作。

参照①中的操作，在图 3-61 所示的"安全规则向导-IP 筛选器列表"对话框中选择"任何 IP 到 13322 端口"单选按钮，在图 3-62 所示的"安全规则向导-筛选器操作"对话框中选择"阻止连接"单选按钮，依照向导完成为 IP 安全策略添加阻止所有 IP 地址连接到安全桌面服务端口的安全规则。

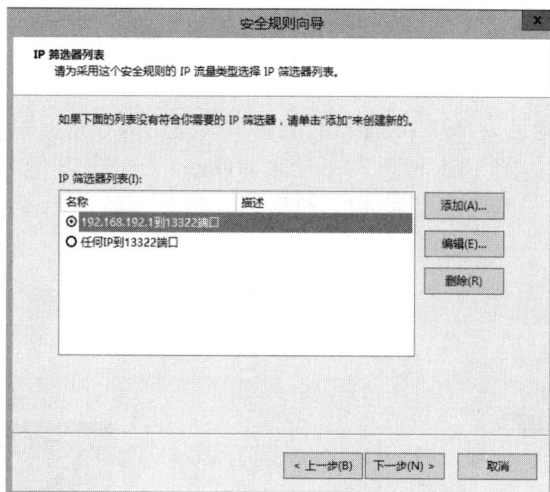

图 3-61 "安全规则向导-IP 筛选器列表"对话框

③ 完成两个安全规则的添加后，在"允许 192.168.192.1 到 TCP13322 属性"对话框中会显示 IP 安全策略所有安全规则的详情，如图 3-63 所示，依次单击"应用"和"确定"按钮。

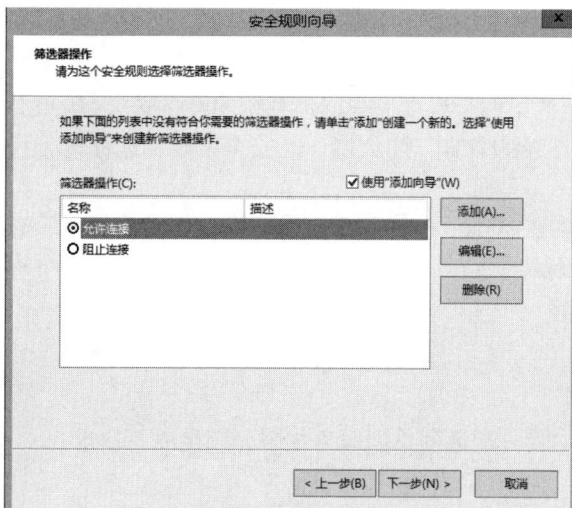

图 3-62 "安全规则向导-
筛选器操作"对话框

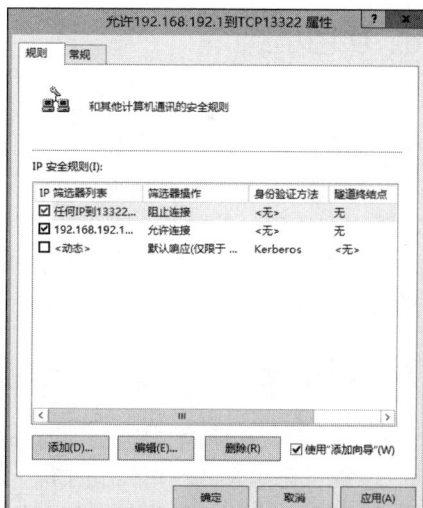

图 3-63 "允许 192.168.192.1 到
TCP13322 属性"对话框（2）

（5）指派 IP 安全策略

在"本地安全策略"窗口中，如图 3-59 所示，右击"允许 192.168.192.1 到 TCP13322"IP 安全策略，在弹出的快捷菜单中选择"分配"，完成 IP 安全策略的指派，即启用 IP 安全策略。启用策略的文件夹图标上会显示一个绿色的向上的箭头，如图 3-64 所示。

操作系统安全（微课版）

图 3-64 "本地安全策略"窗口

（6）验证

OperT 账户从 IP 地址为 192.168.192.1 的客户端使用远程桌面服务连接服务器的 13322 端口，可以成功登录，如图 3-65 和图 3-66 所示。OperT 账户从其他 IP 地址通过远程桌面服务连接服务器，会提示"无法连接到远程计算机"，如图 3-45 所示。

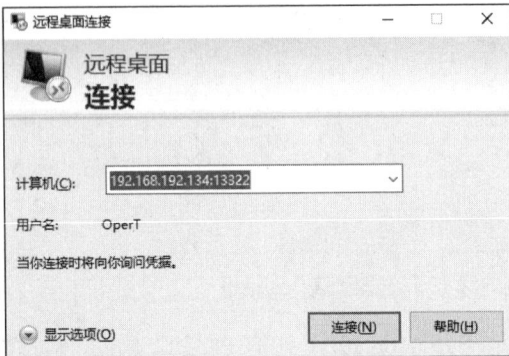

图 3-65 OperT 账户从 192.168.192.1 连接服务器的 13322 端口

图 3-66 远程登录成功

3.6 项目小结

本项目介绍了 Windows 操作系统安全的第四个维度——操作系统的网络安全。从知识准备和项目实施两个角度，本项目依次讲解了端口控制、防火墙、IP 安全策略和远程桌面服务的相关理论知识和实际项目实施。

通过对本项目的介绍，希望读者能够构建 Windows 操作系统网络安全管理的基本架构以及理论依据和原则，在实践中能够依据系统提供的服务准确为系统设置网络策略，从而从网络的维度确保操作系统的安全。

3.7 实践拓展

1. 根据本项目所学内容，为财务部主管分配远程桌面服务权限，满足以下要求。

① 财务部主管的账户为 finTT。

② 财务部主管仅能从财务部办公区的固定终端 192.168.192.10 访问服务器。

2. 本项目在服务器上新启动了远程桌面服务并进行了安全加固，需要运用所学知识再次确认服务器端口开放情况，并检查网络策略设置是否准确。

3. 运用本项目所学内容，进行下述实践，并回答相关问题。

① 在 Windows 防火墙的入站规则中允许所有 IP 地址访问远程桌面服务，而 IP 安全策略中仅允许特定 IP 地址访问远程桌面服务，那么最终效果是哪些 IP 地址可以访问远程桌面服务呢？如果二者设置相反，最终效果又如何呢？

② 在 Windows 防火墙的入站规则中允许访问 445 端口，而 IP 安全策略阻止访问 445 端口，那么最终效果是允许访问还是阻止访问呢？如果二者设置相反，最终效果又如何？

③ Windows 防火墙与 IP 安全策略是什么关系？

3.8 素养拓展

《中华人民共和国网络安全法》第二十七条，任何个人和组织不得从事非法侵入他人网络、干扰他人网络正常功能、窃取网络数据等危害网络安全的活动。《中华人民共和国刑法》第二百八十六条规定，违反国家规定，对计算机信息系统功能进行删除、修改、增加、干扰，造成计算机信息系统不能正常运行，后果严重的，处五年以下有期徒刑或者拘役。在 Windows 操作系统网络安全防护中，使用第三方工具对自己的系统进行端口扫描是合法的，但是依据前述相关法律规定，若未经许可扫描他人系统，就可能存在触犯法律的情况了。所以在学习知识、提高技能的同时还要注重树立法律意识，才能更好地做好安全防护工作。

3.9 项目习题

1.（单选题）Windows 提供了大量的指令用来测试和监测网络的状态，（　　）指令用来查看基本地址信息，包括 IP 地址、子网掩码和默认网关。

    A. ping

    B. ipconfig

    C. whoami

    D. runas

2.（单选题）在 Windows 系统的"命令提示符"窗口中，使用（　　）指令可以查看本机开放的端口。

    A. ifconfig

    B. netstat-an

    C. msconfig

    D. regedit

3.（多选题）可以从（　　）方面加强远程桌面连接的安全。

    A. 指定授权账户加入 Remote Desktop Users 组账户

    B. 更改远程桌面默认服务端口

    C. 限制访问的源 IP 地址

    D. 设置屏幕锁定口令

项目 ④ Windows 操作系统的日志安全管理

操作系统的日志能够记录硬件、软件和系统问题的信息，还可以监视系统中发生的事件。Windows 操作系统的日志安全是操作系统安全的第五个维度。

知识目标

- 掌握 Windows 事件日志类型；
- 掌握 Windows 事件类型。

技能目标

- 能够使用 Windows 事件查看器查看日志；
- 能够完成 Windows 日志安全配置。

素质目标

- 培养独立思考、自主学习的习惯；
- 培养安全、敏感的意识；
- 培养严谨的科学作风和踏实的工作态度。

4.1 风险背景和行业标准

面对系统外部的入侵，操作系统的日志可以记录入侵时的痕迹；对于系统内部的操作或运行，日志可以作为分析错误原因或取证溯源的依据。因此，操作系统日志是重要的数据，其自身的安全管理也是操作系统安全防护不可缺少的一部分。

《信息安全技术 网络安全等级保护基本要求》对于所有等级、所有专业的保护对象，都明确给出了关于重建数据的基本要求，体现在"安全计算环境"的"数据备份恢复"中，基本要求为"应提供重要数据的本地数据备份与恢复功能"。

4.2 项目概述及分析

某企业新部署了一台装有 Windows 操作系统的服务器,根据信息安全技术网络安全等级保护的要求,已按照人员的不同角色分配了账户、按需求设置了账户权限,并完成了网络安全配置,现在需要对该服务器操作系统的日志管理实施安全配置。

根据《信息安全技术 网络安全等级保护基本要求》和《电信网和互联网安全防护基线配置要求及检测要求 操作系统》,Windows 操作系统的日志安全配置需符合如下要求。

① 设备应配置日志功能,对用户登录进行记录,记录内容包括用户登录使用的账户,登录是否成功,登录时间以及远程登录时用户使用的 IP 地址。

② 开启审核策略,以便出现安全问题后进行追查。

③ 设置日志容量和覆盖规则,保证日志存储。

④ 应提供重要数据的本地数据备份与恢复功能。

为了确保新部署的服务器符合《信息安全技术 网络安全等级保护基本要求》和《电信网和互联网安全防护基线配置要求及检测要求 操作系统》,结合 Windows 操作系统的安全架构及工具,可以通过 Windows 操作系统的事件查看器和本地安全策略组件相应模块的设置来满足要求①~④。

综上所述,为了完成新部署的 Windows 服务器日志管理的安全配置,需要完成以下任务。

任务一:事件查看器的使用。

任务二:开启日志审核。

任务三:设置日志记录和存储规则。

4.3 实验环境

在实验中,利用一台装有 Windows Server 2012 R2 的虚拟机来模拟企业新部署的 Windows 操作系统的服务器,实验环境拓扑如图 4-1 所示。客户端即安装虚拟机的物理主机,客户端安装的操作系统为 Windows 10 ,虚拟服务器是在物理主机的 VMware 虚拟环境中安装的虚拟机,操作系统为 Windows Server 2012 R2,客户端与虚拟服务器的网络是互通的。通过对虚拟机进行日志管理的安全加固,掌握实际生产中所需要的 Windows 操作系统的日志安全管理配置的相关技能。

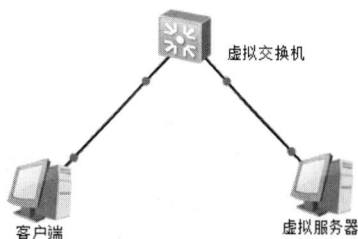

图 4-1 实验环境拓扑

4.4 知识准备

Windows 操作系统的日志安全管理主要是通过 Windows 操作系统提供的事件查看器相关组件来进行的。在实施日志安全管理前,需要知道 Windows 事件查看器的作用、事件日志的类型以及事件的类型。

4.4.1 事件查看器

在 Windows 操作系统中,事件是指在系统或程序中发生的、要求通知用户的任何重要事情，或者是添加到日志中的项。Windows 事件日志服务用于记录应用程序事件、安全事件和系统事件，并将其展示在事件查看器中。通过查看事件查看器中的事件日志，可以获取有关硬件、软件和系统组件的信息，并可以监视本地或远程计算机上的安全事件。事件日志可以帮助确定和诊断当前系统问题的根源，还可以帮助预测潜在的系统问题。

4.4.2 事件日志的类型

Windows 操作系统主要有 3 类事件日志：应用程序日志、系统日志和安全日志。

应用程序日志包含由应用程序记录的事件，主要记录应用程序运行方面的事件。例如，数据库程序可以将文件错误记录在应用程序日志中，软件程序开发人员可以自行确定将哪些事件写入应用程序日志。

微课视频

微课 07　事件日志的类型

默认位置在%SystemRoot%System32\Winevt\Logs\Application.evtx。

系统日志包含系统进程、设备磁盘活动等系统组件所记录的事件。例如，设备驱动无法加载或停止、硬件报错、重复 IP 地址、系统进程的启动或暂停等事件。

默认位置在%SystemRoot%System32\Winevt\Logs\System.evtx。

安全日志记录系统的安全审计事件。例如，有效和无效的登录尝试、特权使用、账户管理、对象访问、策略变更等事件，以及与资源使用有关的事件（创建、打开或删除文件等）。

默认位置在%SystemRoot%System32\Winevt\Logs\Security.evtx。

注：%SystemRoot%为系统环境变量，默认值为 C:\Windows。

应用程序日志和系统日志存储程序运行信息，主要用于监视系统状态、分析排除故障原因等；安全日志主要记录事件审计信息，主要用于审计和判断系统是否遭到入侵。

4.4.3 事件的类型

事件查看器中事件日志记录的事件的类型主要有错误、警告、信息、审核成功、审核失败这 5 种。

错误（error）：描述重要问题（如关键任务失败）的事件。错误事件可能涉及数据丢失或功能缺失。例如，当启动过程中无法加载服务时，将产生错误。

警告（warning）：警告不一定是重要事件，而是可能会导致将来出现问题的事件。例如，当磁盘空间不足时将记录警告。

信息（information）：描述如应用程序、驱动程序或服务等成功运行的事件。例如，当网络驱动程序成功加载时，将记录信息。

审核成功（audit success）：描述成功完成的、受审核的安全事件。例如，当用户登录到计算机时，将记录审核成功。

审核失败（audit failure）：描述未成功完成的、受审核的安全事件。例如，当用户无法访问网络驱动器时，将记录审核失败。

4.5　项目实施

为了对新部署的 Windows 操作系统服务器实施日志的安全管理配置，接下来需要熟悉事件查看器的使用、开启日志审核，并设置日志记录和存储规则。

任务 4-1　事件查看器的使用

根据《电信网和互联网安全防护基线配置要求及检测要求　操作系统》，Windows 操作系统的日志安全配置要求"设备应配置日志功能,对用户登录进行记录,记录内容包括用户登录使用的账户,登录是否成功,登录时间以及远程登录时用户使用的 IP 地址"。

通过 Windows 操作系统的事件查看器组件可以查看不同类型事件日志记录的事件,系统管理员、安全管理员、审计员、应急响应工程师等要能够根据事件日志了解计算机上发生的具体事件,从而掌握计算机的运行状态、分析问题的原因、对入侵行为进行溯源和取证等。下面以 Windows Server 2012 R2 为例,通过查看事件和筛选日志来熟悉事件查看器的使用。

1. 查看事件

(1)事件查看器

按"Win+R"键打开"运行"对话框,在文本框中输入"eventvwr"并单击"确定"按钮,或者打开"服务器管理器-仪表板"窗口,单击右上方的"工具"菜单,在弹出的下拉菜单中单击"事件查看器"选项,打开"事件查看器"窗口,如图 4-2 所示,"Windows 日志"下的"应用程序""安全""系统"分别记录应用程序日志、安全日志和系统日志。

图 4-2 "事件查看器"窗口

(2)事件的类型及事件要素

在"Windows 日志"下单击"应用程序""安全"或"系统",会在窗口中间展开事件日志列表,列表默认展示级别、日期和时间、来源、事件 ID、任务类别 5 个事件的关键要素。右击任意一个要素栏,在弹出的快捷菜单中选择"添加/删除列"可以增加或删除事件要素列,图 4-3 所示为系统日志及要素栏的快捷菜单。

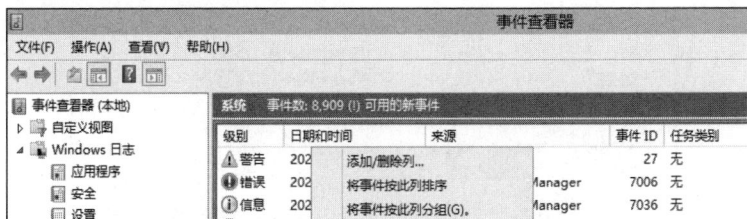

图 4-3 系统日志及要素栏的快捷菜单

从图 4-3 还可以看到警告、错误、信息这 3 种类型的事件,审核成功和审核失败两种事件则记录在安全日志中，如图 4-4 所示。

图 4-4　安全日志

双击任意一条日志，可以查看 Windows 事件日志中记录的详细信息，包括事件日志的关键要素：日志名称、来源、记录时间、事件 ID、任务类别、级别、关键字、用户、计算机、操作代码等。图 4-5 所示为错误事件的日志，描述的是在 2022 年 7 月 21 日 17 时 38 分 00 秒，计算机发生了意外关闭事件。事件 ID 是 6008，级别为错误。

图 4-5　错误事件的日志

图 4-6 所示为警告事件的日志，描述的是在 2022 年 7 月 20 日 19 时 53 分 23 秒，名称解析超时。事件 ID 为 1014，级别为警告。

图 4-6　警告事件的日志

图 4-7 所示为信息事件的日志，描述的是在 2022 年 7 月 22 日 21 时 46 分 58 秒，系统时间因与硬件时钟同步发生了系统时间更改事件。事件 ID 为 1，级别为信息。

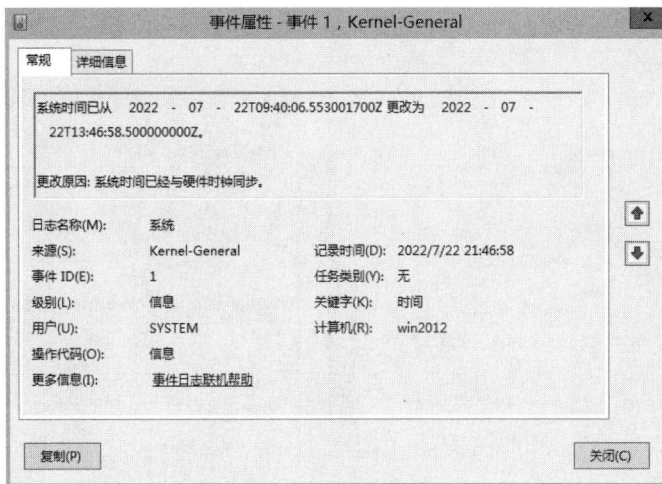

图 4-7　信息事件的日志

图 4-8 所示为审核成功事件的日志，描述的是在 2022 年 7 月 22 日 16 时 49 分 16 秒，WIN2012 计算机试图验证 winad2012 账户的凭据并审核成功事件。事件 ID 为 4776，关键字为审核成功。

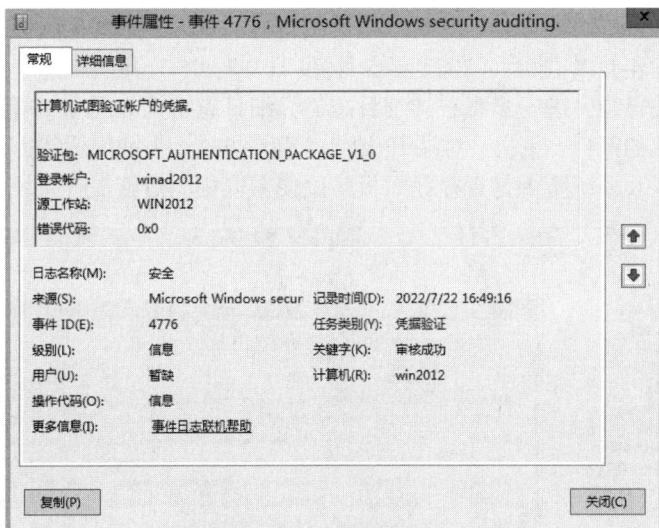

图 4-8　审核成功事件的日志

图 4-9 所示为审核失败事件的日志，描述的是在 2022 年 7 月 20 日 15 时 24 分 25 秒，guest 账户从 192.168.192.1 通过网络登录计算机失败的事件，原因是该账户已禁用。事件 ID 为 4625，关键字为审核失败。在事件描述框拖动右侧滚动条还可以查看更详细的事件描述信息。

2. 筛选日志

在图 4-2 所示的"事件查看器"窗口右击"Windows 日志"下的"应用程序""安全"或

操作系统安全（微课版）

"系统"，在弹出的快捷菜单中选择"筛选当前日志"，打开"筛选当前日志"对话框，如图 4-10 所示，可以通过记录时间、事件级别、任务类别、关键字、用户、计算机等事件要素快速筛选日志。

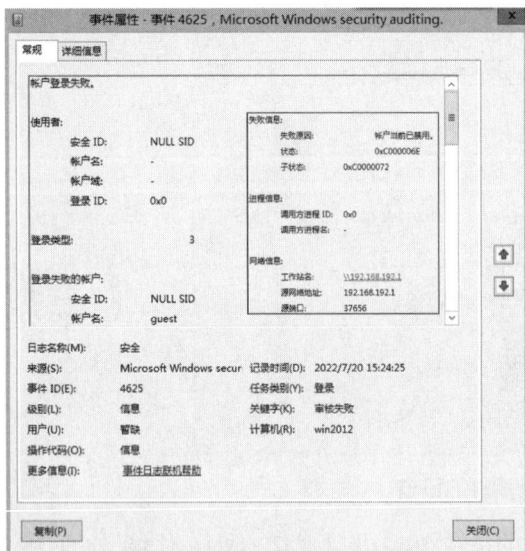

图 4-9　审核失败事件的日志

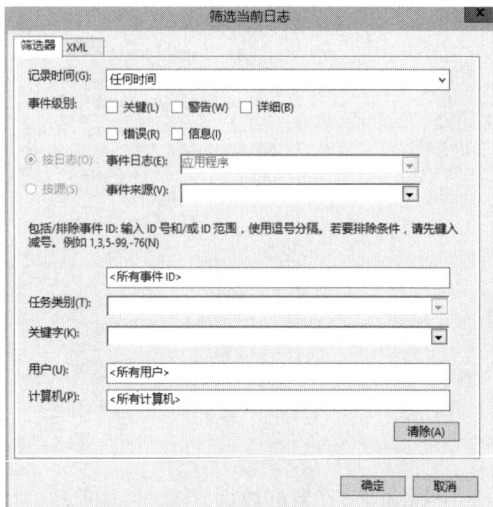

图 4-10　"筛选当前日志"对话框

例如，在"事件 ID"文本框内输入"4625"，然后单击"确定"按钮，可以筛选出审核失败事件的日志，如图 4-11 所示。分析审核失败事件的日志，尤其是同一时间点多次出现的审核失败事件，图 4-11 中所示的 2022 年 5 月 29 日 9 时 05 分开始有连续 4 次审核失败的情况，应该双击相关日志，进一步查看详细日志，详细日志结构如图 4-9 所示。通过分析日志中记录的审核失败的账户、主机、对端 IP 地址、登录方式、失败原因等因素，确认系统是否存在被攻击情况以及系统防御是否存在短板，以便采取相应措施提升系统的防护能力。

图 4-11　筛选出的审核失败事件的日志

任务 4-2　开启日志审核

根据《电信网和互联网安全防护基线配置要求及检测要求 操作系统》，Windows 操作系统的日志安全配置要求"开启审核策略，以便出现安全问题后进行追查"。通过 Windows 操作系统的本地安全策略组件可以开启日志审核功能。

打开"服务器管理器-仪表板"窗口，单击右上方的"工具"菜单，在弹出的下拉菜单中单击"本地安全策略",打开"本地安全策略"窗口,在"本地策略"下单击"审核策略",在右侧可以展开审核策略的安全设置,双击相关策略,可以弹出属性窗口。以"审核策略更改"策略为例,双击后弹出"审核策略更改 属性"对话框,如图 4-12 所示,在"本地安全设置"选项卡下勾选"成功""失败"两个复选框,设置既审核策略变更成功事件,又审核失败事件,在"说明"选项卡内可以查看审核策略描述和默认值的相关信息。设置完成后,依次单击"应用"和"确定"按钮。

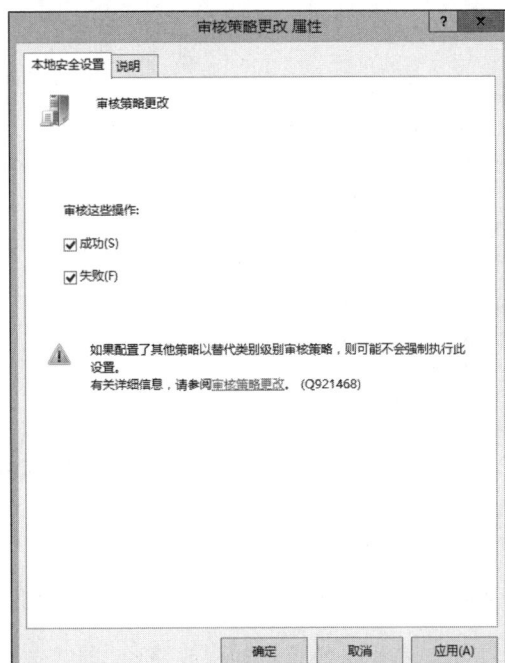

图 4-12　"审核策略更改 属性"对话框

　　根据《电信网和互联网安全防护基线配置要求及检测要求 操作系统》,各策略应按图 4-13 所示进行设置。

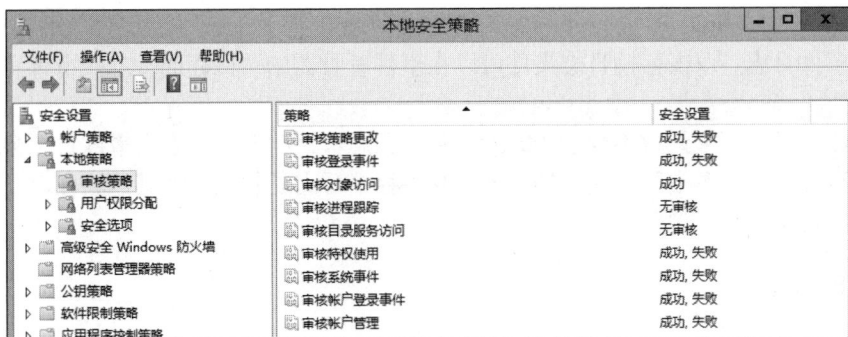

图 4-13　审核策略安全设置

任务 4-3　设置日志记录和存储规则

　　根据《电信网和互联网安全防护基线配置要求及检测要求 操作系统》,Windows 操作系统的日志安全配置要求"设置日志容量和覆盖规则,保证日志存储",根据《信息安全技术 网络安全等级保护基本要求》，"应提供重要数据的本地数据备份与恢复功能"。通过 Windows 操作系统的事件查看器组件可以设置日志记录和存储规则，并实现日志的本地备份。

在图 4-2 所示的"事件查看器"窗口，右击"Windows 日志"下的"应用程序""安全"或"系统"，在弹出的快捷菜单中选择"属性"，会打开"日志属性"对话框。图 4-14 所示为安全事件日志的属性对话框。

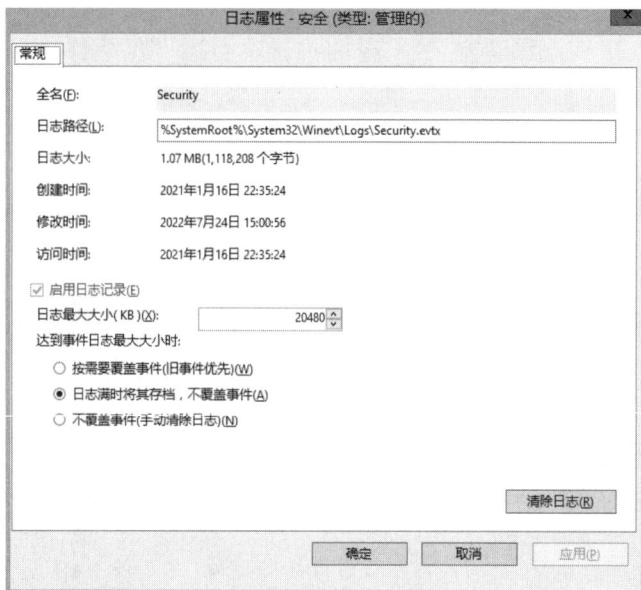

图 4-14 "日志属性-安全(类型:管理的)"对话框

在日志的属性对话框中可以看到事件日志的存放路径、日志大小、创建时间等信息。"日志最大大小"可以根据实际需要进行设置，尽量保存足够多的日志内容，从而利于应急响应时查看日志。设置"达到事件日志最大大小时"可选择"日志满时将其存档，不覆盖事件"单选按钮。

存档日志默认情况下与事件日志保存在同一位置，命名方式为"Archive-事件日志类型-时间戳.evtx"，如"Archive-Security-2022-07-24-07-00-48-791.evtx"为在 2022 年 7 月 24 日存档的安全事件日志。双击存档日志文件可以在事件查看器的"保存的日志"下查看已备份的日志。

一般建议日志记录天数不少于 90 天，开启日志审核功能后，安全事件日志会增多，系统应确保有足够的磁盘空间存储存档日志，并将存档日志复制到本地其他路径以及其他存储设备，以实现本地和异地备份。

4.6 项目小结

本项目介绍了 Windows 操作系统安全的第五个维度——操作系统的日志安全。从知识准备和项目实施两个角度，本项目依次讲解了 Windows 操作系统的日志安全管理所需要知道的事件查看器、事件日志的类型及事件的类型并结合实际项目实施。

通过对本项目的介绍，希望读者能够掌握 Windows 操作系统日志安全管理的依据和原则，在实践中能够合理设置日志记录和审核策略，具备初步的日志查看分析能力，从而从日志的维度确保操作系统的安全。

4.7 实践拓展

系统管理员查看安全日志时，发现了同一时间点连续多次登录审核失败事件的日志，如图 4-15 所示。查看日志详情，如图 4-16 所示，结合本项目及前面项目所学内容，请回答以下问题：系统发生了什么安全事件？分析系统可能存在什么风险？可以采取哪些防护措施提升操作系统的安全？

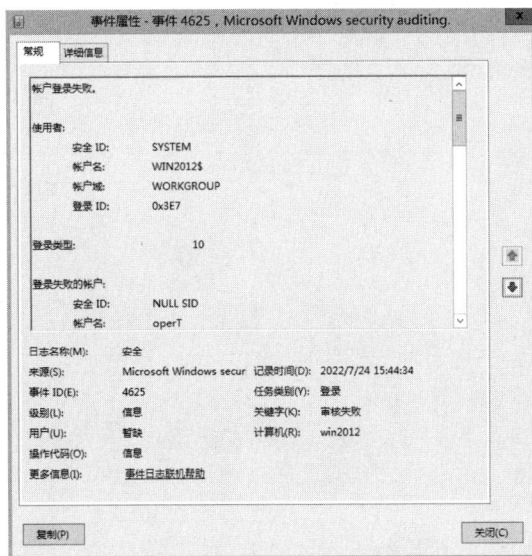

图 4-15 登录审核失败事件的日志

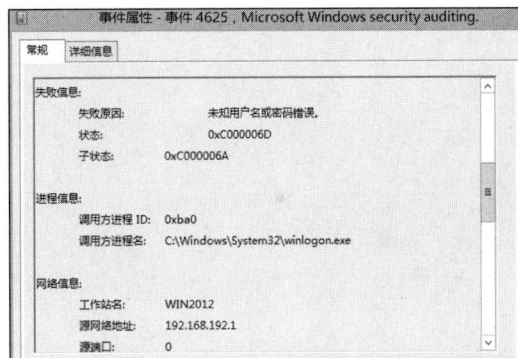

（a）登录审核失败事件的日志详情（1）　　　　（b）登录审核失败事件的日志详情（2）

图 4-16 查看日志详情

4.8 素养拓展

日志的安全管理并不复杂，但是它难在实际工作中每日每夜例行、临时的关注和分析，即使在运维趋于自动化的当今，也不能离开系统管理员的日夜守护。系统管理员不能因系统稳定而放松，不能因告警常态而麻木，不能因平凡无奇而懈怠。全球的网络攻击无时无处不在，危险可能就在一念之间，应保有居安思危的态度，时刻保持安全敏感意识，树立国家安全观，肩负起安全守护的责任担当，保持独立思考、自主学习的习惯和严谨踏实的工作态度，在关键时刻能够发现危机、敢于面对危机、灵活处理危机。

4.9 项目习题

1.（单选题）下列选项中，不属于 Windows 事件日志类别的是（　　）。
   A. 应用程序日志　　　　　　　　　　B. 系统日志
   C. 安全日志　　　　　　　　　　　　D. 服务日志
2.（单选题）下列选项中，不属于 Windows 事件类别的是（　　）。
   A. 警告　　　　　　　　　　　　　　B. 错误
   C. 提示　　　　　　　　　　　　　　D. 成功审核
3.（单选题）下列选项中，属于登录失败的事件 ID 为（　　）。
   A. 4625　　　　　　　　　　　　　　B. 4624
   C. 4612　　　　　　　　　　　　　　D. 4634

项目 ⑤ Windows 操作系统的安全增强要求及配置

操作系统安全增强是指针对操作系统的具体情况以及不同类型的目标应用，制定相应系统的测试方案和安全加固方案，通过打补丁、修改安全配置、增加安全机制等方法，消除安全隐患，减少被入侵的风险，加强相应设备或相应系统的安全性。操作系统的安全增强是操作系统安全的第六个维度。

知识目标

- 掌握 Windows 注册表管理；
- 掌握服务及服务控制管理；
- 了解安全加固原则；
- 了解新机装机步骤。

技能目标

- 能够进行 Windows 更新管理；
- 能够完成注册表的安全操作；
- 能够完成系统服务的安全配置；
- 能够完成安全选项的配置。

素质目标

- 养成独立思考、终身学习的习惯；
- 培养精益求精的工作态度；
- 提升安全意识。

5.1 风险背景和行业标准

当前，网络安全的内涵和外延不断扩大，网络环境经历了从互联网到网络空间的演化。互联网时代的安全目标主要是防止数据被破坏、被泄露和网络瘫痪，网络空间时代的安全目标是包含设施、数据、用户、操作在内的整个网络空间的系统安全。操作系统安全除账户、口令、授权、网络、日志这 5 个维度外，还需要根据具体情况以及不同类型的目标应用进行安全增强管理。

在《信息安全技术 网络安全等级保护基本要求》中，所有等级、所有专业的保护对象，除从账户、口令、授权、网络、日志这 5 个方面对操作系统安全作出了基本的要求外，在"安全计算环境"中还有对"入侵防范""恶意代码防范""数据备份恢复"等的基本要求。即：

① 应遵循最小安装的原则，仅安装需要的组件和应用程序；

② 应关闭不需要的系统服务、默认共享；

③ 应安装防恶意代码软件或配置具有相应功能的软件，并定期进行升级和更新防恶意代码库；

④ 应提供重要数据的本地数据备份与恢复功能。

5.2 项目概述及分析

某企业新部署了一台装有 Windows 操作系统的服务器，根据信息安全技术网络安全等级保护的要求，已完成前期的人员账户分配、权限设置、网络安全和日志安全的配置，现在需要对该台服务器操作系统做最后的安全增强配置。

根据《信息安全技术 网络安全等级保护基本要求》和《电信网和互联网安全防护基线配置要求及检测要求 操作系统》，Windows 操作系统需要符合如下的安全增强要求。

① 在保证业务可用性的前提下，经过分析测试后，可以选择更新使用最新版本的补丁。

② 安装防病毒软件，并及时更新。

③ 关闭不必要的服务。

④ 关闭无效启动项。

⑤ 关闭自动播放功能。

⑥ 在非域环境下，关闭 Windows 硬盘默认共享，例如 C\$、D\$。

⑦ 禁用匿名访问命名管道和共享。

⑧ 禁用可远程访问的注册表路径和子路径。

⑨ 对于远程登录的账户，设置不活动所连接时间为 15 分钟。

⑩ 应提供重要数据的本地数据备份与恢复功能。

⑪ 在不影响系统稳定运行的前提下，对注册表信息进行更新。

为了确保新部署的服务器符合《信息安全技术 网络安全等级保护基本要求》和《电信网和互联网安全防护基线配置要求及检测要求 操作系统》，并结合 Windows 操作系统的安全架构及工具，可以通过 Windows 操作系统的"控制面板"等相应模块设置来满足要求①、③和⑤，企业需购买、安装正版防病毒软件并设置更新策略来满足要求②，通过"注册表编辑器"等模块的设置来满足要求④和⑥，通过"本地安全策略"相应模块的设置来满足要求⑦~⑨。

Windows 操作系统的注册表是一个包含系统硬件、应用程序及用户等多种配置信息的数据库。系统从启动开始就与注册表进行交互，所以需要对注册表进行备份以及针对相应风险对注册表相关项进行安全设置以满足要求⑩和⑪。

综上所述，为了完成新部署的 Windows 服务器的安全增强配置，需要完成以下任务。

任务一：Windows 更新管理。

任务二：Windows 注册表的安全配置。

任务三：Windows 服务的安全配置。

任务四：安全选项的增强配置。

5.3 实验环境

在实验中，利用一台装有 Windows Server 2012 R2 的虚拟机来模拟企业新部署的 Windows 操作系统的服务器，实验环境拓扑如图 5-1 所示。客户端即安装虚拟机的物理主机，客户端安装的操作系统为 Windows 10；虚拟服务器是在物理主机的 VMware 虚拟环境中安装的虚拟机，操作系统为 Windows Server 2012 R2。客户端与虚拟服务器的网络是互通的。通过对虚拟机进行安全增强的相关配置，掌握实际生产中所需要的 Windows 操作系统安全增强配置的相关技能。

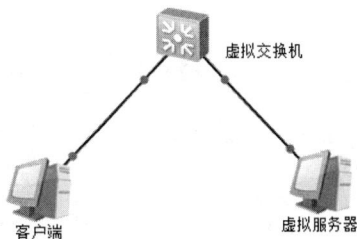

图 5-1　实验环境拓扑

5.4 知识准备

操作系统的安全增强针对操作系统的具体情况以及所提供的不同类型的服务，通过相应的加固方案，修改安全配置、增加安全机制等方法，消除安全隐患，减少被入侵的风险，提升相应系统的安全性。在进行 Windows 操作系统安全增强之前，需要了解注册表、服务管理、系统安全加固的一般原则和新机装机步骤。

5.4.1　注册表

注册表是 Windows 操作系统的核心数据库，其中保存操作系统、应用程序、硬件和用户的环境等各类配置信息。操作系统正常启动、运行或响应、处理各个应用程序请求，以及用户登录等情况时，都需要从注册表中获得相关的信息，离开了注册表中的各种信息，Windows 操作系统将无法正常工作。

1. 注册表的结构

Windows 注册表的基本结构是分层结构，由根键、子键、键值项和键值（键值名称、键值类型、键值数据）这 4 个部分组成。注册表编辑器可以直观地显示注册表的分层结构，如图 5-2 所示。

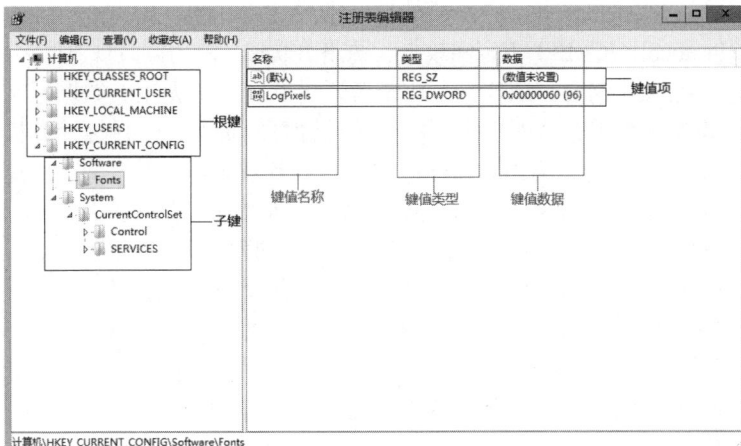

图 5-2　注册表的分层结构

87

根键：位于注册表的最顶层。根键只能由 Windows 操作系统自动生成，用户无法创建，也无法对其进行修改。Windows 注册表包含 5 个根键，其名称和功能如表 5-1 所示。

表 5-1 根键名称和功能

根键名称	功 能
HKEY_CLASSES_ROOT	存储文件关联和组件对象模型的相关信息，如文件扩展名与应用程序之间的关联
HKEY_CURRENT_USER	存储当前登录系统的用户账户的相关信息
HKEY_LOCAL_MACHINE	存储 Windows 操作系统的相关信息，如系统中安装的硬件、应用程序以及系统配置等内容
HKEY_USERS	存储系统中所有用户账户的相关信息
HKEY_CURRENT_CONFIG	存储当前硬件、应用程序配置的相关信息

子键：子键位于根键的下方，每个根键可以包含一个或多个子键，子键可以分为多个不同的层级，这意味着子键还可以包含子键。很多子键是 Windows 操作系统自动创建的，用户也可以根据需要手动创建新的子键。

键值项和键值：每个根键或子键都可以包含一个或多个键值项，每个键值项包含由系统或用户指定的键值，键值包括键值名称、键值类型、键值数据。键值是可以更改的。键值分为多种不同的类型，主要有二进制值、DWORD 值、字符串值、多字符串值和可扩充字符串值等，从而可以根据需要存储不同类型的内容。键值项作为子键的参数为其提供实际的功能。

根键或子键的路径：Windows 注册表采用了树形目录结构，从根键到任何子键之间，只有一条唯一的通路，在该路径上从根键开始，把根键名和全部子键名依次用"\"连接起来，构成该子键的路径名。在注册表编辑器中选中根键或子键后，注册表编辑器底部的状态栏中会显示当前选中的根键或子键的完整路径，图 5-2 中显示的路径 HKEY_CURRENT_CONFIG\Software\Fonts 表示位于 HKEY_CURRENT_CONFIG 根键下的 Software 子键下的 Fonts 子键。

2. 通过注册表更新增强操作系统安全

通过注册表更新可以使 Windows 操作系统提升防御 DoS 攻击、互联网控制报文协议（Internet Control Message Protocol，ICMP）重定向攻击、源路由欺骗的能力以及规避匿名枚举等风险。

DoS 攻击：拒绝服务攻击，该攻击是攻击者通过发送大量无用的数据报文或链接报文，发起宽带攻击或连通性攻击，从而占用网络资源或计算机资源，使目标计算机或网络无法正常提供服务。常见的 DoS 攻击有 SYN flood 攻击、碎片攻击等。

① SYN flood 攻击：又称 SYN 泛洪攻击、SYN 洪水攻击，是攻击者利用 TCP 三次握手的特点，向目标计算机发送大量非法的第一次握手数据包，即 SYN 数据包，目标计算机向攻击者回复第二次握手数据包后，攻击者不再发送第三次握手数据包，使得目标计算机建立了大量处于 SYN_RECV 半开状态的 TCP 连接，导致目标计算机耗尽资源而无法接受新的连接请求，而处于拒绝服务请求的状态。图 5-3 所示为 TCP 三次握手原理。

微课视频

微课 08 SYN flood 攻击

② 碎片攻击：攻击者将数据包强制分段，使目标计算机系统堆栈溢出，导致系统崩溃或拒绝服务。

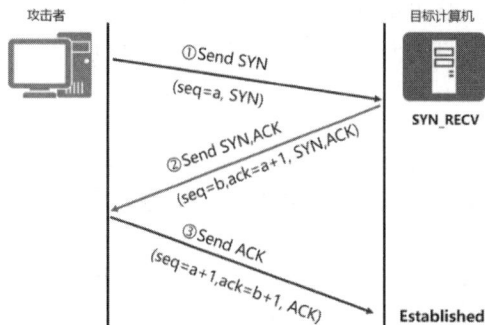

图 5-3 TCP 三次握手原理

ICMP 重定向攻击：ICMP 重定向数据包中存储着路由器向计算机实时提供的路由信息。当一台计算机收到 ICMP 重定向数据包时，它会根据数据包中的信息来更新自己的路由表。由于缺乏必要的合法性检查，如果一个攻击者想要目标计算机修改它的路由表，攻击者就会发送 ICMP 重定向数据包给目标计算机，让该计算机按照攻击者的要求来修改路由表。

微课视频

微课 09 ICMP 重定向攻击

源路由欺骗（Source Routing Spoofing）：攻击者利用 IP 数据包中的 IP Source Routing 选项来指定路由，将自己伪装为可信用户向目标计算机发送数据包，目标计算机收到数据包后返回应答信息。虽然目的地址是可信用户的地址，但由于 IP Source Routing 记录了来时的路由，某些路由器的工作机制是按照指定路由的反向路由来传送应答数据，所以本应发送给可信用户的信息就发送给了攻击者，使得攻击者获得目标计算机的某些保护信息。

匿名枚举：在默认情况下，通过网络访问一台计算机时，Windows 操作系统首先和远程计算机建立一个匿名用户空连接（IPC$），通过该连接可以得到系统所有账户和共享列表等信息，这种操作过程被称为匿名枚举。匿名枚举本意是为了方便局域网用户共享资源和文件，但与此同时，攻击者会利用这项功能获取到目标计算机的系统信息，通过这些信息找到系统的弱点，进而对目标计算机进行攻击。

5.4.2 服务管理

Windows 服务是能够长时间运行的可执行应用程序提供的服务。这些服务可以在计算机启动时自动启动，可以暂停和重启而且不显示任何用户界面。这些功能使服务非常适合在服务器上使用，也适用于需要长时间运行的功能，还可以在与登录用户或默认计算机账户特定用户账户的安全性上下文中运行。

对 Windows 操作系统的绝大部分攻击均是针对系统服务来进行的。系统采用默认安装时，启动了许多不必要的系统服务。对于默认启动的服务，在确认不需要的前提下尽量关闭。

5.4.3 系统安全加固的一般原则

系统安全加固的一般原则如下。

① 安全第一的原则。在执行过程中，应将系统的安全放在首位，坚决执行系统安全的有关策略。

② 谨慎稳妥的原则。在执行过程中，注意防范风险，严谨操作，规范操作。操作前须制定严谨的操作方案，包括操作的时间（应选中在业务量空闲时，如夜间、周末或业务空闲时）、操作步骤、回退机制（包括回退判断、回退时间、回退方案等）、系统及业务测试等事

项。操作方案应经由专家及统筹管理部门审核后方可执行。

③ 积极推进的原则。在执行过程中，遇到疑点或难点问题应认真分析，及时寻求技术支持，积极推进工作并落实，确保各项工作最终落地。

5.4.4　新机装机步骤

操作系统安全应从安装操作系统开始进行统筹安排并启动实施。一般新机装机的步骤及原则如下。

① 在单机情况下安装好 Windows 操作系统，安装时所有分区设置为 NTFS 格式。

② 开启防火墙。

③ 安装好杀毒软件，升级至最新病毒库，开启实时监控。

④ 安装操作系统主要补丁包，升级至最新补丁。禁止通过尚未打补丁的新机联网下载补丁程序，可从外部存储设备复制或从内网可信机器上下载，要确保补丁来源的安全性。升级完后进行一次病毒检查。

⑤ 按照《信息安全技术　网络安全等级保护基本要求》对操作系统实施安全配置。

⑥ 投入使用前，全面梳理端口、系统服务、协议、账户及权限等。

5.5　项目实施

为了对新部署的 Windows 操作系统服务器实施安全增强的配置管理，接下来需要完成 Windows 更新管理、Windows 注册表的安全配置、Windows 服务的安全配置和安全选项的增强配置。

任务 5-1　Windows 更新管理

随着时间的推移，厂商会发现操作系统存在一些在测试阶段没有发现的问题或漏洞，这时就会发布补丁程序。Windows 是微软公司推出的操作系统，该公司会定期或不定期发布补丁。操作系统补丁更新是操作系统增强的重要部分，根据《信息安全技术　网络安全等级保护基本要求》和《电信网和互联网安全防护基线配置要求及检测要求　操作系统》，Windows 操作系统应"在保证业务可用性的前提下，经过分析测试后，选择使用最新版本的补丁"。对新部署的 Windows 操作系统，应将其补丁更新到最新版本。

1. Windows 更新的设置与查看

① 在"控制面板\系统和安全\Windows 更新"路径下，单击"更改设置"按钮，可以打开"更改设置"窗口，如图 5-4 所示。在该窗口中可以设置"重要更新""推荐更新"和"Microsoft 更新"，更新方式有 4 种："自动安装更新""下载更新，但是让我选择是否安装更新""检查更新，但是让我选择是否下载和安装更新"和"从不检查更新"。如果是一台服务器，补丁的下载需要占用计算机资源，安装可能对服务器上的应用有影响，所以应评估并根据补丁更新对应用的影响来选择更新方式；如果是个人计算机，则可根据个人习惯进行设置。

② 在"控制面板\系统和安全\Windows 更新"路径下，单击"查看更新历史记录"按钮，可以打开"查看更新历史记录"窗口，如图 5-5 所示。在该窗口中可以查看操作系统已安装的补丁版本、状态、重要性和安装日期，从而判断补丁是否更新到最新版本，是否需要安装新的补丁。

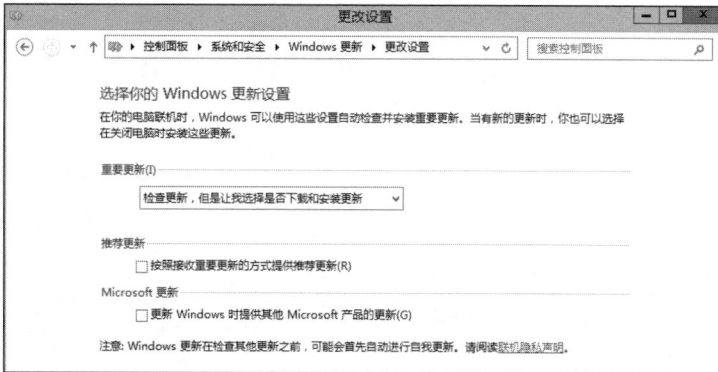

图 5-4 "更改设置"窗口

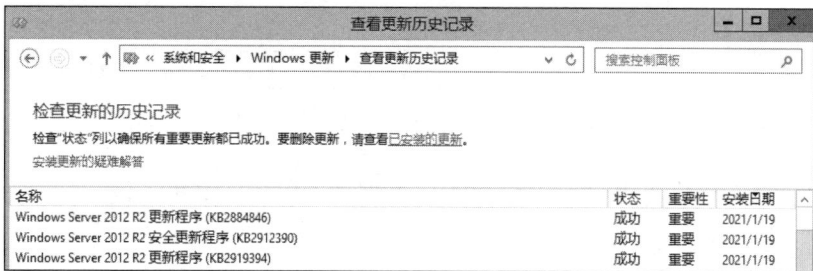

图 5-5 "查看更新历史记录"窗口

2. Windows 更新的安装

Windows 更新的安装有在线安装和离线安装两种方式。

（1）Windows 更新的在线安装

在"控制面板\系统和安全\Windows 更新"路径下，单击"检查更新"按钮，系统便会在线检查更新，检查后将结果显示出来，如图 5-6 所示。单击"重要更新"或"可选更新"会弹出"选择要安装的更新"对话框，如图 5-7 所示，单击相关更新，可在右边显示该更新的概要信息。

图 5-6 检查更新结果

根据需要勾选相应更新，单击"安装"按钮，便可在线安装更新补丁。某些更新需要重启计算机才能生效，那么更新完成后需要重启计算机。

（2）Windows 更新的离线安装

为确保安全，如果没有业务上的需求，服务器是不能连接互联网的。由于本任务中的服务器是新安装操作系统的服务器，还未完成安全加固，因此也是不能连接互联网的，那么需要离线更新补丁到最新版本。

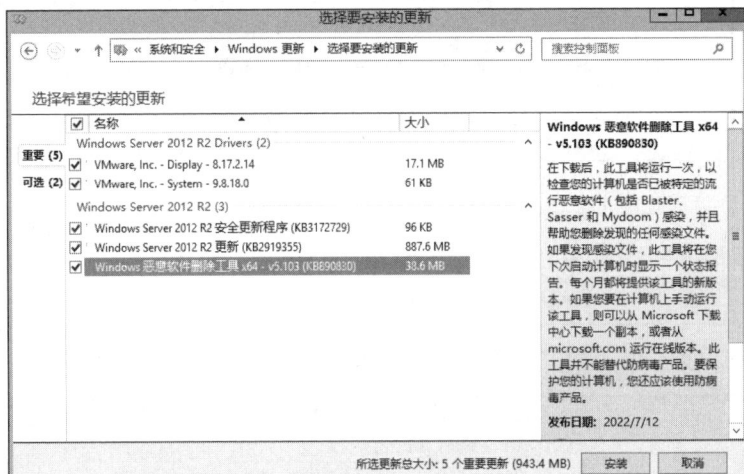

图 5-7 "选择要安装的更新"对话框

Windows 操作系统采用离线安装更新补丁，需要到微软官网的"下载中心"下载对应操作系统的相应更新补丁程序包，然后复制到计算机上。在更新补丁的下载界面有关于补丁的详细信息，包括安装顺序、使用操作系统的版本、是否需要重启以及需要哪些更新补丁等。应根据补丁的详细说明进行安装。将更新补丁程序包复制到计算机上后，双击程序包便可开始安装，安装成功后，可到"查看更新历史记录"界面查看安装状态。若需重启计算机，则重新启动计算机即可。

3. Windows 更新的卸载

在"控制面板\程序\程序和功能"路径下，单击左下角"安装更新"按钮，可以打开"已安装更新"窗口，如图 5-8 所示。该窗口会显示已安装的更新列表，右击相应更新，会弹出快捷菜单，选择"卸载"选项，按照向导可以将更新卸载。

图 5-8 "已安装更新"窗口

任务 5-2 Windows 注册表的安全配置

根据《信息安全技术 网络安全等级保护基本要求》和《电信网和互联网安全防护基线配置要求及检测要求 操作系统》，Windows 操作系统"应提供重要数据的本地数据备份与恢复功能""在不影响系统稳定运行的前提下，对注册表信息进行更新"。注册表是 Windows

操作系统的重要数据，应进行备份并能够恢复。对于新部署的 Windows 操作系统，应对其注册表键值进行更新，来抵御常见的 DoS 攻击、源路由欺骗以及匿名枚举等风险。

1. 注册表的备份与恢复

（1）注册表的备份

按"Win+R"键，弹出"运行"对话框，在文本框中输入"regedit"，然后单击"确定"按钮，可打开"注册表编辑器"窗口，如图 5-2 所示。

在"注册表编辑器"窗口，如果对整个注册表进行备份，则单击"计算机"，如果只备份某个根键或子键，则单击相应的根键或子键，然后单击"文件"菜单，在弹出的下拉菜单中单击"导出"，如图 5-9 所示；或者右击，在弹出的快捷菜单中选择"导出"，如图 5-10 所示。

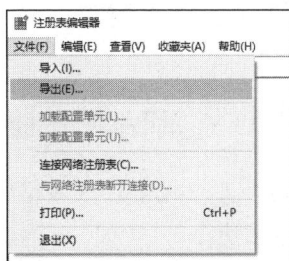

图 5-9　"文件-导出"备份注册表　　　图 5-10　"右击-快捷菜单-导出"备份注册表

在弹出的"导出注册表文件"对话框中，选择导出的注册表要保存的位置，设置好文件名，单击"保存"按钮，完成注册表的备份。为了保证导出的注册表的安全性以及方便恢复，应把注册表放在一个安全的目录下，并在注册表文件名中加上日期标注。

（2）注册表的恢复

在"注册表编辑器"窗口，单击"文件"菜单，在弹出的下拉菜单中单击"导入"，在弹出的"导入注册表文件"对话框中，选择之前备份的本次想要还原的注册表文件，单击"打开"按钮导入备份的注册表。注册表还原后一般需要重启系统后配置才会生效。

2. 注册表的更新

通过对新部署的 Windows 操作系统的注册表信息进行增强设置，使其能够抵御常见的 DoS 攻击、源路由欺骗以及匿名枚举等风险。

（1）SYN flood 攻击防御

为防范 SYN flood 攻击，Windows NT 系统的 TCP/IP 协议栈内嵌了 SynAttackProtect 机制。通过更新注册表的方式配置 SYN flood 攻击的触发阈值，在一定程度上能够抵御 SYN flood 攻击。

打开"注册表编辑器"，在"HKEY_LOCAL_MACHINE\SYSTEM\CurrentControlSet\Services\Tcpip\Parameters"路径下做以下更改。

① 启用 SYN flood 攻击保护。

右击"注册表编辑器"右侧的空白处，在弹出的快捷菜单中选择"新建"，如图 5-11 所示，在展开的子菜单中选择"DWORD(32 位)值"；然后会出现一个新的键值项，如图 5-12 所示，在"新值#1"处重新编辑键值名称为"SynAttackProtect"，按"Enter"键完成命名，然后双击该键值项，弹出"编辑 DWORD(32 位)值"对话框，在"基数"下选择"十进制"，在"数值数据"文本框中输入"2"，如图 5-13 所示，然后单击"确定"按钮，完成新建一个名称为 SynAttackProtect 的键值项，键值类型为 REG_DWORD，键值数据为 2。

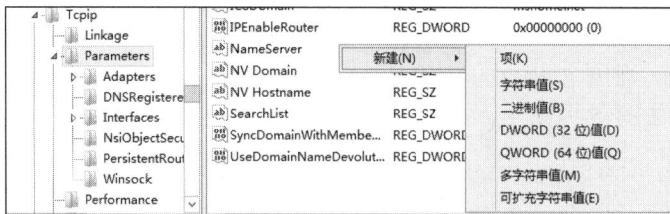

图 5-11　新建键值项（1）

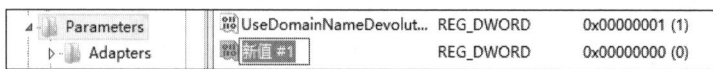

图 5-12　新建键值项（2）

注册表键值项说明：该键值项可使 TCP 调整 SYN-ACK 的重新传输，当值为 0 或不设置时，不采取任何保护措施；当值设置为 1 或 2 时，在发生 SYN flood 攻击时，系统通过减少重传次数和延迟未连接时路由缓冲项，使连接超时的响应速度更快来防范 SYN flood 攻击。当超过 TcpMaxHalfOpen 或 TcpMaxHalf OpenRetried 的值时，会触发 SYN flood 攻击防护。

② 设置 SYN 保护阈值。

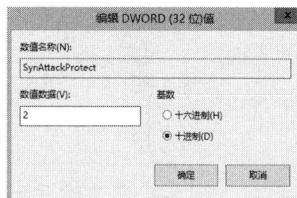

图 5-13　新建键值项（3）

a. 新建一个名称为 TcpMaxPortsExhausted 的键值项，键值类型为 REG_DWORD ，键值数据为 5。

注册表键值项说明：该键值项指定触发 SYN flood 攻击保护所必须超过的 TCP 连接请求数的阈值，有效值为 0～65535。

b. 新建一个名称为 TcpMaxHalfOpen 的键值项，键值类型为 REG_DWORD ，键值数据为 500。

注册表键值项说明：该键值项的有效值为 100～65535，在启用 SynAttackProtect 后，该键值项指定处于 SYN_RECV 状态的 TCP 连接数的阈值。

c. 新建一个名称为 TcpMaxHalfOpenRetried 的键值项，键值类型为 REG_DWORD ，键值数据为 400。

注册表键值项说明：该键值项的有效值为 80～65535，在启用 SynAttackProtect 后，该键值项指定处于至少已发送一次重传的 SYN_RECV 状态中的 TCP 连接数的阈值。

完成全部 SYN flood 攻击防御键值项设置后，注册表编辑器的相应设置如图 5-14 所示。

（2）碎片攻击防御

在"注册表编辑器"的"HKEY_LOCAL_MACHINE\SYSTEM\CurrentControlSet\Services\Tcpip\Parameters"路径下新建名称为 EnablePMTUDiscovery 的键值项，键值类型为 REG_DWORD，键值数据为 0，如图 5-15 所示。

图 5-14 SYN flood 攻击防御的注册表设置

图 5-15 碎片攻击防御的注册表设置

注册表键值项说明：该键值项的有效值为 0 和 1，将该值设置为 1（默认值），启用最大传输项目路径发现，那么攻击者可能将数据包强制分段，这会使目标主机堆栈不堪重负。将该值设置为 0，则禁用最大传输项目路径发现。可将最大传输项目强制设置为 576 字节，从而限制攻击者将最大传输项目路径值减少为较低值来防止攻击。

（3）ICMP 重定向攻击防御

在"注册表编辑器"的"HKEY_LOCAL_MACHINE\SYSTEM\CurrentControlSet\Services\Tcpip\Parameters"路径下修改 EnableICMPRedirect 键值项的键值数据为 0，如图 5-16 所示。

图 5-16 ICMP 重定向攻击防御的注册表设置

注册表键值项说明：该键值项修改为 0，能够在收到 ICMP 重定向数据包时禁止创建高成本的主机路由。

（4）源路由欺骗防御

在"注册表编辑器"的"HKEY_LOCAL_MACHINE\SYSTEM\CurrentControlSet\Services\Tcpip\Parameters"路径下新建名称为 DisableIPSourceRouting 的键值项，键值类型为 REG_DWORD，键值数据为 2，如图 5-17 所示。

图 5-17 源路由欺骗防御的注册表设置

注册表键值项说明：该键值项的有效值为 0、1 和 2。将该值设置为 0，表示转发所有数据包，设置为 1 表示不转发源路由数据包，设置为 2 表示丢弃所有传入的源路由数据包，从而进入防御该攻击模式。

（5）删除匿名用户空链接

在"注册表编辑器"的"HKEY_LOCAL_MACHINE\SYSTEM\CurrentControlSet\Control\Lsa"路径下修改 restrictanonymous 键值项的键值数据为 1，如图 5-18 所示。修改后需要重启服务器。

图 5-18　删除匿名用户空链接的注册表设置

注册表键值项说明：该键值项的有效值为 0、1 和 2。将该值设置为 0 表示任何用户都可以通过网络获取本机信息，包含用户名、详细的账户策略和共享名，这些信息可以被攻击者在攻击计算机的时候利用。将该值设置为 1 表示禁用匿名用户空链接（IPC$），不允许枚举 SAM 账户和名称。将该值设置为 2 表示没有显示匿名权限则不能访问，Windows 操作系统的某些服务会受到限制。一般建议将该值设置为 1。

（6）关闭自动登录

在"注册表编辑器"的"HKEY_LOCAL_MACHINE\SOFTWARE\Microsoft\Windows NT\CurrentVersion\Winlogon"路径下新建名称为 AutoAdiminLogon 的键值项，键值类型为 REG_DWORD ，键值数据为 0，如图 5-19 所示。

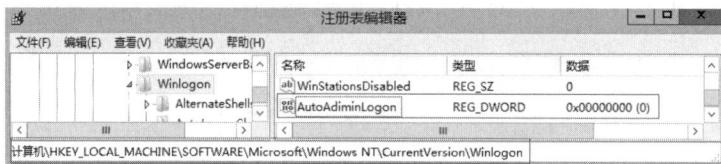

图 5-19　关闭自动登录的注册表设置

注册表键值项说明：该键值项的有效值为 0 和 1。将该值设置为 0，表示关闭自动登录功能；设置为 1，表示启动自动登录功能。

任务 5-3　Windows 服务的安全配置

根据《信息安全技术 网络安全等级保护基本要求》和《电信网和互联网安全防护基线配置要求及检测要求 操作系统》，Windows 操作系统应"关闭不必要的服务""关闭无效启动项""关闭自动播放功能""在非域环境下，关闭 Windows 硬盘默认共享，例如 C$、D$"。新安装的 Windows 操作系统，应完成以上有关服务的安全增强配置，同时为进一步提升安全性，应对 Windows 操作系统设置适当的屏幕保护时间和屏幕保护口令，当本地登录或远程桌面连接在规定时间内无操作时自动锁定屏幕，以规避因粗心导致信息泄露或服务受到影响等风险。

1．关闭不必要的服务

打开"服务器管理器-仪表板"，单击右上方的"工具"菜单，在弹出的下拉菜单中单击"服务"，或按"Win+R"键打开"运行"对话框，在文本框中输入"services.msc"，打开"服务"窗口，可在此窗口管理 Windows 操作系统的服务。梳理系统的必要服务列表，应关闭不在必要服务列表中的服务。根据《电信网和互联网安全防护基线配置要求及检测要求 操作系统》，建议将表 5-2 中列出的服务关闭。

表 5-2　Windows 操作系统建议关闭的系统服务

服　务	说　明
Simple TCP/IP Service	RFC862_回声协议
	RFC863_废除协议
	RFC867_白天协议
	RFC865_白天协议的引用
	RFC864_字符产生协议
Simple Mail Transport Protocol	简单邮件发送协议
Windows Internet Name Service	WINS 主机名服务
Simple TCP/IP Service	DHCP 服务器/Internet 连接共享
DHCP Client	DHCP 客户端
Remote Access Connection Manager	Internet 身份验证服务
	记账 Internet 身份验证服务
Message Queuing	MSMQ-RPC 消息队列
Remote Registry	使远程用户能修改此计算机上的注册表设置

以 Remote Registry 服务为例，在关闭前，通过客户端可以远程连接服务器的注册表。在客户端打开"注册表编辑器"，单击"文件"菜单，在弹出的下拉菜单中单击"连接网络注册表"，如图 5-20 所示。在打开的"选择计算机"对话框中输入远程计算机的 IP 地址，本例为"192.168.192.134"，如图 5-21 所示，然后单击"确定"按钮。在弹出的"输入网络凭据"对话框中输入管理员的账户和口令，即可连接到 Windows 服务器的注册表。如图 5-22 所示，客户端的"注册表编辑器"中既有本机的注册表，又有远程服务器的注册表，那么可以在本地客户端查看并设置远程服务器的注册表。关闭 Remote Registry 服务后，将不能远程访问注册表。

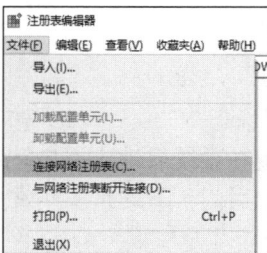

图 5-20　"连接网络注册表"选项

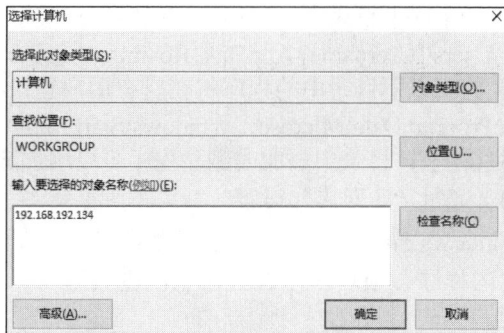

图 5-21　"选择计算机"对话框

以关闭 Remote Registry 服务为例，其他服务可用同样的方法关闭。在"服务"窗口中找到 Remote Registry 服务，双击打开"Remote Registry 的属性(本地计算机)"对话框，如图 5-23

所示，首先单击"启动类型"右侧的下拉按钮，在展开的下拉列表中选择"禁用"，然后单击"停止"按钮，最后依次单击"应用""确定"按钮，完成服务的关闭。

图 5-22　客户端的"注册表编辑器"

图 5-23　"Remote Registry 的属性(本地计算机)"对话框

关闭 Remote Registry 服务后，再次远程连接服务器的注册表，将提示报错信息且不能远程连接注册表。

2. 关闭无效启动项

启动项是指系统在启动时会自动运行的程序，这为计算机的使用提供了方便，但是不必要的启动项会增加系统的负荷，降低开机速度。攻击者也可能将木马或病毒程序放在启动项中，使得恶意程序定时启动或账户登录的时候就启动。所以应该监控并例行检查启动项中是否存在可疑程序以及不必要的启动项，对无效启动项要及时关闭。

（1）通过"系统配置"设置

按"Win+R"键打开"运行"对话框，在该对话框中输入"msconfig"并单击"确定"按钮，打开"系统配置"对话框，在"启动"选项卡下可以查看和管理启动项。但在 Windows Server 2012 R2 的操作系统中，未在此处启用启动项，还需要通过其他方式查看。

（2）通过"开机启动文件夹"设置

① 位于以下目录中的程序将在指定用户登录时启动：

C:\Users\[Username]\AppData\Roaming\Microsoft\Windows\Start Menu\Programs\Startup

② 位于以下目录中的程序将在所有用户登录时启动：

C:\ProgramData\Microsoft\Windows\Start Menu\Programs\Startup

通过在上述目录中添加或删除程序可以增加或删除启动项。

（3）通过"注册表"设置

Windows 操作系统上有许多注册表项，它们可以用来设置在系统启动或用户登录时运行指定的程序，很多攻击者会对它们进行滥用，以建立持久化后门。下列是一些常见的注册表项。

① Run 键是最常见的自启动注册表项之一，该键位于：

HKEY_LOCAL_MACHINE\SOFTWARE\Microsoft\Windows\CurrentVersion\Run

HKEY_CURRENT_USER\Software\Microsoft\Windows\CurrentVersion\Run

HKEY_CURRENT_USER\Software\Microsoft\Windows\CurrentVersion\Policies\Explorer\Run

HKEY_LOCAL_MACHINE\SOFTWARE\Microsoft\Windows\CurrentVersion\Policies\Explorer\Run

② RunOnce 键位于：

HKEY_CURRENT_USER\Software\Microsoft\Windows\CurrentVersion\RunOnce

HKEY_LOCAL_MACHINE\SOFTWARE\Microsoft\Windows\CurrentVersion\RunOnce

③ 以下目录下的 Load 键的程序也可以自启动：

HKEY_CURRENT_USER\Software\Microsoft\Windows NT\CurrentVersion\Windows

④ Winlogon 键位于：

HKEY_CURRENT_USER\Software\Microsoft\Windows NT\CurrentVersion\Winlogon

HKEY_LOCAL_MACHINE\SOFTWARE\Microsoft\Windows NT\CurrentVersion\Winlogon

以上目录下的 Notify、Userinit、Shell 键值也会有自启动的程序，而且其键值可以用逗号分隔，从而实现登录的时候启动多个程序。

可以通过在上述路径下增加字符串类型的键值项、键值数据设置为程序的路径，增加启动项，通过删除相应键值项，关闭不必要的启动项。

（4）通过"本地组策略"设置

按"Win+R"键打开"运行"对话框，在该对话框中输入"gpedit.msc"并单击"确定"按钮，打开"本地组策略编辑器"窗口，选择"计算机配置-Windows 设置-脚本(启动/关机)"，在右侧区域双击"启动"，在弹出的"启动 属性"对话框中的"脚本"选项卡下查看和管理启动项，如图 5-24 所示，可知没有通过该方式设置的启动项。

图 5-24 "本地组策略"设置启动项

3. 关闭自动播放功能

自动播放功能是指在将媒体插入驱动器后就开始从驱动器中进行读取操作。这样程序的安装文件和音频媒体上的音乐将立即启动。如果攻击者将木马或病毒程序放到移动存储设备上，启用自动播放功能，当媒体插入驱动器后就会自动运行木马或病毒程序，进而给系统带来安全威胁。因此，应该关闭自动播放功能。

① 通过"控制面板"关闭自动播放功能。在"开始"菜单中搜索"控制面板"并单击，打开"控制面板"窗口，"查看方式"选择"大图标"或"小图标"，进入"所有控制面板项"界面，如图 5-25 所示。

在"所有控制面板项"界面，单击"自动播放"，进入"自动播放"界面，取消勾选"为所有媒体和设备使用自动播放"复选框，如图 5-26 所示，然后单击"保存"按钮完成设置。

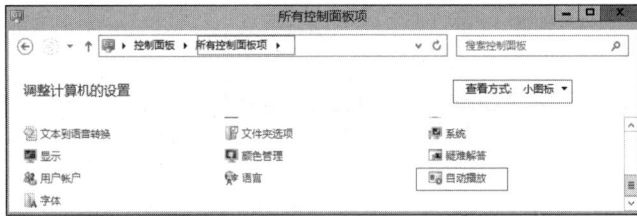

图 5-25　"所有控制面板项"界面

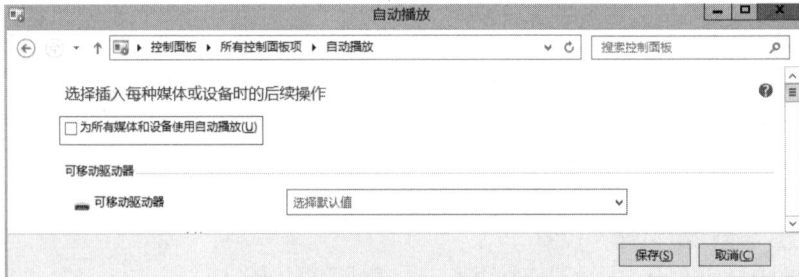

图 5-26　"自动播放"界面

②　通过"本地组策略编辑器"关闭自动播放功能。按"Win+R"键打开"运行"对话框，在该对话框中输入"gpedit.msc"并单击"确定"按钮，打开"本地组策略编辑器"窗口，在"计算机配置-管理模板-Windows 组件"下，如图 5-27 所示，找到并双击"自动播放策略"。

图 5-27　"本地组策略编辑器-Windows 组件"窗口

在打开的"自动播放策略"界面，如图 5-28 所示，双击"关闭自动播放"。

图 5-28　"自动播放策略"界面

在弹出的"关闭自动播放"窗口中，选择"已启用"单选按钮，如图 5-29 所示，然后依次单击"应用"和"确定"按钮，完成配置。

图 5-29 "关闭自动播放"窗口

4. 关闭默认共享

默认共享是 Windows 2000 及其以上操作系统在安装完成后自动打开的功能，如 C$。只要知道了网络中一台计算机的管理员账户，就可以通过默认共享访问该计算机中的资源。以新部署的 Windows Server 2012 R2 服务器为例，在服务器的"计算机管理（本地）-系统工具-共享文件夹-共享"下可以看到默认共享文件夹：C$，如图 5-30 所示。在客户端按"Win+R"键，打开"运行"对话框，在该对话框中输入"\\192.168.192.134\C$"并单击"确定"按钮，然后输入管理员的账户和口令就可以访问服务器 C 盘的内容，如图 5-31 所示。

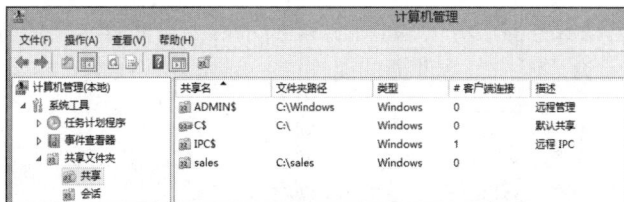

图 5-30 查看默认共享文件夹

图 5-31 Windows Server 2012 R2 服务器 C$中的默认共享

在非域环境下，应关闭 Windows 硬盘的默认共享。通过修改注册表可以关闭默认共享。

（1）通过"注册表"关闭默认共享

在"注册表编辑器"的"HKEY_LOCAL_MACHINE\SYSTEM\CurrentControlSet\Services\LanmanServer\Parameters"路径下新建名称为 AutoShareServer 的键值项，键值类型为REG_DWORD，键值数据为 0，如图 5-32 所示。

图 5-32　关闭默认共享的注册表设置

重启服务器让配置生效，再次查看"计算机管理(本地)-系统工具-共享文件夹-共享"，其中已经没有硬盘默认共享了，如图 5-33 所示。

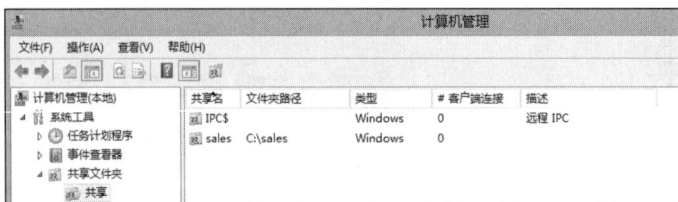

图 5-33　关闭默认共享后查看默认共享

（2）通过"服务"关闭默认共享

如果不需要文件共享服务，可以通过直接关闭共享服务的方式关闭默认共享。

按"Win+R"键打开"运行"对话框，在该对话框中输入"services.msc"并单击"确定"按钮，打开"服务"窗口，找到"Server"服务。该服务通过网络为计算机提供档案、打印、共享文件夹及命名管道的共享。如果停止"Server"服务，将无法使用这些功能。

"Server"服务停止后，将无法查看"计算机管理(本地)-系统工具-共享文件夹-共享"目录，会提示"没有启动服务器服务"，如图 5-34 所示。查看任意文件夹属性将没有"共享"选项卡，图 5-35 所示为"用户"文件夹的属性。

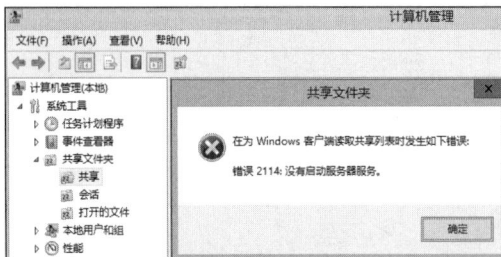

图 5-34　"没有启动服务器服务"错误提示框

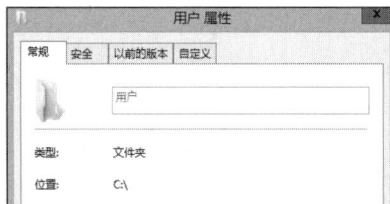

图 5-35　"用户"文件夹的属性

本任务的服务器需要提供共享文件夹的服务，所以不能关闭"Server"服务，只能通过注册表关闭默认共享。

5. 设置屏幕保护

在"控制面板\外观\显示"路径下，单击"更改屏幕保护程序"，如图 5-36 所示。

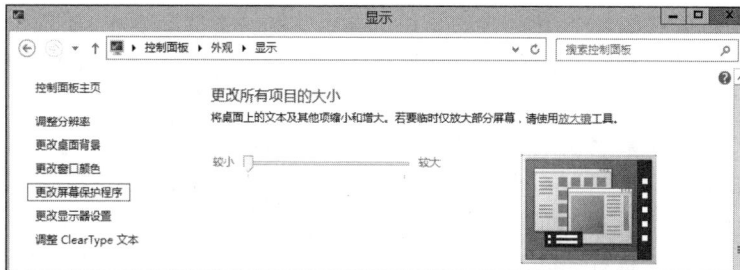

图 5-36 "显示"界面

在打开的"更改保护程序设置"对话框中，设置"屏幕保护程序""等待时间"并勾选"在恢复时显示登录屏幕"复选框，如图 5-37 所示，然后依次单击"应用""确定"按钮完成设置。

图 5-37 "更改保护程序设置"对话框

设置完成后，无论是通过本地登录还是远程桌面服务登录系统，如果在设定的屏幕保护等待时间内没有操作，系统将启动屏幕保护程序，再次使用时则需要在登录界面输入用户名和口令，从而起到保护系统的作用。

任务 5-4 安全选项的增强配置

根据《信息安全技术 网络安全等级保护基本要求》和《电信网和互联网安全防护基线配置要求及检测要求 操作系统》，Windows 操作系统应"禁用匿名访问命名管道和共享""禁用可远程访问的注册表路径和子路径""对于远程登录的账户，设置不活动所连接时间为 15 分钟"。新部署的 Windows 操作系统可以通过对本地安全策略中的安全选项组件进行设置来达到安全增强的要求。

Windows 操作系统的安全选项可以针对系统的全局安全设置进行调整，合理的安全选项设置能极大地提升系统的安全性，但如果设置错误会影响系统安全，甚至是正常使用。本任务将对新部署的 Windows 服务器按基线要求完成相应安全选项的设置，其他系统还可以根据自身的安全需求和不同的等级要求进行更多安全选项设置，此处不逐一列举。

打开"服务器管理器-仪表板"窗口，单击右上方的"工具"菜单，在弹出的下拉菜单中单击"本地安全策略"。在"本地安全策略"窗口中，双击展开"本地策略"，选中"安全选项"，在右侧展示的列表中，找到以下策略，并进行相应设置。

① "网络访问：可匿名访问的共享"设置为全部删除。

② "网络访问：可匿名访问的命名管道"设置为全部删除。

③ "网络访问：可远程访问的注册表路径"设置为全部删除。

④ "网络访问：可远程访问的注册表路径和子路径"设置为全部删除。

⑤ "Microsoft 网络服务器：暂停会话前所需的空闲时间数量"设置为"15 分钟"。

完成配置后相应安全选项策略如图 5-38 所示。

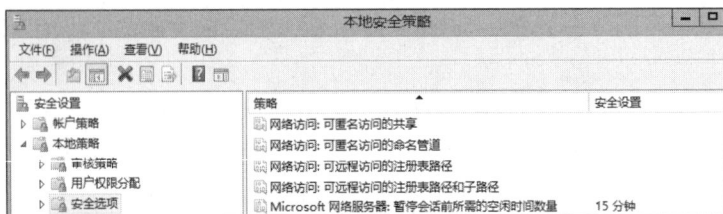

图 5-38　"本地策略-安全选项"设置结果

5.6　项目小结

本项目介绍了 Windows 操作系统安全的第六个维度——操作系统的安全增强。从知识准备和项目实施两个角度，本项目依次讲解了注册表、服务管理、系统安全加固的一般原则、新机装机步骤的相关理论知识和实际项目实施。

通过对本项目的介绍，希望读者能够构建 Windows 操作系统安全增强管理的基本架构、理论依据和原则，在实践中能够为 Windows 操作系统进行全面的安全增强配置，从而从安全增强的维度确保操作系统的安全。

5.7　实践拓展

常见的 DoS 攻击除了 SYN flood 攻击、碎片攻击外，还有 ACK flood 攻击、ICMP flood 攻击以及 UDP flood 攻击等。请查找资料简述 ACK flood 攻击、ICMP flood 攻击、UDP flood 攻击这 3 种 DoS 攻击的原理以及如何防御这 3 种 DoS 攻击，并结合已学知识和技能在 Windows 操作系统实施 ICMP flood 攻击等的防御配置。

5.8　素养拓展

在 2016 年 4 月 19 日，网络安全和信息化工作座谈会提出增强网络安全防御能力和威慑能力。网络安全的本质在对抗，对抗的本质在攻防两端能力较量。要落实网络安全责任制，制定网络安全标准，明确保护对象、保护层级、保护措施。哪些方面要重兵把守、严防死守，哪些方面由地方政府保障、适度防范，哪些方面由市场力量防护，都要有本清清楚楚的账。人家用的是飞机大炮，我们这里还用大刀长矛，那是不行的，攻防力量要对等。要以技术对技术，以技术管技术，做到魔高一尺、道高一丈。

操作系统的安全管理员作为网络安全责任担当的重要一环，要树立正确的网络安全观，在系统上线前做好安全加固和验收，在系统上线后还要继续关注攻防动态，做到防患于未然，并不断学习新技术、掌握漏洞发布动态，养成独立思考、终身学习的习惯，对系统安全加固做到一丝不苟、精益求精。

5.9 项目习题

1. （单选题）小王是某公司 Windows 操作系统的管理员，他设置注册表自启动项（Run、RunOnce、RunService）为 Everyone 只读，这样做的目的是（　　　）。

A. 防止木马、病毒通过自启动项目启动

B. 防止木马、病毒通过文件关联启动

C. 防止木马、病毒以服务方式启动

D. 防止木马、病毒修改注册表的内容

2. （单选题）下列选项中，属于启用注册表的程序是（　　　）。

A. regedit.exe　　　　　　　　　　B. cmd.exe

C. cal.exe　　　　　　　　　　　　D. netstat.exe

3. （判断题）通过"计算机管理(本地)-共享"，选中"C$"，右击"停止共享"，即可有效关闭默认共享。（　　　）

项目 ⑥ Windows 操作系统入侵防护综合项目

在前文中，根据《信息安全技术 网络安全等级保护基本要求》《电信网和互联网安全防护基线配置要求及检测要求 操作系统》以及企业中的实际安全要求，从 6 个维度对新部署的 Windows 操作系统服务器进行了安全配置，使得新部署的服务器具备了安全入网的条件。服务器在入网运行后，还存在被攻击、入侵的风险。本项目从一个实际案例入手，从入侵防护的角度观察被入侵的 Windows 操作系统服务器，综合运用已学知识，学习如何发现入侵痕迹、如何排查溯源、如何根除危险；从入侵防护的视角再审视操作系统安全加固策略的重要性和灵活运用知识技能的必要性，并初步建立操作系统应急响应的能力。

知识目标

- 理解 Windows 操作系统入侵防护整体思路；
- 理解账户、端口、进程排查思路；
- 理解启动项、定时任务排查思路。

技能目标

- 掌握 Windows 账户安全排查的方法；
- 掌握 Windows 端口、进程排查的方法；
- 掌握 Windows 启动项排查；
- 掌握 Windows 计划任务和服务排查的方法。

素质目标

- 追本溯源，构建学习体系；
- 培养科学思维，严谨治学；
- 建立"筑牢网络安全防线"的责任感和意识感。

6.1　风险背景和行业标准

从个人计算机时代到移动时代，再到云、5G、边缘计算的兴起，伴随着信息技术环境的变化与新技术的应用，网络安全的重要性日渐凸显，网络攻击的发生数量呈逐年上升趋势。

国家互联网应急中心发布的《2020 年我国互联网网络安全态势综述》报告显示，仅 2020 年我国境内遭受恶意攻击 IP 地址约 5541 万个，约占我国 IP 地址的 14.2%，约 531 万台主机被控制。这一方面说明我国遭受的攻击数量巨大，另一方面说明我国急需掌握服务器被入侵控制后的排查手段，减少被控主机数量。

Windows 操作系统在日常生活、工作中的使用数量特别多，针对 Windows 操作系统的攻击入侵案例比比皆是。在 2016 年 Shadow Brokers 公布被 NSA 入侵的各国服务器名单中，我国为重灾区。其中 NSA 的工具也多是针对 Windows 操作系统的攻击工具，比如 MS17-010。如何做好 Windows 操作系统的入侵防御是一个重要课题。

6.2　项目概述及分析

某企业基于 Windows 操作系统的服务器站点进行例行巡检，在查看系统日志时，发现安全日志中存在大量系统登录审核失败事件的日志，如图 6-1 所示。怀疑存在非法用户通过账户口令登录操作系统，并最终"爆破"出系统账户口令，需要马上进行入侵排查处理。

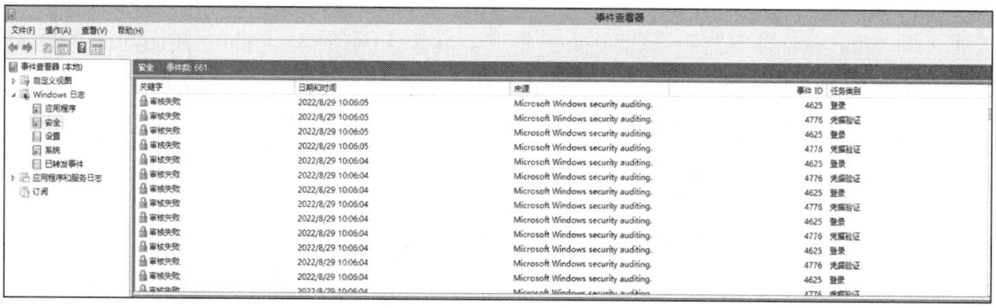

图 6-1　操作系统安全日志

攻击者入侵一台服务器后的核心目的，是实现对服务器长期的控制，通常会在系统上植入后门、添加账户等。因此，需要对系统进行排查，看是否存在可疑的文件、进程、网络连接、账户、定时任务、计划任务等内容，确保所有恶意程序都被清除干净；否则，即使修复了漏洞，攻击者依然能够通过后门控制服务器。

当操作系统疑似被入侵攻击后，应当追本溯源，一般入侵攻击的排查思路如下：

① 在了解系统功能的情况下，收集操作系统、应用程序的基础数据、日志等并进行整理；

② 根据收集数据的整理情况，确定恶意攻击者的攻击方式，验证先前推断的攻击方式的正确性；

③ 进行关联分析，形成证据链，确定攻击者在服务器上进行了哪些操作。

根据以上排查思路，完成对被入侵的 Windows 操作系统服务器的排查，需要综合运用前文中学习的 Windows 操作系统安全策略配置的知识和技能，完成以下任务。

任务一：Windows 账户安全排查。

任务二：Windows 端口、进程排查。

任务三：Windows 启动项排查。

任务四：Windows 计划任务和服务排查。

6.3 实验环境

在实验中,利用一台装有 Windows Server 2012 R2 的虚拟机,模拟企业被入侵的 Windows
操作系统服务器,如图 6-2 所示。客户端即安装虚拟机的物理主机,被入侵服务器和非法主机是在物理主机的 VMware 虚拟环境中安装的虚拟机,并且二者的网络是互通的。为了模拟被入侵的情况,该被入侵服务器已设置被入侵的痕迹,如异常账户、异常文件等,并与非法主机建立了连接。通过客户端登录被入侵服务器,进行入侵排查,以掌握实际生产中所需要的 Windows 操作系统入侵排查方法。

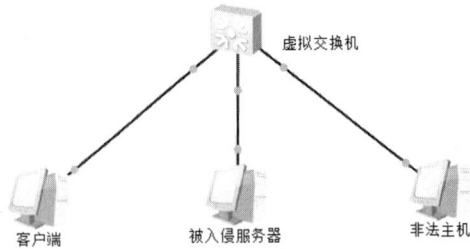

图 6-2 实验环境拓扑

微课视频

微课 10 Windows 入侵防护项目的实验环境

6.4 知识准备

通过运用前文学习的 Windows 操作系统安全配置 6 个维度的相关知识和技能,我们能够让一台新部署的 Windows 服务器符合等级保护要求,具备入网条件,同时,在面对服务器被入侵,也初步具备了入侵排查的技能和知识。为了更全面、更快速、更准确地完成入侵排查,本项目将补充账户和组账户、网络端口等的 DOS 指令管理,以及进程管理和计划任务的相关知识。

6.4.1 账户和组账户的 DOS 指令管理

账户是操作系统管理的重要组成部分,管理账户主要有 3 种方式:①在"计算机管理(本地)-系统工具-本地用户和组"中管理;②在注册表中查看相关键值;③使用 DOS 指令管理。其中①②已经在前文介绍过,本部分主要介绍使用 DOS 指令管理本地账户和组账户。

攻击者渗透 Windows 操作系统时,在获取 Shell 后首先会使用相关 DOS 指令查看所有的账户与组账户,检查所拥有的权限,再经过"提权"获取管理员执行权限并创建用户。为了更好地保障系统安全,需要掌握这些账户和组账户的 DOS 指令。

1. 管理账户的 DOS 指令 net user

① 查看当前系统账户列表。

```
C:\Users\winad2012>net user
\\win2012 的用户账户

-----------------------------------------------------------------------
Guest                   OperW                   lisi
OperR                   OperT                           operE
winad2012               zhangsan
命令成功完成。
```

② 添加账户 test,口令为 A5%cd123u。

```
C:\Users\winad2012>net user test A5%cd123u /add
```

命令成功完成。

③ 查看账户 test 的属性。

```
C:\Users\winad2012>net user test
用户名            test
……
上次设置密码        2022/01/30 12:47:10
密码到期          从不
密码可更改         2022/01/30 12:47:10
需要密码          Yes
用户可以更改密码      Yes


……
本地组成员         *Users
全局组成员         *None
命令成功完成。
```

④ 修改账户 test 的口令。

```
C:\Users\winad2012>net user test At%c&1y3u
命令成功完成。
```

⑤删除账户 test。

```
C:\Users\winad2012>net user test /del
命令成功完成。
```

2. 管理组账户的 DOS 指令 net localgroup

① 查看当前系统组账户列表。

```
C:\Users\winad2012>net localgroup
\\ win2012 的别名

-----------------------------------------------------------------------
*Access Control Assistance Operators
*Administrators
*Backup Operators
……
*Remote Desktop Users
*Replicator
*sales
*Users
命令成功完成。
```

② 查看组账户 Remote Desktop Users 下的成员列表。

```
C:\Users\winad2012> net localgroup "Remote Desktop Users"
别名 Remote Desktop Users
注释 此组账户中的成员被授予远程登录的权限

成员

-----------------------------------------------------------------------
```

```
OperR
OperT
winad2012
命令成功完成。
```

③ 添加组账户 testGroup。

```
C:\Users\winad2012>net localgroup testGroup /add
命令成功完成。
```

④ 删除组账户 testGroup。

```
C:\Users\winad2012>net localgroup testGroup /del
命令成功完成。
```

⑤ 将账户 zhangsan 加入远程桌面组。

```
C:\Users\winad2012>net localgroup"Remote Desktop Users" zhangsan/add
命令成功完成。
```

6.4.2　网络端口 DOS 指令管理

Windows 操作系统网络端口的信息在入侵排查和系统安全管理中占有非常重要的地位。计算机外连行为均能够从网络端口的信息中发现，通过端口的监听情况往往能够发现一些可疑的端口、连接，进而发现进行外连的可疑进程，并对其进行处理。

Windows 操作系统中可以使用 netstat 指令查看端口状态情况，该指令与 Linux Shell 的指令类似，用于表示系统中网络相关信息，如网络连接、路由表、端口状态等。netstat 指令常用选项及说明如表 6-1 所示。

表 6-1　netstat 指令常用选项及说明

选项	说　　明	选项	说　　明
-a	显示所有活动的 TCP 连接，以及计算机监听的 TCP 和 UDP 端口	-p	显示指定协议信息
-n	直接使用 IP 地址代替域名，显示网络连接情形，显示所有已建立的有效连接	-o	显示活动的 TCP 连接，包括每个连接的进程号（PID）
-s	按协议显示各种连接的统计信息，包括端口号，此选项可以与-p 选项结合使用	-e	显示网络发送和接收的字节数、数据包数等统计信息
-r	显示核心路由表，显示格式同 route -e		

常用 netstat -an 查看操作系统上所有打开的端口。常见端口状态及说明如表 6-2 所示。

```
C:\Users\ Administrator >netstat -an

活动连接

协议    本地地址              外部地址              状态
TCP    0.0.0.0:135          0.0.0.0:0            LISTENING
TCP    0.0.0.0:445          0.0.0.0:0            LISTENING
TCP    0.0.0.0:902          0.0.0.0:0            LISTENING
......
```

表 6-2 常见端口状态及说明

状　态	说　明
LISTENING	监听状态，等待远程主机的连接请求
ESTABLISHED	已经通过 TCP 建立连接，进入连接状态
TIME-WAIT	连接关闭过程中的状态，等待一段时间才能完全关闭
CLOSED	无连接状态

常用 netstat -ano 查看端口被哪个进程占用。通过该指令可以看见当前活动连接中的所有信息，包括协议、本地地址、外部地址、状态和 PID 等。通过端口和外网地址发现异常连接，定位异常连接的具体 PID，再通过查看进程信息来获得更详细的信息。

```
C:\Users\Administrator>netstat -ano

活动连接

协议     本地地址              外部地址            状态           PID
TCP    0.0.0.0:135           0.0.0.0:0          LISTENING      1216
TCP    0.0.0.0:445           0.0.0.0:0          LISTENING      4
TCP    0.0.0.0:902           0.0.0.0:0          LISTENING      11048
......
```

netstat 和管道指令"|"以及 findstr 指令结合使用，可以根据关键字筛选出指定的网络连接的情况，例如查看 135 端口的连接情况。

```
C:\Users\Administrator >netstat -ano | findstr 135
TCP    0.0.0.0:135           0.0.0.0:0          LISTENING      1216
TCP    127.0.0.1:23344       0.0.0.0:0          LISTENING      11352
TCP    127.0.0.1:23345       0.0.0.0:0          LISTENING      11352
TCP    [::]:135              [::]:0             LISTENING      1216
UDP    0.0.0.0:59135         *:*                               9328
```

6.4.3　进程管理

进程（process）是指具有一定独立功能的程序关于某个数据集合的一次运行活动。进程是系统进行资源分配和调度的一个独立单位，是操作系统结构的基础。

1．Windows 进程的图形化管理

在 Windows 操作系统中，按"Ctrl+Alt+Del"键，在弹出的界面中选择"任务管理器"，可以打开"任务管理器"窗口，如图 6-3 所示，在该窗口可以查看和结束指定进程。

图 6-3　"任务管理器"窗口

2. Windows 进程的 DOS 指令管理

（1）tasklist 指令

tasklist 指令可以用来显示运行在本地或远程计算机上的所有 Windows 进程，语法格式如下。tasklist 指令常用参数及说明如表 6-3 所示。

```
tasklist [/S system [/U username [/P [password]]]]
         [/M [module] | /SVC | /v] [/FI filter] [/FO format] [/NH]
```

表 6-3 tasklist 指令常用参数及说明

参　数	说　明
/S system	指定连接到的远程系统
/U username	指定应该在哪个用户上下文执行这个指令
/P [password]	为提供的用户上下文指定口令。如果省略，则提示输入
/M [module]	列出当前使用 exe/dll 名称的所有任务。如果没有指定模块名称，则显示所有加载的模块
/SVC	显示每个进程中的服务
/APPS	显示 Microsoft Store 应用及其关联的进程
/v	显示详细任务信息
/FI filter	显示一系列符合筛选器指定条件的任务
/FO format	指定输出格式。有效值为 TABLE、LIST、CSV
/NH	输出结果不显示列标题。只对 TABLE 和 CSV 格式有效
/?	显示帮助消息

例如，使用指令 tasklist /v 可以查看当前计算机中 Windows 进程的详细信息，这些信息包括映像名称、PID、会话名、会话#、内存使用、状态、用户名等，如图 6-4 所示。

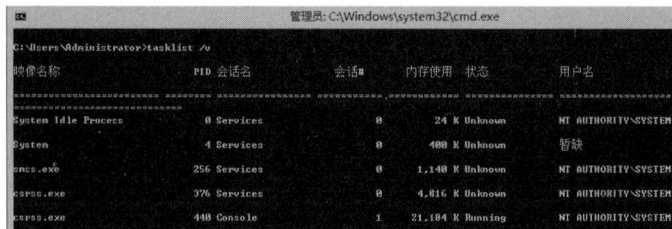

图 6-4　显示进程的详细信息

tasklist 指令和管道指令 "|" 以及 findstr 指令结合使用，可以根据关键字筛选出指定的进程情况。

```
C:\Users\Administrator >tasklist /v | findstr "cmd"
cmd.exe                   29828 Console         2        2,092 K Running
LAPTOP-N64IMT3T\CaiSen    0:00:00 C:\windows\system32\cmd.exe
```

通常会使用 netstat 指令查看某网络端口对应的 PID，再使用 tasklist 指令查看对应进程的具体情况。

（2）taskkill 指令

taskkill 指令可以结束 Windows 进程。指令格式如下。

```
taskkill [/S system [/U username [/P [password]]]]
        { [/FI filter] [/PID processid | /IM imagename] } [/T] [/F]
```

例如，通过 PID 来结束进程。

```
C:\Users\CaiSen>taskkill /pid 12728
```

成功：给进程发送了终止信号，进程的 PID 为 12728。

6.4.4   计划任务

Windows 操作系统被入侵后，攻击者为了维持权限经常使用计划任务，使得恶意程序按照设定的计划定时运行。如果不排查这一项，并删除相关任务，恶意程序会一直留在操作系统中。可以通过以下 3 种方法排查计划任务，以发现是否存在恶意文件定时启动。

① 单击"计算机管理(本地)"中的"任务计划程序(本地)"，或按"Win+R"键打开"运行"对话框，输入"taskschd.msc"并按"Enter"键，可以打开"任务计划程序"窗口，如图 6-5 所示，在该窗口可查看和管理计划任务。

图 6-5   "任务计划程序"窗口

② 在"运行"对话框，输入"cmd"并按"Enter"键，打开 CMD 命令窗口，然后输入"schtasks.exe"并按"Enter"键，可以检查计算机上的计划任务，如图 6-6 所示。

图 6-6   检查计算机上的计划任务

③ 在"运行"对话框，输入"services.msc"并按"Enter"键，可以查看各服务的服务状态和启动类型，检查是否有异常服务。

6.5   项目实施

针对任务检查 Windows 操作系统服务器时发现大量图 6-1 所示的系统登录审核失败事件的日志情况，怀疑存在非法用户通过账户口令登录操作系统，并最终"爆破"出系统账户口令，需要马上进行入侵排查处理。根据排查思路，需要对该 Windows 的账户安全、端口和进程、启动项、计划任务和服务进行排查。

任务 6-1　Windows 账户安全排查

1. 查看 Windows 账户安全情况

分别通过视图界面、DOS 指令、注册表这 3 个途径查看系统账户情况，如图 6-7 所示。在视图界面和注册表中均发现了陌生账户 hack$，不是系统原有的合法账户，说明该服务器已被攻击，并且创建了陌生账户。

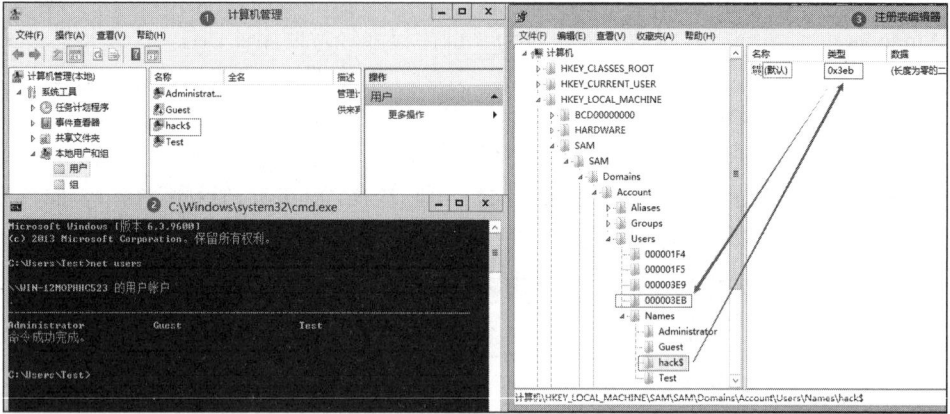

图 6-7　查看 Windows 账户情况

发现陌生账户后，通过指令 net user hack$ 查看账户的具体信息。如图 6-8 所示，该账户已归属 Administrators，对比图 6-1 中系统登录审核失败事件的日志时间与该账户的口令设置时间，可以知道在系统被"爆破"不久后，攻击者获得了系统管理权限，并创建了 hack$ 账户。

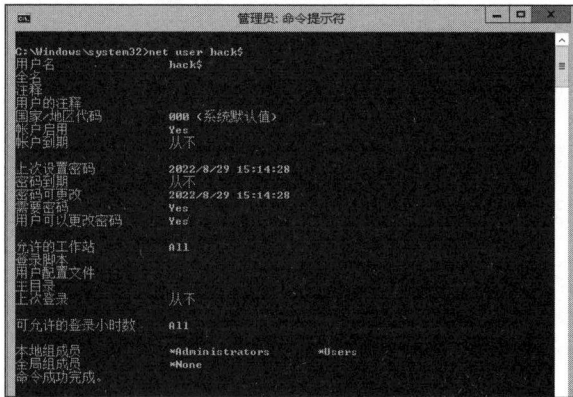

图 6-8　hack$ 账户的具体信息

2. 陌生账户处理

① 通过管理员权限打开命令提示符窗口，执行指令 net user hack$　/del，强制删除陌生账户 hack$，如图 6-9 所示。

图 6-9　删除陌生账户 hack$

② 通过视图界面、DOS 指令、注册表 3 种途径确认陌生账户已彻底删除。

在发现大量系统登录审核失败事件的日志情况后，通过视图界面、DOS 指令和注册表查看账户的情况，发现了陌生账户，并且该账户还获取了管理员的权限。通过删除陌生账户完成了对陌生账户的排查和处理。

任务 6-2　Windows 端口、进程排查

1. 查看端口及进程情况

（1）网络端口排查

使用指令 netstat -ano 查看网络连接情况，如图 6-10 所示。发现异常连接，外连 IP 地址为 192.168.153.142，端口为 80，PID 为 1168。该进程具体情况暂时未知，需要进行进一步的排查。

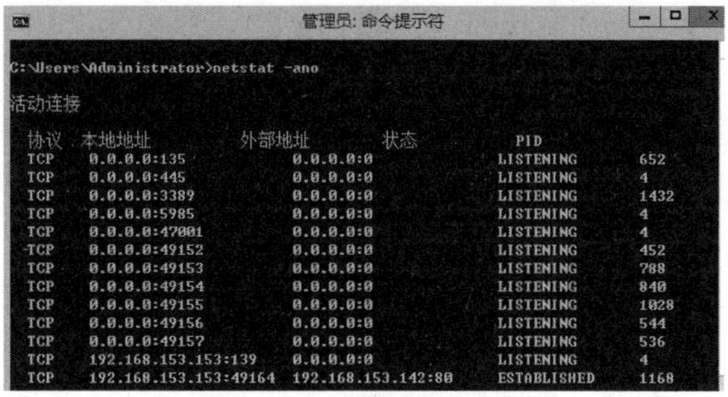

图 6-10　网络连接情况

（2）系统进程排查

使用指令 tasklist /v |find "1168"，根据 PID 查找进程信息，如图 6-11 所示。发现是 Administrator 用户启动 Python 脚本，PID 为 1168。进程里并未显示 python.exe 具体执行脚本的详细信息。

图 6-11　查找 PID 为 1168 的进程信息

（3）查看进程对应脚本信息

通过指令 wmic process where Caption='python.exe'查看脚本的详细信息，如图 6-12 所示。能够发现 python.exe 执行的是在 C:\Windows\system32 目录下的 reverse.py 文件。

（4）查看脚本内容

使用 type 指令查看 reverse.py 文件的详细内容，如图 6-13 所示。该 Python 脚本进行了 Base-64 加密处理，解码后如图 6-14 所示，可以看到，该脚本运行后会连接 192.168.153.142 主机的 80 端口，创建一个 Shell。

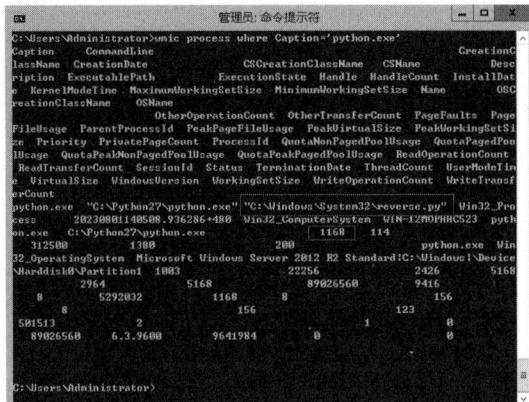

图 6-12　PID 为 1168 的进程的详细信息

图 6-13　reverse.py 文件的详细内容

图 6-14　reverse.py 文件加密部分解码后内容

2. 关闭非法进程

（1）关闭非法进程

通过上述排查过程，可以确定异常连接是由于运行了 C:\Windows\system32 目录下的非法文件 reverse.py，使主机与外部 IP 地址为 192.168.153.142 的 80 端口建立了非法连接。接下来需要立即停止该进程。

使用 taskkill 指令关闭 PID 为 1168 的进程，如图 6-15 所示。

图 6-15　关闭 PID 为 1168 的进程

（2）确认非法进程已关闭

关闭非法进程后，需要确认是否关闭成功。如图 6-16 所示，通过指令 tasklist 和指令 wmic 均查询不到非法进程了，C:\Windows\system32\reverse.py 运行的进程已关闭。

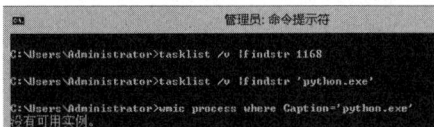

图 6-16　确认非法进程已关闭

3. 删除恶意文件

非法进程关闭后，恶意文件 reverse.py 仍然存在，应将其删除。

使用指令 del reverse.py 删除恶意文件，并使用指令 dir 查看文件是否删除成功，如图 6-17 所示。

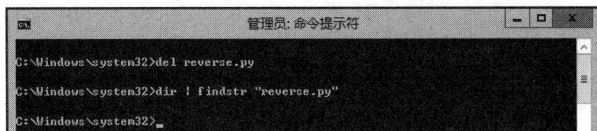

图 6-17　删除 reverse.py 文件的情况

通过查看端口、进程以及脚本的详细情况，获知攻击者上传了恶意文件 reverse.py 并运行，该程序会外连主机 192.168.153.142 的 80 端口。通过关闭进程并删除恶意文件，完成了对进程和恶意文件的排查和处理。

任务 6-3　Windows 启动项排查

攻击者除上传恶意程序外，可能还会在主机上复制多份恶意程序，并将其放在启动项上或设置定时任务，使恶意程序在账户登录时启动或定时启动。接下来根据前面的介绍，在"开机启动文件夹""注册表"和"本地组策略"中排查启动项的设置情况。

1. "开机启动文件夹"启动项排查及处理

① 查看 C:\Users\[Username]\AppData\Roaming\Microsoft\Windows\StartMenu\Programs\Startup，确认所有账户中"开机启动文件夹"下的启动项情况，如图 6-18 所示，Administrator 账户和 Test 账户下均无登录时要启动的程序。

（a）Administrator 账户"开机启动文件夹"下无启动项

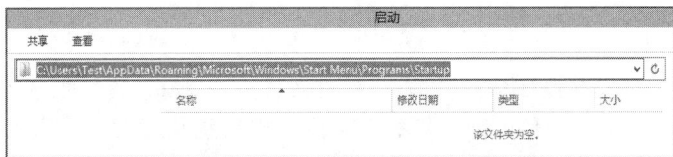

（b）Test 账户"开机启动文件夹"下无启动项

图 6-18　查看账户的启动项

② 查看 C:\ProgramData\Microsoft\Windows\Start Menu\Programs\StartUp，确认系统中"开机启动文件夹"下启动项情况，如图 6-19 所示，也无启动程序。

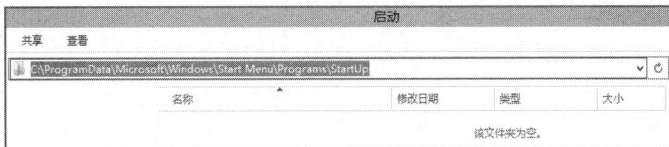

图 6-19　系统"开机启动文件夹"下无启动项

通过查看，发现攻击者并未将非法文件添加在"开机启动文件夹"中，所以无须处理。

2."注册表"启动项排查及处理

按"Win+R"键打开"运行"对话框，在该对话框中输入"regedit"后按"Enter"键，打开"注册表编辑器"，依次排查各路径下的 Run 键、RunOnce 键、Load 键和 Winlogon 键等，具体路径详见项目 5。发现在以下路径的子键中存在键值为 C:\Users\Administrator\Documents\reverse.py 的键值项，即将该程序文件设置成了非法启动项。HKEY_CURRENT_USER\SOFTWARE\Microsoft\Windows\CurrentVersion\Run，如图 6-20 所示；HKEY_LOCAL_MACHINE\SOFTWARE\Microsoft\Windows\CurrentVersion\Run，如图 6-21 所示；HKEY_LOCAL_MACHINE\SOFTWARE\Microsoft\Windows\CurrentVersion\RunOnce，如图 6-22 所示。

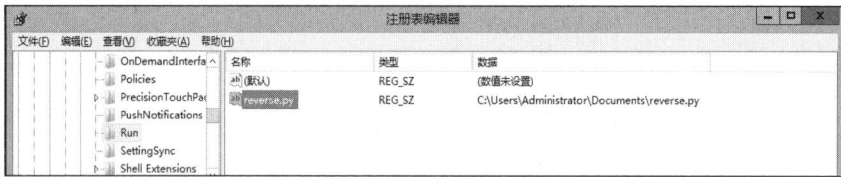

图 6-20　HKEY_CURRENT_USER\SOFTWARE\Microsoft\Windows\CurrentVersion\Run 情况

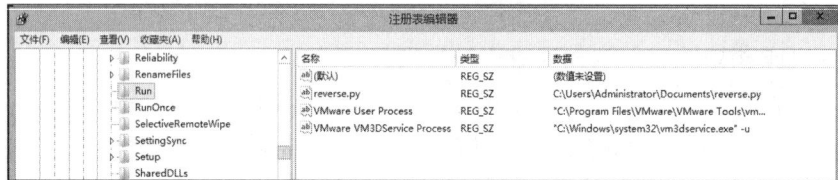

图 6-21　HKEY_LOCAL_MACHINE\SOFTWARE\Microsoft\Windows\CurrentVersion\Run 情况

图 6-22　HKEY_LOCAL_MACHINE\SOFTWARE\Microsoft\Windows\CurrentVersion\RunOnce 情况

确定非法启动项在注册表中的位置后，需要将其一一删除。在注册表的相应路径下，右击相应启动项，在弹出的快捷菜单中选择"删除"，即可将相应的非法启动项删除，图 6-23 所示为删除 HKEY_LOCAL_MACHINE\SOFTWARE\Microsoft\Windows\CurrentVersion\Run 路径下的非法启动项 reverse.py。注册表其他路径下的非法启动项也用同样的方法删除，同时还要删除相应目录下的非法文件。

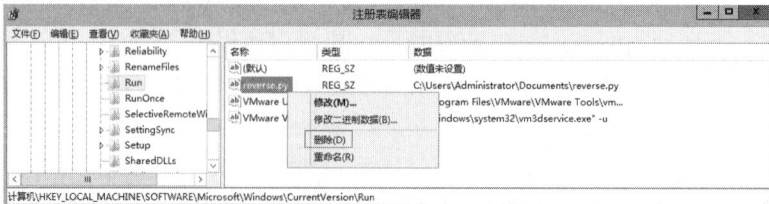

图 6-23　删除 HKEY_LOCAL_MACHINE\SOFTWARE\Microsoft\Windows\CurrentVersion\Run
路径下的非法启动项

3. "本地组策略" 启动项排查及处理

按 "Win+R" 键打开 "运行" 对话框，在该对话框中输入 "gpedit.msc" 并按 "Enter" 键，打开 "本地组策略编辑器" 窗口，在 "计算机配置-Windows 设置-脚本（启动/关机）" 中，在右侧区域双击 "启动"，在弹出的 "启动 属性" 对话框中的 "脚本" 选项卡下，发现 C:\Users\Administrator\Documents\reverse.py 文件被设置成了非法启动项，如图 6-24 所示。

图 6-24 "本地组策略" 启动项排查

找到 "本地组策略" 设置的非法启动项后，同样也需要删除启动项，在 "启动 属性" 对话框中的 "脚本" 选项卡下，选中非法启动项的脚本名称，单击 "删除" 按钮，然后依次单击 "应用" 和 "确定" 按钮，如图 6-25 所示。

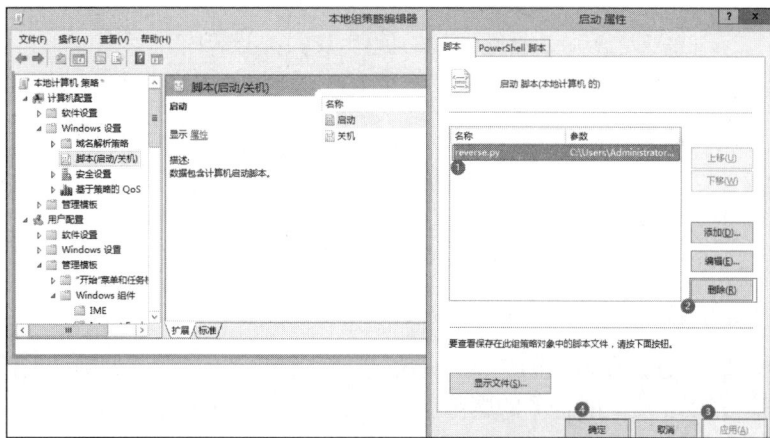

图 6-25 删除 "本地组策略" 设置的非法启动项

4. 清除恶意文件

根据注册表及 "本地组策略" 非法启动项设置的恶意文件的位置信息，在对应的文件目录 C:\Users\Administrator\Documents 下清除恶意文件 reverse.py。

通过查看 "开机启动文件夹" "注册表" 和 "本地组策略" 的启动项设置情况，发现了攻击者在 "注册表" 和 "本地组策略" 均设置了恶意文件开机启动。如果不对启动项进行删除，虽然已经杀死当前非法进程，但在下次开机或下次登录账户时，启动项会再次运行恶意文件，所以需要对非法启动项进行删除。通过删除 "注册表" 和 "本地组策略" 的非法启动项，并删除恶意文件，完成对启动项和恶意文件的排查和处置。

任务 6-4　Windows 计划任务和服务排查

完成启动项排查后，还需要排查系统的计划任务和服务情况。

1. 查看定时任务情况

在"计算机管理(本地)-系统工具-任务计划程序"下，逐一查看任务计划程序的情况，在"Microsoft-Windows-Chkdsk"下发现非法定时任务"reverse.py"，如图 6-26 所示。在任务计划程序里能够看到，攻击者新建了一项 reverse 的任务会话，每当系统重启时都会启动，进而使攻击者获得该主机的权限。

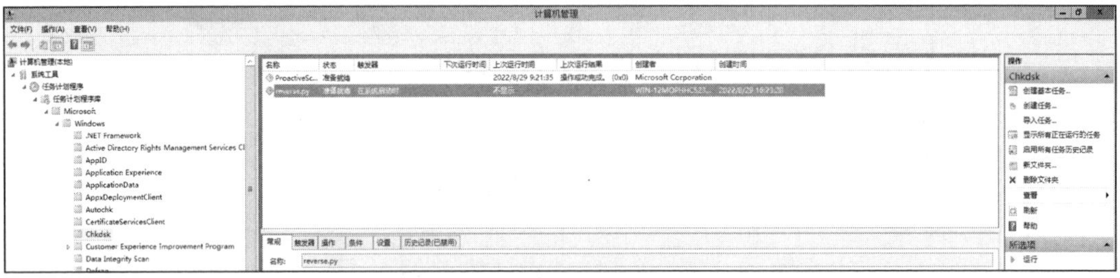

图 6-26　非法定时任务情况

右击非法定时任务，在弹出的快捷菜单中选择"属性"，在"reverse.py 属性(本地计算机)"对话框的"操作"选项卡下可以看到，非法定时任务的恶意文件 reverse.py 所在位置是 C:\Windows\schemas，如图 6-27 所示。

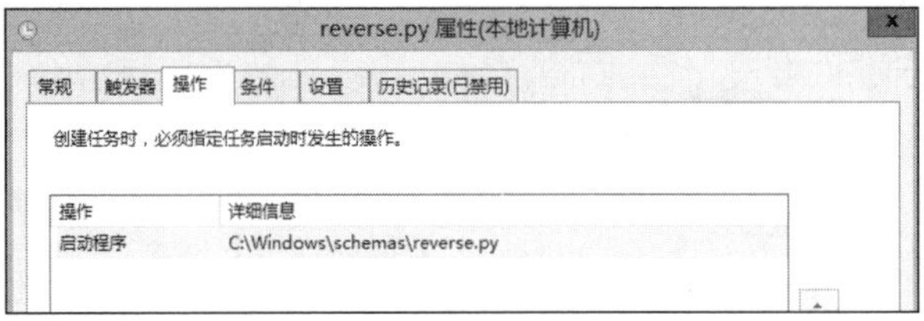

图 6-27　"reverse.py 属性(本地计算机)"对话框

2. 删除定时任务

右击非法定时任务，在弹出的快捷菜单中选择"删除"，在弹出的确认删除对话框中单击"是"按钮，完成非法定时任务的删除。

3. 删除恶意文件

根据图 6-27 中查看到的非法定时任务对应的恶意文件所在位置，在对应的文件目录 C:\Windows\schemas 下删除恶意文件 reverse.py。

4. 确认处理后的会话及任务

在"命令提示符"窗口输入指令 schtasks.exe | findstr "reverse.py"，检查计算机上的恶意文件 reverse.py 与网络上其他计算机之间的会话或计划任务，如图 6-28 所示。如有，确认是否为正常连接，若不正常则进行处理。

图 6-28　计算机上恶意文件与网络上其他计算机之间的会话或任务情况

5. 确认异常服务

按"Win+R"键打开"运行"对话框，在该对话框中输入"services.msc"并单击"确定"按钮，打开"服务（本地）"窗口，查看各服务状态和启动类型，检查是否有异常服务，如图 6-29 所示。经过排查，系统暂无异常服务情况。

图 6-29　"服务（本地）"窗口

通过排查定时任务的设置情况，发现攻击者将恶意文件 reverse.py 设置成了定时任务，每当系统重启时都会启动。通过删除定时任务并删除恶意文件，完成了对定时任务和恶意文件的排查和处理。

至此，针对任务中发现大量系统登录审核失败事件的日志情况，在怀疑 Windows 服务器被入侵后，按照入侵防护的排查思路，通过对该服务器进行账户安全、端口、进程、启动项、计划任务和服务排查后发现了非法账户、异常进程、非法启动项及非法定时任务，并逐一进行了处理，完成了对被入侵服务器的溯源排查并规避了风险。

6.6　项目小结

本项目通过一个 Windows 操作系统遭遇入侵的实际案例，介绍了 Windows 操作系统的入侵排查的思路，包括 Windows 操作系统账户安全、端口、进程、启动项、计划任务和服务排查的相关理论知识和实际项目实施。

通过对本项目的介绍，希望读者能够初步形成 Windows 操作系统入侵排查的分析基本思路和修复思路，在实践中能够基于分析思路进行操作系统的入侵排查，从而保障操作系统的安全。

6.7　实践拓展

本项目介绍的内容涉及 wmic 指令。在 Windows 环境下，wmic 指令拥有管理 Windows

操作系统的方法和功能，可使用 wmic 指令来查询进程信息和删除进程，具体操作如下。

① 使用 wmic /?指令查看 wmic 的用法。

② 使用 wmic process get 指令，查看系统进程名称、命令行、可执行路径等信息。

③ 使用 wmic delete 指令，对系统某进程信息进行删除。

根据以上知识，回答以下问题。

① wmic 指令中与进程信息相关的指令是什么？

② 当关闭进程时，使用的是 taskkill 指令，如果使用 wmic 指令应如何关闭某个进程？

6.8 素养拓展

通过前 6 个项目，从 6 个维度学习了如何对 Windows 操作系统安全加固，并通过一个综合案例从入侵防护的角度练习综合运用所学知识技能，对被入侵系统排查，进行应急响应。在这个过程中，既要灵活运用已学知识，又要再学习新技能。因为信息安全是一个知识面很广的领域，并且互联网技术更新快速，这就要求信息安全领域人才应该学牢、学活旧知识，能够举一反三并不停学习新知识，树立终身学习理念，以应对复杂严峻的网络安全新形势。

6.9 项目习题

1.（单选题）（　　）账户与使用计算机的人无关，而是为 Windows 操作系统的一部分服务提供访问系统的权限。该账户的权限与 users 的一致，即使这部分服务被入侵控制，也没有访问系统重要位置的权限。

    A. LOCAL SERVICE   B. NETWORK SERVICE

    C. ADMINISTRATOR   D. SYSTEM

2.（多选题）禁用不需要的端口和禁用不需要的协议可以有效地减少 Web 服务器的攻击。对于只提供万维网服务的 Windows 服务器而言，下列（　　）端口是需要禁止的。

    A. 137   B. 139

    C. 443   D. 445

3.（判断题）Windows 操作系统中攻击者无法伪造的日志是安全日志。（　　）

4.（判断题）在 Windows 操作系统中，使用 net accounts 指令可以列举本地所有用户列表。（　　）

项目 ⑦ Linux 操作系统的账户安全管理

账户安全管理是 Linux 操作系统安全管理的第一个维度。本项目通过对 Linux 操作系统服务器实施账户安全管理达到以下目标。

知识目标

- 掌握 Linux 操作系统的账户及组账户的相关知识；
- 了解可插入式认证模块。

技能目标

- 能够根据用户职责合理创建账户并设置正确的组账户；
- 能够根据账户安全管理原则完成账户安全设置；
- 能够合理设置账户的超级权限。

素质目标

- 培养履行道德准则和行为规范的意识；
- 提升责任感；
- 培养安全意识、工匠精神。

7.1 项目概述及分析

某企业新部署了一台装有 Linux 操作系统的服务器，系统管理员需要根据各个部门和岗位的职责审批授权资料，在新服务器上为用户分配账户，并根据信息安全技术网络安全等级保护的要求以及系统防护的需要，对该服务器实施账户管理的安全配置。

根据《信息安全技术 网络安全等级保护基本要求》和《电信网和互联网安全防护基线配置要求和检测要求 操作系统》，Linux 操作系统的账户安全配置需符合如下要求。

① 应按照不同的用户分配不同的账户。避免不同用户间共享账户，避免用户账户和设备间通信使用的账户共享。

② 应删除或锁定与设备运行、维护等工作无关的账户，删除过期账户。

③ 根据系统要求及用户的业务需求，建立多组账户，将用户账户分配到相应的组账户。

④ 使用 PAM 禁止任何人通过 su 指令切换到 root 账户。

为了确保新部署的服务器符合《信息安全技术 网络安全等级保护基本要求》和《电信网和互联网安全防护基线配置要求及检测要求 操作系统》，结合 Linux 操作系统的安全架构及组件，可以通过 Linux 操作系统的用户账户和组账户的管理指令来满足要求①～③，通过可插入式认证模块的设置来满足要求④。

综上所述，为了完成新部署的 Linux 服务器账户管理的安全配置，需要完成以下任务。

任务一：创建用户账户和组账户。

任务二：管理用户账户和组账户。

任务三：禁止普通账户切换到 root 账户。

接下来，在实验环境中实施以上任务来掌握实际生产中所需要的技能。在实施任务前，需要清楚实验环境并进行相关的知识准备。

7.2 实验环境

在实验中，利用一台装有 CentOS 7 的虚拟机来模拟企业新部署的 Linux 操作系统服务器，实验环境拓扑如图 7-1 所示。客户端即安装虚拟机的物理主机，客户端安装的操作系统为 Windows 10，虚拟服务器是在物理主机的 VMware 虚拟环境中安装的虚拟机，操作系统为 CentOS 7，客户端与虚拟服务器的网络是互通的。通过对虚拟机进行账户管理的安全加固，掌握实际生产中所需要的 Linux 操作系统的账户安全管理的相关技能。

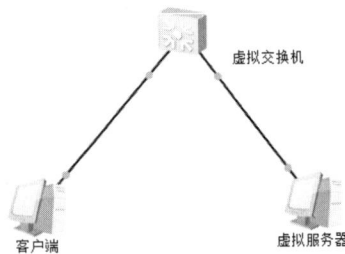

图 7-1 实验环境拓扑

微课视频

微课 11 Linux 操作系统的实验环境

7.3 知识准备

Linux 操作系统是多用户、多任务的操作系统。在实施任务前，需要知道用户和 Linux 操作系统的用户账户、组账户等概念，并了解 Linux 操作系统可插入式认证模块的作用。

7.3.1 Linux 操作系统下的用户账户

Linux 是一个多用户操作系统，支持多个用户同时登录操作系统。每个用户使用不同的用户名登录操作系统，并且需要提供口令。在通常的安全威胁中，攻击者经常会通过创建一些非法用户账户并获取非法权限，从而对系统资源和数据进行滥用和破坏。因此，用户管理是 Linux 安全管理机制的重要一环。

1. 用户和用户账户

所谓用户是指实际登录到系统中操作的人或逻辑性的对象。每个登录到系统中的用户都被赋予一个用户账户，用户账户由用户名和口令构成，用户登录时使用的就是该用户的用户名。特别要注意的是，Linux 操作系统的用户名是区分大小写的。用户账户是用户的身份标识。用户通过用户账户可以登录系统，并访问已经被授权的资源。系统依据用户账户来区分属于每个用户的文件、进程、任务，并给每个用户提供特定的工作环境（如用户的工作目录、Shell 版本以及图形化的环境配置等），使每个用户都能各自不受干扰地独立工作。

2. Linux 操作系统下的 3 种用户账户

Linux 操作系统中的用户账户分为 3 种：超级账户、普通账户、系统账户。

① 超级账户：也称为管理员账户，通常是 root 账户，是 Linux 操作系统默认的账户，不需要新建。超级账户拥有对整个 Linux 操作系统的管理权限，对系统有绝对的控制权，能够进行一切操作。

② 普通账户：在系统中只能访问它们本身拥有的或者具有权限执行的文件。

③ 系统账户：也称为虚拟账户、伪账户。除了超级账户和管理员新添加的普通账户，系统中还有一些账户，如 bin、sys、adm 等，它们就是系统账户。系统账户一般分为两种：一种是与 Linux 操作系统相关的，另一种是与程序服务相关的。与系统相关的：比如使用 shutdown 关机的时候会调用伪账户的身份。与程序服务相关的：在 Linux 操作系统里面任何一个进程操作都必须有一个用户账户身份，通过调用伪账户，比如安装了 Apache、HTTP 的程序，启动以后也要对应一个用户账户身份。如果用 root 启动这个进程，那么得到的这个进程就相当于窃取到管理员 root 的权限，这样很危险，所以需要添加服务的伪账户，比如 Apache、MySQL，实际上就是这些进程启动之后调用的用户账户身份。

在 Linux 操作系统中，每个用户账户还拥有唯一的标识符，称为用户 ID（User ID，UID），即每个进入系统的用户对应一个用户账户，也对应唯一的 UID。

这 3 种用户账户的 UID 都有特定的范围，一般情况下，具体范围的划分如表 7-1 所示。

表 7-1　不同类别用户账户的 UID 范围

账户类别	说　明
超级账户	UID 为 0
系统账户	UID 为 1～999
普通账户	UID 为 1000～65535

3. 用户账户的配置文件

Linux 操作系统把全部用户账户信息保存为普通的文本文件，如/etc/passwd 文件和/etc/shadow 文件。系统上的大多数用户账户都有权限读取/etc/passwd 文件，但是只有超级账户能够修改，而/etc/shadow 文件对除超级账户外的所有用户都不可读。

（1）/etc/passwd 文件

/etc/passwd 文件是 Linux 安全的关键文件之一。该文件用于用户登录时校验用户的登录名、加密的口令、UID、默认的组账户 ID（Group ID，GID）等，文件的每一行保存一个用户账户的信息。执行 cat 指令可以查看该文件的详细内容，如图 7-2 所示。

```
[root@localhost ~]# cat /etc/passwd
root:x:0:0:root:/root:/bin/bash
bin:x:1:1:bin:/bin:/sbin/nologin
daemon:x:2:2:daemon:/sbin:/sbin/nologin
adm:x:3:4:adm:/var/adm:/sbin/nologin
lp:x:4:7:lp:/var/spool/lpd:/sbin/nologin
sync:x:5:0:sync:/sbin:/bin/sync
shutdown:x:6:0:shutdown:/sbin:/sbin/shutdown
halt:x:7:0:halt:/sbin:/sbin/halt
mail:x:8:12:mail:/var/spool/mail:/sbin/nologin
operator:x:11:0:operator:/root:/sbin/nologin
games:x:12:100:games:/usr/games:/sbin/nologin
ftp:x:14:50:FTP User:/var/ftp:/sbin/nologin
nobody:x:99:99:Nobody:/:/sbin/nologin
```

图 7-2　/etc/passwd 文件信息

/etc/passwd 文件中的每一行代表一个用户账户的基本信息，一行有 7 个字段，每个字段用“:”隔开，其格式如下：

```
用户名:口令:UID:GID:用户描述信息:主目录:默认登录 Shell
```

/etc/passwd 文件各字段的说明如表 7-2 所示。

表 7-2　/etc/passwd 文件各字段的说明

字　段	说　明
用户名	用户登录时使用的用户账户名称
口令	以 X 代替，真正的口令以 MD5 加密方式保存在/etc/shadow 文件中
UID	用户账户标识码，与用户一一对应，不同范围的 UID 表示不同身份的用户
GID	组账户标识码，该数字对应/etc/group 文件中的 GID
用户描述信息	备注信息，一般是用户真实姓名、电话号码、住址等
主目录	用户的家目录或宿主目录
默认登录 Shell	用户登录系统所使用的命令解释器，默认为/bin/bash 类型

主目录：用户登录后，Shell 把该目录作为用户的工作目录。主目录用来存放基本信息，比如环境设置的选项。如果创建用户不指定主目录，就会在/home 下面创建和用户名同名的主目录。

（2）/etc/shadow 文件

由于所有用户账户对/etc/passwd 文件均有读取权限，口令安全性存在隐患。因此，为了增强系统的安全性，Linux 操作系统将用户的口令信息从/etc/passwd 文件中分离出来，将经过加密的口令存放在/etc/shadow 文件中，该文件又称为“影子文件”。

/etc/passwd 文件和/etc/shadow 文件是互补的。“影子”内容包括用户名、被加密的口令，以及其他/etc/passwd 文件不能包括的信息，比如用户的有效期等。执行 cat 指令可以查看该文件的详细内容，如图 7-3 所示。

```
[root@localhost ~]# cat  /etc/shadow
root:$6$rlup6aWD353x0MnT$MYIZjGCs8sBMnOwxCwhd27q7ZpwCt7L2j0LcSm7.crY5dsPlkrBQ8XJumaNo4weVxxfBYBlc5q4xrGBuNDsFl.::0:99999:7:::
bin:*:18353:0:99999:7:::
daemon:*:18353:0:99999:7:::
adm:*:18353:0:99999:7:::
lp:*:18353:0:99999:7:::
sync:*:18353:0:99999:7:::
shutdown:*:18353:0:99999:7:::
halt:*:18353:0:99999:7:::
mail:*:18353:0:99999:7:::
operator:*:18353:0:99999:7:::
games:*:18353:0:99999:7:::
ftp:*:18353:0:99999:7:::
nobody:*:18353:0:99999:7:::
```

图 7-3　/etc/shadow 文件信息

/etc/shadow 文件每一行代表一个用户账户的口令信息。第一个用户账户为 root 账户，包括 9 个字段，每个字段用“:”隔开，其格式如下：

```
用户名:加密口令:最后一次更改口令的日期:两次更改口令最少间隔的天数:两次更改口令最多间隔的天数:口令到期警告天数:账户禁用宽限期:账户被禁用日期:保留字段
```

/etc/shadow 文件各字段的说明如表 7-3 所示。

表 7-3 /etc/shadow 文件各字段的说明

字 段	说 明
用户名	用户登录时使用的用户账户名称
加密口令	加密后的用户口令，"*"表示非登录用户，"!!"或"!"表示没有设置口令或口令被锁定
最后一次更改口令的日期	1970 年 1 月 1 日至最后一次修改口令后过去的天数。若为 0 则强制用户账户下次登录时修改口令
两次更改口令最少间隔的天数	多少天后可以更改口令，如果配置为 0 表示任何时候都可以更改口令
两次更改口令最多间隔的天数	多少天后必须更改口令
口令到期警告天数	口令到期前多少天提醒用户更改口令
账户禁用宽限期	口令到期后多少天锁定用户账户
账户被禁用日期	1970 年 1 月 1 日至账户到期日期之间的天数，若值为空，则永久可用
保留字段	目前为空，以备将来 Linux 开发所用

4．用户账户的管理

用户账户的管理主要涉及用户账户的添加、修改、删除等操作。

（1）添加新的用户账户

添加用户账户就是在系统中创建一个新账户，然后为新账户分配 UID、组账户、主目录和登录的 Shell 等资源。

添加新的用户账户使用 useradd 指令，该指令的格式如下。

```
useradd [选项] 用户名
```

useradd 指令的常用选项如表 7-4 所示。

表 7-4 useradd 指令的常用选项

选 项	说 明
-d 目录	指定用户账户主目录，如果此目录不存在，则由系统自动创建
-u UID	指定用户账户的 UID，它必须是唯一的
-g GID	指定用户账户所属的组账户，该组账户必须已存在
-G GID	指定用户账户所属的附加组账户，多个组账户之间用","分隔
-p 口令	为新用户账户指定登录口令
-s	指定用户账户登录的 Shell，默认为/bin/bash
-m	自动创建用户账户主目录
-M	不创建用户账户主目录

例 1： 新建一个用户账户 user1，指定该账户的 UID 为 1111。

```
[root@localhost ~]#useradd -u 1111 user1
```

例 2： 新建一个用户账户 user2，该账户的登录 Shell 是/bin/bash，它的初始组为 group 组账户，它的附加组是 adm 和 root。

```
[root@localhost ~]#useradd -s /bin/bash -g group -G adm,root  user2
```

例 3：新建一个用户账户 user3，指定该账户的主目录为/var/user3。

```
[root@localhost ~]#useradd -d /var/user3  user3
```

增加用户账户就是在/etc/passwd 文件中为新账户增加一条记录，同时更新其他系统文件，如/etc/shadow、/etc/group 等。

（2）修改用户账户

修改用户账户就是根据实际情况修改用户的相关属性，如用户名、用户账户主目录、组账户、登录的 Shell 等。使用 usermod 指令来修改，该指令的格式如下。

```
usermod  [选项]  用户名
```

usermod 指令的部分常见选项与 useradd 指令的相同。在使用过程中，usermod 指令会参照指令行上指定的部分修改系统账户的相关信息。usermod 不允许改变正在系统中使用的账户。当 usermod 用来改变账户的属性信息时，必须确认该账户没有在系统中执行任何程序。

例 4：将用户账户 user3 的 UID 修改为 1099，初始组为 user2。

```
[root@localhost ~]#usermod  -u 1099 -g user2 user3
```

例 5：将用户账户 user3 的附加组修改为 user2。

```
[root@localhost ~]#usermod -G user2 user3
```

（3）删除用户账户

如果一个用户账户不再使用，就要删除该账户。删除一个已有的账户使用 userdel 指令，该指令的格式如下。

```
userdel  [选项]  用户名
```

常用选项是-r，作用是删除用户账户的同时把该账户的主目录一起删除。

例 6：删除用户账户 user3，同时将该用户账户的主目录一起删除。

```
[root@localhost ~]#userdel -r user3
```

执行该指令时，系统文件 passwd、shadow、group 中的相关记录一起被删除，该用户账户的主目录也被删除。

（4）查看用户账户的相关信息

① 查看用户账户信息。

使用 id 指令查看用户账户信息，主要查看 UID、所属组的 GID 和附加组的信息，该指令的格式如下。

```
id  [用户名]
```

例 7：使用 id user2 指令查看 user2 用户账户的 UID 和 GID 等信息。

```
[root@localhost ~]#id user2
uid=1030(user2) gid=1115(group) 组=1115(group),0(root),4(adm)
```

② 查看用户所在组账户的信息。

使用 groups 指令可以显示每个输入的用户名所在的全部组，如果没有指定用户名，则默认为当前进程用户账户。该指令的格式如下。

```
groups [用户名]
```

例 8：显示用户账户 user2 所在的全部组。

```
[root@ localhost ~]# groups user2
user2 : group root adm
```

③ 查看用户上次登录的时间。

使用 lastlog 指令可以查看用户上次的登录时间，它根据 UID 排序显示用户名、端口、来自及最后登录时间。如果一个用户从未登录过，执行 lastlog 指令将显示"**从未登录过**"。该指令的格式如下。

```
lastlog [选项]
```

lastlog 指令的常用选项如表 7-5 所示。

表 7-5 lastlog 指令的常用选项

选　项	说　明
-b	只显示几天前的用户最后登录记录
-t	只显示最近几天的用户最后登录记录
-u	只显示指定用户的最后登录记录

例 9：使用 lastlog 指令查询所有账户上次登录时间。

```
[root@localhost ~]# lastlog
用户名           端口      来自            最后登录时间
root             pts/0     192.168.104.1  四 3月 16 17:59:16 +0800 2023
bin              pts/3                     五 5月  7 16:38:02 +0800 2021
daemon                                     **从未登录过**
adm                                        **从未登录过**
...
```

（5）设置用户账户口令

出于系统安全考虑，Linux 操作系统中的每一个用户账户除了有用户名外，还有对应的用户口令。用户刚被创建时是没有口令的，也无法登录使用，所以必须为其设定口令才能使用。因此，使用 useradd 指令增加账户时，还需要使用 passwd 指令为每一个新增加的用户账户设置口令。用户以后还可以随时使用 passwd 指令改变口令。passwd 指令的格式如下。

```
passwd [选项] 用户名
```

passwd 指令的常用选项如表 7-6 所示。

表 7-6 passwd 指令的常用选项

选　项	说　明
-l	锁定用户账户
-u	解锁用户账户
-d	使用户账户为空口令
-S	查看用户口令状态

例 10：使用 root 账户登录，修改用户账户 user2 的口令。

```
[root@localhost ~]# passwd user2
更改用户 user2 的口令。
新的 口令：
```

重新输入新的 口令：

`passwd: 所有的身份验证令牌已经成功更新。`

只有超级账户可以使用"passwd [用户名]"修改其他用户的口令，且不需要知道原口令。普通账户只能用不带参数的 passwd 指令修改自己的口令，且需要先正确输入原口令。

（6）锁定用户账户

在用户账户超过使用期限、长期不使用或疑似被盗用等情况下需要临时锁定用户账户，暂时不允许该用户登录。锁定用户账户有两种方法：锁定用户账户和锁定用户账户口令。

微课视频

微课 12　锁定
用户账户

① 锁定用户账户。

将/etc/passwd 文件中的 Shell 域设置成/bin/false 或/sbin/nologin。

/bin/false 是较严格的禁止登录选项，一切服务都不能用。将用户的 Shell 设置为/bin/false，用户会无法登录，并且不会有任何提示。如图 7-4 所示，将用户账户 user2 的 Shell 域设置为/bin/false 后，使用 root 账户也无法切换到 user2 账户。

图 7-4　将用户 user2 的 Shell 域设置为/bin/false

将 Shell 域设置为/sbin/nologin 只是无法登录系统，即使给了口令也不行。所谓"无法登录"指的是仅这个用户账户无法使用 bash 或其他 Shell 来登录系统而已，并不是说这个账户无法使用系统资源。例如，系统账户的 Shell 域都是/sbin/nologin，打印作业由系统账户 lp 管理，WWW 服务器由系统账户 Apache 管理，它们都可以进行系统程序的工作，只是无法登录主机而已。将用户账户 user2 的 Shell 域设置为/sbin/nologin，使用 root 账户也无法切换到 user2 账户，系统会提示"This account is currently not available."，如图 7-5 所示。

图 7-5　将用户 user2 的 Shell 域设置为/sbin/nologin

Shell 域被设置为/bin/false 或/sbin/nologin 的用户账户，只需将 Shell 域改为/bin/bash 即可解锁账户。

② 锁定用户账户口令。

使用指令 passwd -l 或 usermod -L 可以锁定用户账户口令。该指令的格式如下。

`passwd -l 用户名`
`usermod -L 用户名`

这种方式实际上是通过将/etc/shadow 文件中该用户的"口令加密"字段前加"!"或"!!"起到锁定口令的作用。如图 7-6 所示，user1 账户锁定口令后，"口令加密"字段前增加了"!!"，那么即使输入正确口令也无法登录系统，如图 7-7 所示。但是使用 root 账户仍可切换到 user1 账户，如图 7-8 所示。

图 7-6　user1 账户"口令加密"字段前增加了"!!"

图 7-7 user1 账户无法登录系统

图 7-8 root 账户可以切换到 user1 账户

使用指令 passwd -l 或 usermod -L 锁定口令的账户使用 passwd -u 或 usermod -U 可解锁。

7.3.2 Linux 操作系统下的组账户

1. 组账户

组账户，也就是用户组。所谓的"组"是一种逻辑性的单位，其中集合了具有某种相同特征属性的用户，如相同的读取、写入或运行权限。为组账户设置相应的权限，组内的用户就会自动继承这些权限，这种方式可以简化用户管理，提高系统管理员的工作效率。

每个用户账户都至少属于一个组账户，每个组账户也都拥有唯一的标识符，称为 GID。root 组账户是 Linux 操作系统默认生成的超级组账户，其 GID 为 0。每个用户都有一个组账户，默认情况下创建用户，会同时新建与该用户同名的一个组账户，这是该用户的初始组。组账户分为两种：初始组和附加组。

① 初始组：也称为主要组或主分组。每个用户的初始组只能有一个，默认情况下，与用户名同名的组作为该用户的初始组。

② 附加组：用户账户加入的除了初始组外的其他组账户，称为该用户账户的附加组。一个用户账户可以同时加入多个附加组。

2. 组账户的配置文件

组账户的信息保存在/etc/group 文件和/etc/gshadow 文件中。

（1）/etc/group 文件

/etc/group 文件是组账户的配置文件。文件的每一行代表一个组账户的基本信息，包括 4 个字段，每个字段用 ":" 隔开，其格式如下：

组名:组口令:GID:附加组为该组账户的成员列表

其中，最后一个字段所列的成员，仅为附加组，为该组账户的成员，初始组是该组账户的用户账户，不会显示在这里。如图 7-9 所示，查询/etc/passwd 文件中用户账户 postfix 的初始组 GID 是 89，该 GID 对应/etc/group 文件中的 postfix 组账户，但用户账户 postfix 并未显示在 postfix 组账户的第四个字段中，而用户账户 postfix 显示在 mail 组账户的第四个字段中，说明用户账户 postfix 的附加组是 mail 组账户。所以用户账户 postfix 既是 postfix 组账户的成员，又是 mail 组账户的成员。相应地，postfix 组账户和 mail 组账户拥有的权限，用户账户 postfix 都拥有。

图 7-9 用户账户 postfix 所属的初始组及附加组情况

（2）/etc/gshadow 文件

如同用户账户文件的作用，组账户文件也是为了加强组口令的安全性，防止对其施行暴力攻击，而采用的一种将组口令与组的其他信息相分离的安全机制，故引入了相应的组口令影子文件/etc/gshadow。它是/etc/group 的加密文件。/etc/group 与/etc/gshadow 也是互补的两个文件。

/etc/gshadow 文件的每一行代表一个组账户的相关信息，如图 7-10 所示，每一行包括 4 个字段，每个字段用“:”隔开，其格式如下。

```
组名:组口令:组的管理员:附加组为该组的成员列表
```

3. 组账户的管理

与用户账户管理类似，组账户的管理主要涉及组账户的创建、修改、删除等操作。

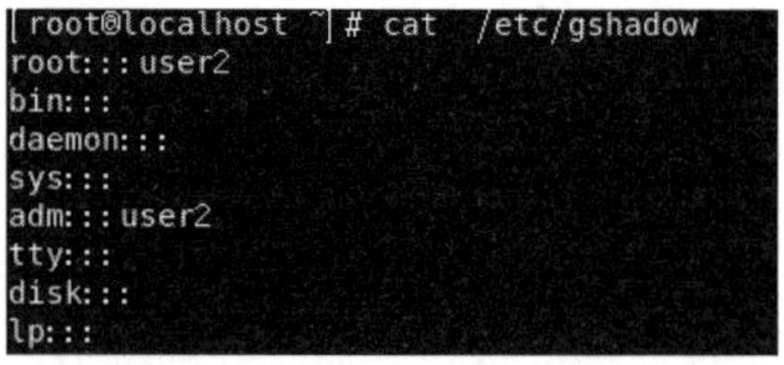

（1）创建组账户

组账户可以在创建用户的同时默认设置，也可以由用户主动添加组账户。使用 groupadd 指令可通过指定组账户名称来建立新的组账户。该指令的格式如下。

图 7-10 /etc/gshadow 文件

```
groupadd  [选项]  组账户
```

groupadd 指令的常用选项如表 7-7 所示。

表 7-7 groupadd 指令的常用选项

选　　项	说　　明
-g GID	指定新建组账户的 GID
-o	一般与-g 选项同时使用，表示新组账户的 GID 能和系统已有的组账户的 GID 相同
-r	建立系统组账户

例 11：新建一个组账户 group1，指定其 GID 为 555。

```
[root@localhost ~]# groupadd  -g  555 group1
```

如果没有指定-g 选项，则新建组的标识号是在当前已有组的最大标识号的基础上加 1。

（2）修改组账户

组账户的属性修改包括对组账户的组名、组 ID、组成员的修改等。

① groupmod 指令用来修改组账户信息，该指令的格式如下。

```
groupmod  [选项]  组账户
```

groupmod 指令的常用选项如表 7-8 所示。

表 7-8 groupmod 指令的常用选项

选　　项	说　　明
-g GID	为组账户指定新的 GID
-o	一般与-g 选项同时使用，表示组账户的 GID 能和系统已有的组账户的 GID 相同
-n	更改组名

例 12：将 group1 组账户的组名更改为 group2，其 GID 保持不变。

```
[root@localhost ~]# groupmod -n group2 group1
```

② groupmems 指令用来管理组账户成员，该指令的格式如下所示：

```
groupmems    [选项]  用户名  组名
```

groupmems 指令的常用选项如表 7-9 所示。

表 7-9　groupmems 指令的常用选项

选　项	说　　明
-a	将某用户添加到指定组账户中
-d	从指定组中删除用户
-p	清除组内的所有用户
-l	列出组内所有成员

例 13：将用户 user2 添加到 group2 组账户内。

```
[root@localhost ~]# groupmems  -a user2 -g group2
```

例 14：从 root 组账户中删除用户 user2。

```
[root@localhost ~]# groupmems -d user2 -g root
```

（3）删除组账户

使用 groupdel 指令可删除一个已存在的组，该指令的格式如下。

```
groupdel   [选项]   组账户
```

使用该指令时必须确认待删除的组账户存在。尤其值得注意的是，如果有任何一个该组的成员用户账户在系统中使用，并且要删除的组为该用户的初始组，则不能移除该组，必须先删除该用户或修改该用户初始组后才能删除该组。

例 15：删除组账户 group2。

```
[root@localhost ~]# groupdel   group2
```

7.3.3　可插入式认证模块

1．可插入式认证模块简介

Linux 操作系统在执行某些程序时，要在执行前对启动它的账户进行认证，符合一定要求之后才允许执行。在 Linux 操作系统中进行身份或状态的认证程序是由 PAM（Pluggable Authentication Module，可插入式认证模块）进行的。例如，使用 su 指令时，系统会提示输入 root 账户的口令，这就是 su 指令通过调用 PAM 实现的。

PAM 是一种认证机制。PAM 通过提供一系列认证模块和统一的 API，将系统提供的服务和该服务的认证方式分开，使系统管理员可以灵活地根据需要给不同的服务配置不同的认证方式而无须更改服务程序，同时便于向系统中添加新的认证方式。

PAM 配置文件有以下两种写法。

一种是写在/etc/pam.conf 文件中，但在 CentOS 6 之后的系统中，已没有这个文件了。

另一种是将 PAM 配置文件放到/etc/pam.d 目录下，其文件中的规则内容都是不包含 service 部分的，即不包含服务名称，而/etc/pam.d 目录下的文件名称就是服务名称，如/etc/pam.d/sshd、/etc/pam.d/su 等，相比于/etc/pam.conf 配置文件，/etc/pam.d 目录下的配置文件中只是少了最左边的服务名列。

/etc/pam.d 目录下各服务的配置文件格式一致。以/etc/pam.d/su 文件为例说明/etc/pam.d

目录下各服务的配置文件的格式，如图 7-11 所示。

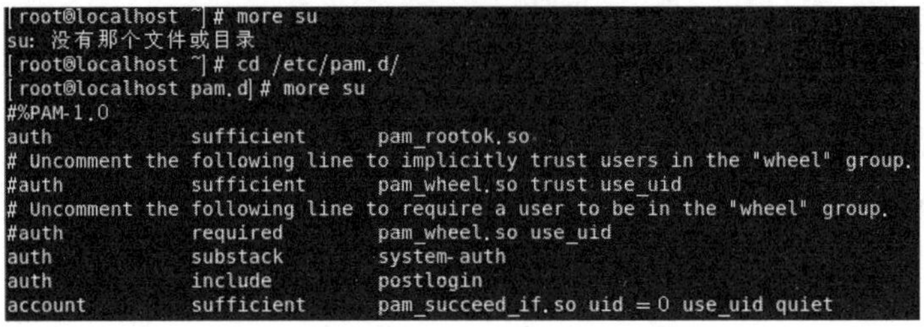

图 7-11　/etc/pam.d/su 文件

从图 7-11 所示的文件内容可以看出，PAM 配置文件分为 4 列：第一列代表模块类型；第二列代表控制标记；第三列代表模块路径；第四列代表模块参数。

第一列，模块类型：PAM 将认证任务分成 4 种组件模块，分别是 account、auth、password 和 session。一个类型可能有多行，它们按顺序依次由 PAM 调用。

① account 组件：账户管理，认证账户的合法性。例如，确认账户是否过期、是否有权限登录系统等。

② auth 组件：认证管理，对用户的身份进行识别。例如，要求验证账户名和口令等。

③ password 组件：口令管理，负责认证机制的更新。例如，修改账户口令。

④ session 组件：会话管理，定义账户登录之前和退出后所要做的操作，实现从账户登录成功到退出的会话控制。例如，登录连接信息、设置用户会话环境等。

上述 4 种组件模块在使用的时候，每行只能指定一种模块类型。如果程序需要多种组件，可在多行中分别予以配置。

第二列，控制标记：PAM 使用控制标记来处理和判断各个模块的返回值。下面说明 4 种简单的控制标记。

① required：表示该行以及所涉及的模块认证成功是通过认证的必要条件，即只有当对应于应用程序的所有带 required 标记的模块全部认证成功后，该程序才能通过认证。如果任何带该标记的模块认证出错，认证仍会继续进行，并在全部模块执行完成之后才返回错误信息。这样做的目的是不让用户知道自己被哪个模块拒绝，通过一种隐蔽的方式来保护系统服务。

② requisite：与 required 相似，所有带 requisite 标记的模块全部认证成功后才能通过认证。不同的是，一旦某个模块返回失败，就不再执行后面的模块，立即返回错误信息，认证过程结束。

③ sufficient：表示该行以及所涉及模块认证成功是用户通过认证的充分条件，即只要标记为 sufficient 的模块一旦认证成功，那么 PAM 便立即向应用程序返回成功结果而不必认证任何其他模块。即便后面使用了 requisite 或者 required 控制标记也是一样的。当标记为 sufficient 的模块认证失败时，当作 optional 标记处理。使用该控制标记务必慎重。

④ optional：表示即便该行所涉及的模块认证失败，也允许账户接受应用程序提供的服务。在 PAM 体系中，带有该标记的模块认证失败后将继续处理下一模块，PAM 会忽略这个模块产生的认证错误。

第三列，模块路径：即要调用模块的位置。如果是 64 位系统，一般保存在/lib64/security，如 pam_unix.so。同一个模块可以出现在不同的类型中，它在不同的类型中所执行的操作都不相同，这是由于每个模块针对不同的模块类型编制了不同的执行函数。

第四列，模块参数：即传递给模块的参数。参数可以有多个，其间用空格分隔开。例如，

password requisite pam_pwquality.so local_users_only retry=3，表示如果口令过期，pam_pwquality.so 模块会要求设置一个新口令，参数 local_users_only 表示忽略不在本地/etc/passwd 文件中的账户，参数 retry=3 表示如果新口令复杂度不满足要求，会再给用户两次机会重新设置口令，即尝试次数共 3 次。

2. 禁止用户随意切换至 root 账户

在 Linux 操作系统中，有一个默认的管理组账户 wheel。在实际生产环境中，即使有系统管理员的权限，也不推荐用 root 账户登录，一般情况下用普通账户登录就可以了。在需要 root 权限执行一些操作时，再使用 su 指令切换到 root 账户。但是，任何人只要知道 root 账户的口令，就都可以通过 su 指令切换到 root 账户，这无疑为系统带来了安全隐患。

为了预防此类安全事件，可以限制只有 wheel 组的用户账户才可以使用 su 指令切换到 root 账户。将普通账户加入 wheel 组账户，然后设置只有 whecl 组的用户账户可以使用 su 指令切换到 root 账户，从而实现禁止用户随意切换到 root 账户的功能。

配置方法为，修改/etc/pam.d/su 文件，去除文件中如下行的注释，即去除行首的"#"。

```
#auth              required          pam_wheel.so use_uid
```

完成修改的/etc/pam.d/su 文件如图 7-12 所示。

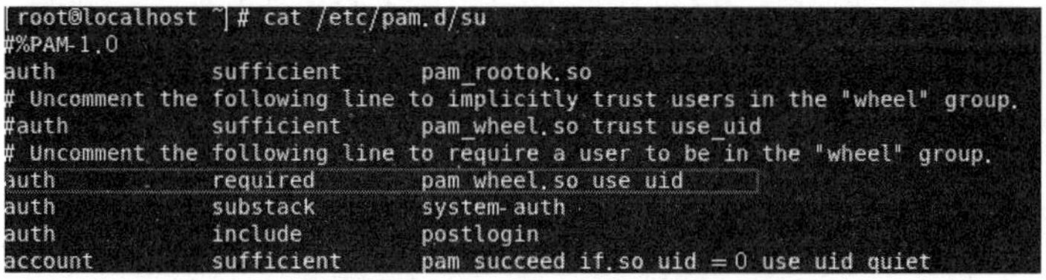

图 7-12　/etc/pam.d/su 文件

将 user2 账户直接切换到 root 账户。此时由于 user2 并没有在 wheel 组账户中，该用户无法使用 su 指令切换到 root 账户，如图 7-13 所示。

将 user2 账户加入 wheel 组账户后，就可以使用 su 指令切换到 root 账户了，如图 7-14 所示。

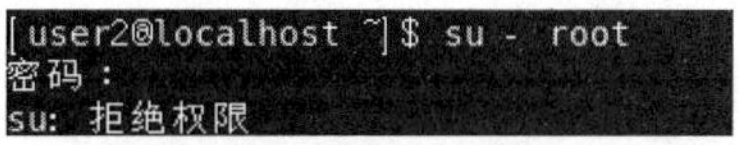

图 7-13　测试用户切换到 root 账户，拒绝登录

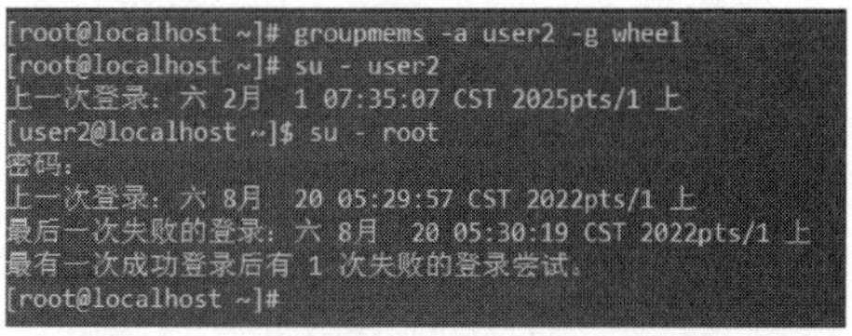

图 7-14　测试切换到 root 账户，成功登录

7.4　项目实施

为了对新部署的 Linux 操作系统服务器实施账户安全配置，接下来需要完成 3 个任务，包括创建用户账户和组账户、管理用户账户和组账户以及禁止普通账户切换到 root 账户。

任务 7-1　创建用户账户和组账户

根据《信息安全技术　网络安全等级保护基本要求》和《电信网和互联网安全防护基线配置要求及检测要求　操作系统》，Linux 操作系统的账户安全配置需要满足："应按照不同的用户分配不同的账户。避免不同用户间共享账户，避免用户账户和设备间通信使用的账户共

135

享。"根据系统要求及用户的业务需求，建立多组账户，将用户账户分配到相应的组账户。"

依据上级审批的授权资料，需要为运维部工程组的员工张三、财务部的员工李四和销售部的 3 名员工分配账户，分别归属于工程组、财务部和销售部这 3 个组账户，并能够登录系统。工程结束后，由运维部员工负责服务器日常维护，需要创建运维部组账户。

1. 创建组账户

① 为 4 个部门创建组账户。分别创建工程组、财务部、销售部和运维部 4 个组账户，指令如下所示。

```
[root@localhost ~]# groupadd projects
[root@localhost ~]# groupadd finance
[root@localhost ~]# groupadd sales
[root@localhost ~]# groupadd operators
```

② 组账户验证。通过查看/etc/group 配置文件，确认创建的组账户，发现 4 个组账户创建成功，指令如下所示。

```
[root@localhost ~]# tail -4 /etc/group
projects:x:1113:
finance:x:1114:
sales:x:1115:
operators:x:1116:
```

2. 创建用户账户

① 分别为运维部工程组张三、财务部李四和销售部的 3 名员工创建用户账户，指令如下所示。

```
[root@localhost ~]# useradd -g projects zhangsan
[root@localhost ~]# useradd -g finance lisi
[root@localhost ~]# useradd -g sales saleU
[root@localhost ~]# useradd -g sales saleO
[root@localhost ~]# useradd -g sales saleD
```

② 验证用户账户的属性和所在组信息。以用户账户 zhangsan 为例，指令如下所示。

```
[root@localhost ~]# id zhangsan
uid=1113(zhangsan) gid=1113(projects) 组=1113(projects)
```

3. 设置口令

① 设置这 5 名员工的用户账户口令。以用户账户 zhangsan 为例，指令如下所示。

```
[root@localhost ~]# passwd zhangsan
更改用户 zhangsan 的口令。
新的 口令:
重新输入新的 口令:
passwd：所有的身份验证令牌已经成功更新。
```

② 验证口令设置。查看配置文件/etc/shadow，确认口令设置完成，指令如下所示。

```
[root@localhost ~]# tail -5 /etc/shadow
zhangsan:$6$wLPTI2M4$Xucq38b75zvweb4d80QrGDVGOY27qrKtHZdSNufum5Ov3vTQKkuS97Yy
M2dGb3u6M9A0U2sfrGDQjToeav6yE1:19219:0:99999:7:::
lisi:$6$FIwg5vCa$Xx3s6tZIxQ.6qPW1NlbvrZmdCt.93hDsLW8V69Ga6r8aoBX9wvMMcxiYs8sb
```

spCu8XRv9kj9oAS6tvpDBUqV21:19219:0:99999:7:::
saleU:6qOnaktcS$QBiy1KGhhgve23XpO6wKMnE.TRgSJdkUCeW8dTED5K77KYEBakMCIxqab5Q
sifu5jfUZZ3wpXpolki0Ekca97.:19219:0:99999:7:::
saleO:6KfLanGIT$pyj4yp4.pMMtXzULvpuyXBrBbCkq5QCN.4HGmpYGO/aN7JiFhtpEDaHlCtF
QO0htdx2wGrQlXvAJ/IVW9o3yw0:19219:0:99999:7:::
saleD:6LN/UXNCr$.11McBoVRr.2RQ6uMLioYkMQNsdlMp2FPNHMwJZf9ZTu7qHcdVDxdc76vO2
.MnOkoZqqUNKcqtfQKgFK85eu/0:19219:0:99999:7:::

③ 验证登录情况。由李四账户切换到张三账户，使用对应的口令登录，指令如下所示。

```
[lisi@localhost ~]$ su - zhangsan
口令:
上一次登录: 二 8 月 16 05:46:13 CST 2022pts/0 上
[zhangsan@localhost ~]$
```

张三用户成功登录。

任务 7-2　管理用户账户和组账户

根据《信息安全技术　网络安全等级保护基本要求》和《电信网和互联网安全防护基线配置要求及检测要求　操作系统》，Linux 操作系统的账户安全配置需要满足："应删除或锁定与设备运行、维护等工作无关的账户，删除过期账户。"因财务部的员工李四离职，需删除他的账户 lisi；工程结束后，需要将工程组的账户归属到运维部组账户下，并删除工程组组账户；在账户检查过程中，发现销售部一个用户账户已超过半年未登录系统，需要进行锁定。

1．删除用户账户

① 因财务部的员工李四离职，需删除他的账户 lisi 并同时删除对应的主目录。在删除之前查看该账户的相关信息，以便后期查看主目录是否删除，指令如下所示。

```
[root@localhost ~]# tail /etc/passwd |grep lisi
lisi:x:1114:1114::/home/lisi:/bin/bash
```

删除 lisi 账户和其主目录，指令如下所示。

```
[root@localhost ~]# userdel -r lisi
```

② 由 root 账户切换到 lisi 账户，验证该账户是否存在，指令如下所示。

```
[root@localhost ~]# su - lisi
su: user lisi does not exist
```

查看 lisi 账户主目录是否删除，指令如下所示。

```
[root@localhost home]# ls
saleD saleO saleU user1 user2 zhangsan zwj
```

用户账户 lisi 的主目录/home/lisi 已不存在，账户删除成功。

2．修改用户账户归属

① 工程结束后，需要将工程组张三的用户账户归属到运维部，修改张三的组账户，指令如下所示。

```
[root@localhost ~]# usermod -g operators zhangsan
```

② 查看张三的账户的属性和所在组的信息，发现张三的初始组已经修改为运维部operators，指令如下所示。

```
[root@localhost ~]# id zhangsan
```

```
uid=1113(zhangsan) gid=1116(operators) 组=1116(operators)
```

3. 删除组账户

① 删除工程组组账户，指令如下所示。

```
[root@localhost ~]# groupdel projects
```

② 使用/etc/group 配置文件，查看工程组组账户是否删除，指令如下所示。

```
[root@localhost ~]# cat /etc/group |grep projects
[root@localhost ~]#
```

工程组组账户 projects 已不存在。

4. 锁定账户

① 使用 lastlog 指令查看账户最后一次登录的信息，指令如下所示。

```
[root@localhost ~]# lastlog
用户名            端口      来自        最后登录时间
root            pts/0                 二 8月 16 06:15:23 +0800 2022
bin                                   **从未登录过**
daemon                                **从未登录过**
adm                                   **从未登录过**
...
saleD           pts/0                 二 2月 16 06:15:14 +0800 2022
```

用户账户 saleD 已超过半年未登录系统，需要进行锁定。

② 使用 passwd 指令锁定 saleD 账户的口令，指令如下所示。

```
[root@localhost ~]# passwd -l saleD
锁定用户 saleD 的口令。
passwd: 操作成功
```

在/etc/shadow 文件中查看账户 saleD 口令锁定情况，指令如下所示。

```
[root@localhost ~]# tail -1/etc/shadow
saleD:!!$6$LN/UXNCr$.11McBoVRr.2RQ6uMLioYkMQNsdlMp2FPNHMwJZf9ZTu7qHcdVDxdc76v
O2.MnOkoZqqUNKcqtfQKgFK85eu/0:19222:0:99999:7:::
```

saleD 账户的第二个字段加密口令的前面有 "!!"，表示口令被锁定。

③ 使用 usermod 指令锁定 saleD 账户，指令如下所示。

```
[root@localhost ~]# usermod -s /sbin/nologin saleD
```

在/etc/passwd 文件中查看 saleD 账户锁定情况，指令如下所示。

```
[root@localhost ~]# grep saleD/etc/passwd
saleD:x:1117:1115::/home/saleD:/etc/nologin
```

当账户的 Shell 为/etc/nologin 时，该账户被锁定，不能登录。使用 root 账户也无法切换到 saleD 账户，如图 7-15 所示。

图 7-15 root 账户无法切换到 saleD 账户

任务 7-3 禁止普通账户切换到 root 账户

根据《信息安全技术 网络安全等级保护基本要求》和《电信网和互联网安全防护基线

配置要求及检测要求　操作系统》，以及 Linux 操作系统的账户安全配置要求，使用 PAM 禁止任何人通过 su 指令切换到 root 账户，需要禁止普通账户切换到 root 账户。因运维部张三是系统管理员，经上级审批允许其切换到 root 账户。

① 使用 PAM 禁止任何账户切换到 root 账户。

修改/etc/pam.d/su 配置文件，去除文件中如下注释：

```
#auth            required        pam_wheel.so use_uid
```

完成修改的/etc/pam.d/su 文件如图 7-12 所示。

② 使用普通账户 zhangsan 登录系统，使用 su 指令切换到 root 账户进行测试，指令如下所示。

```
[zhangsan@localhost ~]$ su - root
口令：

su: 拒绝权限
```

普通账户 zhangsan 不能切换到 root 账户。

③ 经上级审批允许张三切换到 root 账户，使用 groupmems 指令将该账户加入 wheel 组账户，指令如下所示。

```
[root@localhost ~]# groupmems -a zhangsan -g wheel
```

查看 zhangsan 账户的属性和所在组的信息，指令如下所示。

```
[root@localhost ~]# id zhangsan
uid=1113(zhangsan) gid=1116(operators) 组=1116(operators),10(wheel)
```

该账户的附加组有 wheel 组账户，表明该账户已加入 wheel 组账户。这时再使用普通账户 zhangsan 登录系统，使用 su 指令切换到 root 账户进行测试，指令如下所示。

```
[zhangsan@localhost ~]$ su - root
口令：
上一次登录：五 8 月 19 06:25:04 CST 2022pts/0 上
最后一次失败的登录：五 8 月 19 06:29:00 CST 2022pts/0 上
最后一次成功登录后有 1 次失败的登录尝试。
```

那么，用户账户 zhangsan 可以使用 su 指令切换到 root 账户。

7.5　项目小结

本项目介绍了 Linux 操作系统安全的第一个维度——操作系统的账户安全。本项目依次讲解了 Linux 操作系统的账户安全管理的 3 个方面，包括 Linux 操作系统账户、组账户和可插入式认证模块遵循的相关理论知识和实际项目实施。

通过对本项目的介绍，希望读者能够构建 Linux 操作系统的账户安全管理的基本架构以及遵循的理论依据和原则，在实践中能够准确为系统进行用户账户管理和组账户管理，进而从账户安全的维度确保操作系统的安全。

7.6　实践拓展

根据本项目所学内容，创建需要使用服务器的其他用户账户，并划分到相应的组账户中，需满足以下要求。

① 为财务部两名员工创建用户账户，即 finU 和 finO，并归属到 finance 组账户。

② 工程结束后，运维部另外两名员工也要负责服务器的日常维护。需要为运维部这两名员工创建用户账户，分别为 OperU 和 OperO，并将其加入组账户 operators 中。

③ 根据/etc/group 文件和/etc/passwd 文件，说出 sales 组账户都有哪些成员。

/etc/group 文件中的相关组账户配置如下。

```
finance:x:1114:manager
sales:x:1115: manager
operators:x:1116: manager
```

/etc/passwd 文件中的相关账户配置如下。

```
zhangsan:x:1113:1116::/home/zhangsan:/bin/bash
saleU:x:1115:1115::/home/saleU:/bin/bash
saleO:x:1116:1115::/home/saleO:/bin/bash
saleD:x:1117:1115::/home/saleD:/bin/bash
finU:x:1118:1114::/home/finU:/bin/bash
finO:x:1119:1114::/home/finO:/bin/bash
OperU:x:1120:1116::/home/OperU:/bin/bash
OperO:x:1121:1116::/home/OperO:/bin/bash
manager:x:1122:1122::/home/OperO:/bin/bash
```

7.7 素养拓展

2022 年 11 月，国务院新闻办公室发布的《携手构建网络空间命运共同体》白皮书中提出构建网络空间命运共同体重要理念。

倡导构建更加紧密的网络空间命运共同体的中国主张包括：坚持尊重网络主权；维护网络空间和平、安全、稳定；营造开放、公平、公正、非歧视的数字发展环境；加强关键信息基础设施保护国际合作；维护互联网基础资源管理体系安全稳定；合作打击网络犯罪和网络恐怖主义；促进数据安全治理和开发利用；构建更加公正合理的网络空间治理体系；共建网上美好精神家园；坚持互联网的发展成果惠及全人类。

7.8 项目习题

1. （多选题）Linux 账户分为（   ）。
   A. 超级账户   B. 系统账户
   C. 来宾账户   D. 普通账户

2. （单选题）Linux 操作系统中添加新账户的指令是（   ）。
   A. useradd   B. usermod
   C. groupadd   D. groupmod

3. （多选题）以下（   ）是 Linux 操作系统账户配置文件。
   A. /etc/passwd   B. /etc/shadow
   C. /etc/group   D. /etc/gshadow

项目 ⑧ Linux 操作系统的口令安全管理

口令安全管理是 Linux 操作系统安全管理的第二个维度。本项目通过对 Linux 操作系统服务器实施口令安全管理达到以下目标。

知识目标

- 掌握 Linux 操作系统口令复杂度策略；
- 掌握操作系统口令老化及参数管理与控制；
- 掌握 Linux 操作系统口令屏蔽知识；
- 了解 GNU GRUB 保护机制。

技能目标

- 能够按要求设置 Linux 操作系统口令复杂度；
- 能够设置口令老化时间；
- 能够按要求设置 Linux 操作系统口令锁定策略；
- 能够设置重复口令限制；
- 能够启用口令屏蔽功能；
- 能够使用口令保护 GRUB。

素质目标

- 培养道德准则和行为规范；
- 具有责任感，树立技术卫国的抱负；
- 具备安全意识、信息素养和工匠精神。

8.1　项目概述及分析

某企业新部署了一台装有 Linux 操作系统的服务器，系统管理员已按照人员担任的不同角色分配了账户，根据信息安全技术网络安全等级保护的要求以及系统防护的需要，还要对该服务器实施口令安全配置的任务。

根据《信息安全技术 网络安全等级保护基本要求》和《电信网和互联网安全防护基线配置要求及检测要求 操作系统》，Linux 操作系统的口令安全配置需符合如下要求。

① 对于采用静态口令认证技术的设备，口令长度至少为 8 位，并包括数字、小写字母、大写字母和特殊符号 4 类中的至少 3 类。

② 对于采用静态口令认证技术的设备，账户口令的生存期一般不长于 90 天，最长不超过 180 天。

③ 应具有登录失败处理功能，限制非法登录次数等相关措施。

④ 修改默认账户的默认口令。

为了确保新部署的服务器符合《信息安全技术 网络安全等级保护基本要求》和《电信网和互联网安全防护基线配置要求及检测要求 操作系统》，并结合 Linux 操作系统的安全架构及组件，可以利用 pam_pwquality 模块设置来满足要求①，通过设置/etc/login.defs 配置文件以及运用相关指令修改影子文件来满足要求②和要求④，通过 PAM 相关模块设置来满足要求③。

为了降低口令被破解的风险，还应通过 PAM 相关模块限制重复口令的使用，并启用口令屏蔽功能来保护口令的安全。

而当前在 x86 架构的机器中，Linux、BSD（伯克利软件套件）或其他 UNIX 类的操作系统中常用 GRUB 作为多操作系统引导器，GRUB 为维护人员提供了便利，同时给攻击者留下了突破口。因此，为了全面提高该服务器的安全，还应该对 GRUB 实施口令保护。

综上所述，为了完成对新部署的 Linux 服务器的口令安全加固，需要完成以下任务。

任务一：设置口令复杂度策略。

任务二：设置口令其他策略。

任务三：启用口令屏蔽功能。

任务四：设置口令保护 GRUB。

接下来，在实验环境中实施以上任务来掌握实际生产中需要的技能。在实施任务前，需要清楚实验环境并进行相关的知识准备。

8.2 实验环境

在实验中，利用一台装有 CentOS 7 的虚拟机来模拟企业新部署的 Linux 操作系统的服务器，实验环境拓扑如图 8-1 所示。客户端即安装虚拟机的物理主机，客户端安装的操作系统为 Windows 10，虚拟服务器是在物理主机的 VMware 虚拟环境中安装的虚拟机，操作系统为 CentOS 7，客户端与虚拟服务器的网络是互通的。通过对虚拟机进行口令管理的安全加固，掌握实际生产中所需要的 Linux 操作系统的口令安全管理配置的相关技能。

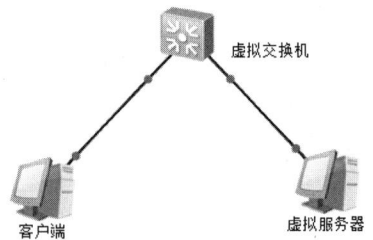

图 8-1 实验环境拓扑

8.3 知识准备

在实施任务前，需要掌握 Linux 操作系统口令复杂度策略的控制与管理、Linux 操作系统口令其他策略的控制与管理、口令屏蔽和 GNU GRUB 保护的相关知识。

8.3.1　Linux 操作系统口令复杂度策略的控制与管理

CentOS 7/RHEL 7 使用 pam_pwquality 模块进行口令复杂度策略的控制和管理。pam_pwquality 替换了原来 CentOS 6/RHEL 6 中的 pam_cracklib 模块，并向后兼容。可通过 man pam_pwquality 和 man pam_cracklib 指令查看帮助手册来进一步了解 Linux 口令复杂度策略的处理逻辑，如图 8-2 和图 8-3 所示。

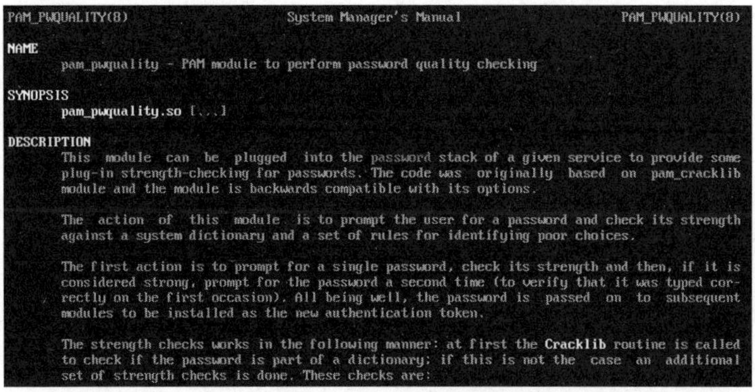

```
PAM_PWQUALITY(8)                System Manager's Manual                PAM_PWQUALITY(8)

NAME
       pam_pwquality - PAM module to perform password quality checking

SYNOPSIS
       pam_pwquality.so [...]

DESCRIPTION
       This module can be plugged into the password stack of a given service to provide some
       plug-in strength-checking for passwords. The code was originally based on pam_cracklib
       module and the module is backwards compatible with its options.

       The action of this module is to prompt the user for a password and check its strength
       against a system dictionary and a set of rules for identifying poor choices.

       The first action is to prompt for a single password, check its strength and then, if it is
       considered strong, prompt for the password a second time (to verify that it was typed cor-
       rectly on the first occasion). All being well, the password is passed on to subsequent
       modules to be installed as the new authentication token.

       The strength checks works in the following manner: at first the Cracklib routine is called
       to check if the password is part of a dictionary; if this is not the case an additional
       set of strength checks is done. These checks are:
```

图 8-2　pam_pwquality 帮助手册

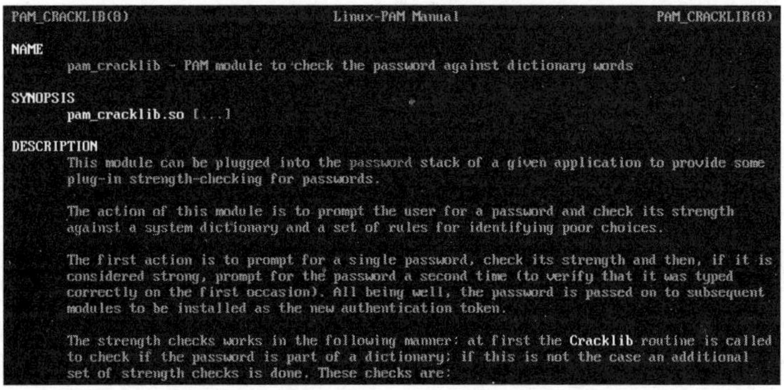

```
PAM_CRACKLIB(8)                 Linux-PAM Manual                PAM_CRACKLIB(8)

NAME
       pam_cracklib - PAM module to check the password against dictionary words

SYNOPSIS
       pam_cracklib.so [...]

DESCRIPTION
       This module can be plugged into the password stack of a given application to provide some
       plug-in strength-checking for passwords.

       The action of this module is to prompt the user for a password and check its strength
       against a system dictionary and a set of rules for identifying poor choices.

       The first action is to prompt for a single password, check its strength and then, if it is
       considered strong, prompt for the password a second time (to verify that it was typed
       correctly on the first occasion). All being well, the password is passed on to subsequent
       modules to be installed as the new authentication token.

       The strength checks works in the following manner: at first the Cracklib routine is called
       to check if the password is part of a dictionary; if this is not the case an additional
       set of strength checks is done. These checks are:
```

图 8-3　pam_cracklib 帮助手册

pam_pwquality 模块的口令复杂度配置文件是/etc/security/pwquality.conf，通过修改/etc/security/pwquality.conf 配置文件可以定义口令复杂度规则。

修改 pwquality.conf 配置文件有如下两种方法。

方法一：直接修改/etc/security/pwquality.conf 配置文件。

方法二：使用 authconfig 指令修改。

使用这两种方法修改后的结果最终均会体现在/etc/security/pwquality.conf 配置文件中。

1．/etc/security/pwquality.conf 配置文件

/etc/security/pwquality.conf 配置文件中对各参数的含义描述已非常清楚，下面以“**注释**”形式对配置文件中的参数作用进行简单的介绍。

```
# Number of characters in the new password that must not be present in the
# old password.
# difok = 5      **设置新口令时不能出现旧口令中的字符数**
#
# Minimum acceptable size for the new password (plus one if
```

```
# credits are not disabled which is the default). (See pam_cracklib manual.)
# Cannot be set to lower value than 6.
# minlen = 9          ** minlen 新口令被允许的最小长度，设置的值一般应为最小长度+1**
#
# The maximum credit for having digits in the new password. If less than 0
# it is the minimum number of digits in the new password.
# dcredit = 1          ** dcredit 新口令包含数字字符的最大数目，若值小于 0，则该值表示新口令
包含数字字符的最小数目。例如，dcredit = 1，表示新口令最多包含 1 个数字字符；dcredit = -1，
表示新口令最少包含 1 个数字字符**
#
# The maximum credit for having uppercase characters in the new password.
# If less than 0 it is the minimum number of uppercase characters in the new
# password.
# ucredit = 1          ** ucredit 新口令包含大写字母的最大数目，若该值小于 0，则该值表示新口
令包含大写字母的最小数目**
#
# The maximum credit for having lowercase characters in the new password.
# If less than 0 it is the minimum number of lowercase characters in the new
# password.
# lcredit = 1          ** lcredit 新口令包含小写字母的最大数目，若该值小于 0，则该值表示新
口令包含小写字母的最小数目**


#
# The maximum credit for having other characters in the new password.
# If less than 0 it is the minimum number of other characters in the new
# password.
# ocredit = 1          ** ocredit 新口令包含特殊字符的最大数目，若该值小于 0，则该值表示新口
令包含特殊字符的最小数目**


#
# The minimum number of required classes of characters for the new
# password (digits, uppercase, lowercase, others).
# minclass = 0          ** minclass 新口令至少包含的字符种类数目（字符种类包括大写字母、小写
字母、数字、特殊字符）**
#
# The maximum number of allowed consecutive same characters in the new password.
# The check is disabled if the value is 0.
# maxrepeat = 0          ** maxrepeat 新口令允许使用的最大连续相同字符数。若该值为 0，则没有限
制**
#
# The maximum number of allowed consecutive characters of the same class in the
# new password.
# The check is disabled if the value is 0.
# maxclassrepeat = 0    ** maxclassrepeat 新口令设置同一类的允许连续字符的最大数目。若该
值为 0，则没有限制**
```

```
#
# Whether to check for the words from the passwd entry GECOS string of the user.
# The check is enabled if the value is not 0.
# gecoscheck = 0            **检查来自用户 passwd 条目的 GECOS 字段是否包含在新口令中。若该值
为 0，则没有限制**
#
# Path to the cracklib dictionaries. Default is to use the cracklib default.
# dictpath =                **口令字典路径，默认使用 cracklib 口令字典**
```

从 pwquality.conf 配置文件可以看出，Linux 操作系统支持比 Windows 操作系统更灵活的口令复杂度策略。知道各参数的含义后，就可以根据口令复杂度需求来设置口令复杂度策略。例如，要求新口令中连续相同字符最多可重复 2 个，则可设置 maxrepeat = 2。如果在配置文件原位置修改，需要去掉前面的注释符号"#"，那么在设置新口令时，如果含有连续 3 个以上相同字符，将会提示"口令中连续相同字符重复超过了 2 个"，而导致新口令设置失败，需要重新设置，如图 8-4 所示。

```
Changing password for user ttt.
Changing password for ttt.
(current) UNIX password:
New password:
BAD PASSWORD: The password contains more than 2 same characters consecutively
New password:
```

图 8-4　"口令中连续相同字符重复超过了 2 个"提示

2．authconfig 指令

authconfig 指令的格式如下。

```
authconfig
    [options]       {--update|--updateall|--test|--probe|--restorebackup
<name>|--savebackup <name>|--restorelastbackup}
```

authconfig 指令的功能非常丰富，下面仅介绍口令相关的 options。

--passminlen=<number>：新口令长度的最小值。

--passminclass=<number>：新口令中包含的字符类型数的最小值。

--passmaxrepeat=<number>：新口令中允许重复的相同字符的最大数目。

--passmaxclassrepeat=<number>：新口令中允许重复的同一类型字符的最大数目。

--enablereqlower：新口令中至少需要一个小写字母。

--enablerequpper：新口令中至少需要一个大写字母。

--enablereqdigit：新口令中至少需要一个数字。

--enablereqother：新口令中至少需要一个特殊字符。

--update：应用更改并更新配置文件。

--update 选项需要使用 root 账户的权限。

指令执行完成后，/etc/security/pwquality.conf 配置文件中的相关参数值会依据指令更新并保存。

例如，如果设定口令必须不小于 9 位且每个字符最多重复 3 次，必须包含小写字母，则使用的指令如下。

```
[root@localhost ~]# authconfig --passminlen=9 --passmaxrepeat=3 --enablereqlower
--update
```

使用上述指令后，配置文件的最后增加了"minlen""maxrepeat""lcredit"等相关参数设置，如图 8-5 所示。

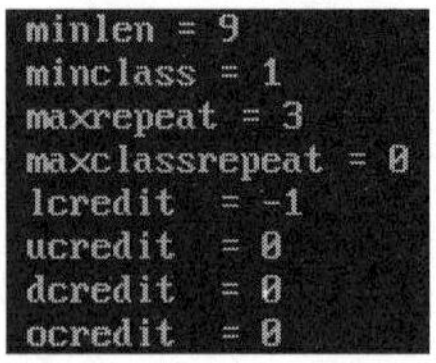

```
minlen = 9
minclass = 1
maxrepeat = 3
maxclassrepeat = 0
lcredit = -1
ucredit = 0
dcredit = 0
ocredit = 0
```

图 8-5　authconfig 指令更新的 pwquality.conf 配置文件相关参数

8.3.2　Linux 操作系统口令其他策略的控制与管理

除口令复杂度策略外，口令策略还包括口令老化策略、口令锁定策略和重复口令限制策略等。Linux 操作系统中均有相应的模块进行控制，可以通过修改配置文件或使用指令进行设置。

1．口令老化策略

口令老化是指过了预先设定的时间后，用户会被提示设置一个新口令。/etc/login.defs 配置文件可以设置新创建账户的老化时间，使用 chage 指令可以为现有账户设置口令老化时间（口令最长使用时间）。

（1）/etc/login.defs 配置文件

/etc/login.defs 配置文件用于在创建用户时对用户的一些基本属性进行默认设置，如指定 UID 和 GID 的范围、账户口令的老化时间、口令的最大长度等。下面节选配置文件中口令老化相关参数的默认配置，通过"**注释**"的形式进行介绍。

```
# Password aging controls:
#
#       PASS_MAX_DAYS   Maximum number of days a password may be used.
#       PASS_MIN_DAYS   Minimum number of days allowed between password changes.
#       PASS_MIN_LEN    Minimum acceptable password length.
#       PASS_WARN_AGE   Number of days warning given before a password expires.
#
PASS_MAX_DAYS   99999   **口令老化时间，即口令最长使用天数，若为 99999，可理解为口令始终
有效**

PASS_MIN_DAYS   0       **口令再次修改时间最小间隔，即口令最短使用天数**

PASS_MIN_LEN    5       **口令的最小长度，现已被 PAM 取代，此项不生效**

PASS_WARN_AGE   7       **口令到期前多少天开始提示用户**
```

例如，需要设置账户的口令策略为：口令老化时间为 90 天，口令再次修改时间最少间隔 1 天，口令到期前 3 天开始提示用户。/etc/login.defs 配置文件相关参数的设置如图 8-6 所示。

```
PASS_MAX_DAYS   90
PASS_MIN_DAYS   1
PASS_MIN_LEN    5
PASS_WARN_AGE   3
```

通过/etc/login.defs 配置文件设置的口令老化参数仅对新创建的账户有效。如图 8-7 所示，/etc/shadow 文件中"zhangsan"为已创建账户，其第 4～6 个字段口令老化相关参数依然是默认的配置，"pwage"为新创建账户，相关参数已为按图 8-6 所示新配置的值。

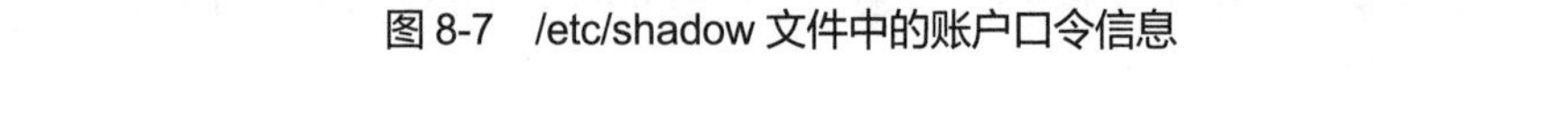

图 8-6　/etc/login.defs 配置文件口令老化参数设置

```
zhangsan:$6$xD1C7PIS$7esQp6w0COAnjs2ggNM66iglAuF0GfFkmZkV6ZLNZB8o4yu6iYpTeDfwRdzHPwJOIuJhH/cUKAt8cH1
YnHaPE/:19216:0:99999:7:::
pwage:$6$Vo1uLNQp$LkAA3ntjC3KV.08T6RcjNoz6CxANcsRliElWBcnpUm0xRGhPNjr.UnJL1W.ECvW1Rz5X5tBIRyOXEN1.41
1.c.:19217:1:90:3:::
```

图 8-7　/etc/shadow 文件中的账户口令信息

（2）chage 指令

chage 指令可以为现有账户设置口令老化时间等参数。

chage 指令的格式如下。

```
chage [options] user
```

options 的介绍如下。

-d 日期：last_day，最后一次更改口令的日期，格式为 YYYY-MM-DD，即/etc/shadow 文件中的第 3 个字段。若设置为 0，则会强制账户下次登录时修改口令。

-m 天数：min_days，再次修改口令的最少间隔天数。为 0 时代表任何时候都可以更改口令，它是/etc/shadow 文件中的第 4 个字段。

-M 天数：max_days，口令最长使用天数，即/etc/shadow 文件中的第 5 个字段。

-W 天数：warn_days，口令到期前多少天开始提示用户，即/etc/shadow 文件中的第 6 个字段。

-I 天数：inactive，口令到期后账户锁定前的停滞宽限天数，即/etc/shadow 文件中的第 7 个字段。

-E 日期：expire_date，口令到期的日期，格式为 YYYY-MM-DD，即/etc/shadow 文件中的第 8 个字段。

-l：显示账户口令老化等信息。

必须有 shadow 文件才能使用 chage 指令。除-l 选项外，chage 指令只能由 root 账户使用。-l 选项可用于非特权用户确定它们的口令或账号何时过期。

例如，为图 8-7 中现有账户 zhangsan 设置口令策略为：口令老化时间为 90 天，口令再次修改最少间隔 1 天，口令到期前 3 天开始提示用户，口令到期时间为 2022 年 12 月 31 日，下次登录前需要更改口令。使用指令如下。

```
[root@localhost ~]# chage -M 90 -m 1 -W 3 -E 2022-12-31 -d 0 zhangsan
```

执行完指令后，/etc/shadow 文件中账户 zhangsan 的第 3～8 个字段已更新为 chage 指令设置的值，如图 8-8 所示。

```
zhangsan:$6$×D1C7PIS$7esQp6w8COAnjs2ggNM66ig1AuF0GfFkmZkV62LNZB8o4yu6iYpTeDfwRdzHPwJOIuJhH/cUKAt8cH1
YnHaPE/:0:1:90:3::19357:
```

图 8-8　/etc/shadow 文件中的 zhangsan 账户口令信息

2. 口令锁定策略

pam_tally2 是登录计数模块，该模块记录登录失败次数，可以在登录成功后清零登录失败次数，也可以在多次登录失败后锁定账户。pam_tally2 分为两个部分：pam_tally2.so 和 pam_tally2。前者是 PAM 里面的一个模块，后者是一个独立的程序，是可选的应用程序，用于访问和维护计数器文件，可以显示计数、设置计数或清除所有计数。

微课视频

通过为 PAM 的相关文件配置 pam_tally2.so，可以限定用户的登录失败次数。如果次数达到设置的阈值，则锁定用户，即使口令正确也无法登录。通过 pam_tally2 指令可查看登录失败次数和解除账户锁定。

微课 13　口令锁定策略

（1）设置锁定策略

在 PAM 的/etc/pam.d/login 或/etc/pam.d/system-auth 配置文件中进行相应设置，可限制用户从 tty 登录；在/etc/pam.d/sshd 文件中进行相应设置，可限制用户远程通过 SSH 登录。PAM 各服务的配置文件格式都是相同的，所以这 3 个文件都是在#%PAM-1.0 的下面（即第二行）添加内容。例如，当口令输入错误达到 5 次，就锁定账户 300s；如果 root 账户口令输入错误达到 5 次，锁定 600s，则添加如下内容：

```
auth          required          pam_tally2.so deny=5 onerr=fail unlock_time=300
even_deny_root  root_unlock_time=600
```

各参数解释如下。

deny 设置普通账户和 root 账户连续登录失败次数的最大值，超过后则锁定该账户。

onerr=fail 表示当出现错误时的默认返回值。

unlock_time 表示设定普通账户锁定后，经过多少时间后解锁，单位是秒。

even_deny_root 代表也限制 root 账户。

root_unlock_time 表示设定 root 账户锁定后，经过多少时间后解锁，单位是秒。

注意：所加内容一定要写在整个配置文件的前面。如果写在后面，虽然账户被锁定，但是只要输入正确的口令，还是可以登录的。

（2）查看登录失败次数和解除锁定

使用 pam_tally2 指令可以查看账户登录失败次数和重置登录失败次数的计数以解锁账户。

pam_tally2 指令的格式如下。

```
pam_tally2 [--file/path/to/counter] [--user username] [--reset[=n]] [--quiet]
```

各选项解释如下。

--file：指定计数文件的路径，默认在/var/log/tallylog。

--user：查询指定用户的信息。

--reset：重置计数。

--quiet：不返回信息。

例 1：查看 zhangsan 账户登录失败次数。

```
[root@localhost ~]# pam_tally2 --user zhangsan
Login          Failures Latest failure     From
zhangsan       8    08/14/22 08:35:47  192.168.104.1
```

例 2：查看所有账户登录失败信息。

```
[root@localhost ~]# pam_tally2 --user
Login          Failures Latest failure     From
Mary        4    08/11/22 11:19:52  tty1
Bob         6    06/12/21 09:33:31  192.168.104.199
test          3    08/14/22 07:32:40  192.168.104.1
zhangsan      8    08/14/22 08:35:47  192.168.104.1
```

例 3：将 zhangsan 账户登录失败次数的计数清零并查看。

```
[root@localhost ~] # pam_tally2 --user zhangsan --reset
Login          Failures Latest failure     From
zhangsan       8    08/14/22 08:35:47  192.168.104.1
[root@localhost ~]# pam_tally2 --user zhangsan
Login          Failures Latest failure     From
zhangsan       0
```

例 4：重置 zhangsan 账户登录失败次数的计数为 6 并查看。

```
[root@localhost ~]# pam_tally2 --user zhangsan --reset=6
Login          Failures Latest failure     From
zhangsan       0
```

```
[root@localhost ~]# pam_tally2 --user zhangsan
Login          Failures Latest failure    From
zhangsan       6
```

可以通过重置账户的登录失败次数达到锁定的阈值以达到锁定账户的目的。

3. 重复口令限制策略

通过修改 PAM 的/etc/pam.d/system-auth 配置文件，可以设置重复口令的使用。

大概在/etc/pam.d/system-auth 文件的第 15 行，调用 pam_unix.so 的 password 组件模块行，在该行的最后添加参数 remember=n，表示新口令不能与过去口令重复的次数。例如，remember=3 代表新口令不能与过去 3 次的相同。

```
password       sufficient     pam_unix.so sha512 shadow nullok try_first_pass
use_authtok remember=3
```

8.3.3　口令屏蔽

管理账户的两个文件是/etc/passwd 和/etc/shadow，这两个文件的权限是不同的。/etc/passwd 是所有用户具有可读权限，超级账户还有写的权限，而/etc/shadow 文件是仅超级账户有可读权限。

口令屏蔽功能通过把口令散列值保存在/etc/shadow 文件中，使系统免遭攻击者攻击。因为该文件只能被 root 账户读取，所以网络中的攻击者只能通过远程暴力破解口令。这类攻击相比直接破译口令的散列值要慢很多，并且会留下明显的踪迹，系统日志会记录失败的登录尝试，并会结合锁定策略锁定账户。

如果没有开启口令屏蔽功能，所有的口令就会作为单向散列值被保存在全局可读的/etc/passwd 文件中，这使系统非常容易受到离线口令破译攻击。攻击者通过普通账户方式登录计算机，把/etc/passwd 文件复制到自己的计算机上，就可以运行破解程序来破解口令。

Linux 操作系统口令屏蔽的方式有消息摘要算法 5（Message Digest Algorithm 5，MD5）和数据加密标准（Data Encryption Standard，DES）两种。为了保障安全性，建议采用 MD5口令。DES 提供了普通的 56 位级别的加密，但把口令限定为 8 位字母或数字，且不允许使用标点符号和其他特殊字符。

8.3.4　GNU GRUB 保护

GNU GRUB（GRand Unified Bootloader）是一个来自 GNU 项目的多操作系统启动程序，后文简称 GRUB。GRUB 允许用户可以在计算机内同时拥有多个操作系统，并在计算机启动时选择希望运行的操作系统。GRUB 可用于选择操作系统分区上的不同内核，也可用于向这些内核传递启动参数。大多数 Linux 发行版使用 GRUB 2 作为引导加载程序。

通过 GRUB 可以进入单用户模式。在单用户模式下，用户可以在不输入口令的情况下使用 root 账户。通过 GRUB 还可以进入 GRUB 窗口。在 GRUB 窗口，可以使用 GRUB 编辑界面来改变机器的配置或使用 cat 指令来收集信息。那么，保护 GRUB 就可以控制用户进入单用户模式、进入 GRUB 窗口。

8.4　项目实施

为了对新部署的 Linux 操作系统服务器实施口令安全配置，接下来需要完成 4 个任务，包括设置口令复杂度策略、设置口令其他策略、启用口令屏蔽功能和设置口令保护 GRUB。

任务 8-1　设置口令复杂度策略

根据《信息安全技术　网络安全等级保护基本要求》和《电信网和互联网安全防护基线配置要求及检测要求　操作系统》，Linux 操作系统的口令安全配置要求新部署的服务器满足："对于采用静态口令认证技术的设备，口令长度至少为 8 位，并包括数字、小写字母、大写字母和特殊符号 4 类中的至少 3 类。"

1. 设置口令复杂度参数

可以采用两种方法设置。

方法一：直接修改/etc/security/pwquality.conf 配置文件。

编辑/etc/security/pwquality.conf 配置文件，在文件的末尾增加如下参数：

```
minlen=9
minclass=3
```

然后，保存并退出。

方法二：使用 authconfig 指令修改。

```
[root@localhost ~]# authconfig --passminlen=9 --update
[root@localhost ~]# authconfig --passminclass=3 --update
```

2. 验证

用普通账户登录，输入 passwd 指令进行口令修改，先后设置口令长度小于 8 位及长度满足要求但字符种类数小于 3 的口令，确认是否设置失败，查看相应提示，如图 8-9 所示。

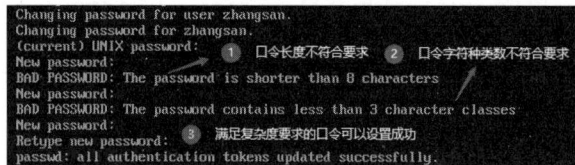

图 8-9　口令复杂度策略验证

任务 8-2　设置口令其他策略

根据《信息安全技术　网络安全等级保护基本要求》和《电信网和互联网安全防护基线配置要求及检测要求　操作系统》，Linux 操作系统的口令安全配置要求满足："对于采用静态口令认证技术的设备，账户口令的生存期一般不大于 90 天，最长不超过 180 天。""应具有登录失败处理功能，限制非法登录次数等相关措施。""修改默认账户的默认口令。"结合企业的实际情况对新部署的服务器其他口令策略设置如下。

① 口令老化时间不长于 90 天并强制用户修改默认口令。

② 普通账户连续 3 次登录失败锁定 2 分钟，root 账户连续 3 次登录失败锁定 5 分钟。

③ 新口令不能与过去 5 次的相同。

1. 设置口令老化时间并强制修改口令

（1）修改/etc/login.defs 配置文件设置新创建账户的口令老化时间

修改/etc/login.defs 文件中的 PASS_MAX_DAYS 参数为 90，如图 8-10 所示。

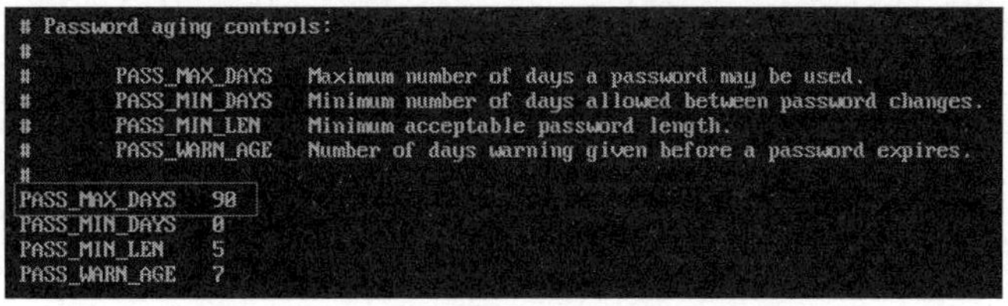

图 8-10　设置口令老化时间

（2）使用 chage 指令设置已有账户口令老化时间并强制修改口令

使用 chage 指令设置所有已经创建的用户账户，将选项-M 设置为 90 限制口令老化时间为 90 天，将选项-d 设置为 0 强制用户下次登录时必须修改口令。

```
[root@localhost ~]# chage -M 90 -d 0 zhangsan
[root@localhost ~]# chage -M 90 -d 0 saleU
[root@localhost ~]# chage -M 90 -d 0 saleO
[root@localhost ~]# chage -M 90 -d 0 saleD
[root@localhost ~]# chage -M 90 -d 0 finU
[root@localhost ~]# chage -M 90 -d 0 finO
[root@localhost ~]# chage -M 90 -d 0 operU
[root@localhost ~]# chage -M 90 -d 0 operO
```

（3）验证

在/etc/shadow 中确认所有可登录系统的账户的口令老化时间均为 90 天，且第三个字段置为 0 强制用户下次登录时修改口令，如图 8-11 所示。

图 8-11　/etc/shadow 文件确认

2.　设置口令锁定策略

（1）限制用户从 tty 登录

在/etc/pam.d/login 或/etc/pam.d/system-auth 文件的#%PAM-1.0 的下面，即未注释内容的首行，添加如下内容：

```
auth        required              pam_tally2.so deny=3 onerr=fail unlock_time=120
even_deny_root  root_unlock_time=300
```

注：所加内容一定要写在前面。如果写在后面，虽然账户被锁定，但是只要用户输入正确的口令，还是可以登录的。

完成修改的/etc/pam.d/system-auth 文件如图 8-12 所示。

使用 finO 账户从 tty 登录验证，如图 8-13 所示，连续 3 次输入错误口令后，即使输入正确的口令也不能登录系统。

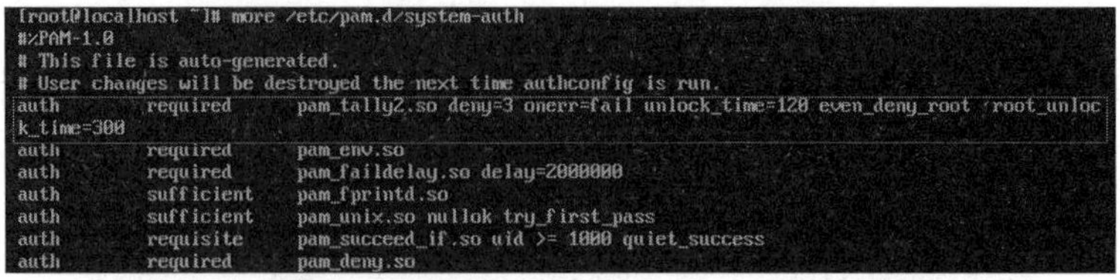

```
[root@localhost ~]# more /etc/pam.d/system-auth
#%PAM-1.0
# This file is auto-generated.
# User changes will be destroyed the next time authconfig is run.
auth        required      pam_tally2.so deny=3 onerr=fail unlock_time=120 even_deny_root root_unloc
k_time=300
auth        required      pam_env.so
auth        required      pam_faildelay.so delay=2000000
auth        sufficient    pam_fprintd.so
auth        sufficient    pam_unix.so nullok try_first_pass
auth        requisite     pam_succeed_if.so uid >= 1000 quiet_success
auth        required      pam_deny.so
```

图 8-12　/etc/pam.d/system-auth 文件设置口令锁定策略

（2）限制账户远程通过 SSH 登录

在/etc/pam.d/sshd 文件的#%PAM-1.0 的下面，添加同样的配置内容，同样一定要写在前面。如果写在后面，虽然账户被锁定，但是只要用户输入正确的口令，还是可以登录的。

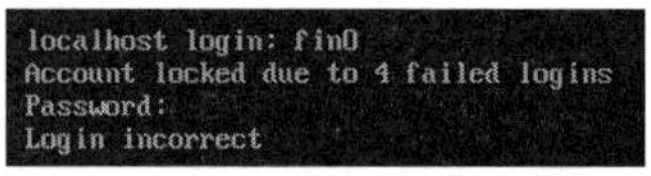

```
localhost login: fin0
Account locked due to 4 failed logins
Password:
Login incorrect
```

图 8-13　从 tty 登录的账户被锁定

```
auth      required            pam_tally2.so deny=3 onerr=fail unlock_time=120
even_deny_root  root_unlock_time=300
```

修改完成的/etc/pam.d/sshd 文件如图 8-14 所示。

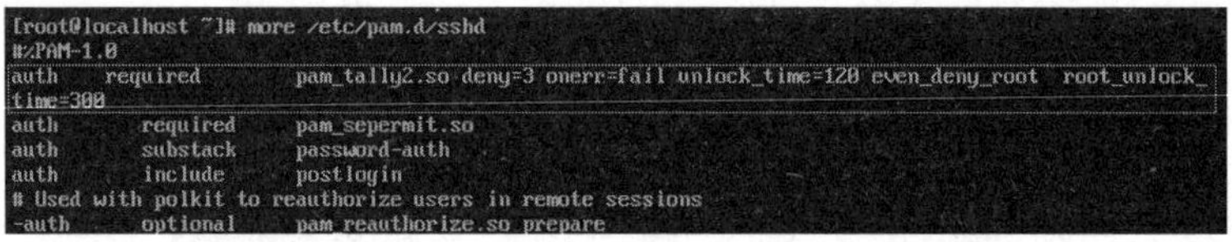

```
[root@localhost ~]# more /etc/pam.d/sshd
#%PAM-1.0
auth    required        pam_tally2.so deny=3 onerr=fail unlock_time=120 even_deny_root  root_unlock_
time=300
auth       required     pam_sepermit.so
auth       substack     password-auth
auth       include      postlogin
# Used with polkit to reauthorize users in remote sessions
-auth      optional     pam_reauthorize.so prepare
```

图 8-14　/etc/pam.d/sshd 文件设置口令锁定策略

使用 saleO 账户从 SSH 登录验证，如图 8-15 所示，连续 3 次输入错误口令后，即使输入正确的口令也不能登录系统。

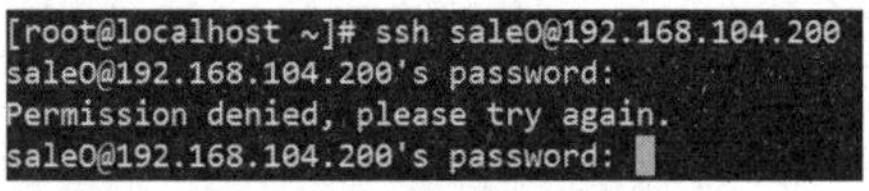

```
[root@localhost ~]# ssh sale0@192.168.104.200
sale0@192.168.104.200's password:
Permission denied, please try again.
sale0@192.168.104.200's password:
```

图 8-15　从 SSH 登录的账户被锁定

（3）查看账户登录失败次数及重置登录失败计数

使用指令 pam_tally2 查看账户登录失败次数：

```
[root@localhost ~]# pam_tally2 --user
Login           Failures Latest failure     From
saleO               13    08/16/22 08:31:17  192.168.104.200
finO                 6   08/16/22 08:19:28  tty1
```

清零登录失败次数，使账户解除锁定：

```
[root@localhost ~]# pam_tally2 --user finO --reset
Login           Failures Latest failure     From
finO                 6   08/16/22 08:19:28  tty1
[root@localhost ~]# pam_tally2 --user saleO --reset
Login           Failures Latest failure     From
saleO               13    08/16/22 08:31:17  192.168.104.200
[root@localhost ~]# pam_tally2 --user
[root@localhost ~]#
```

再次尝试使用 finO、saleO 账户登录，可以成功登录。

3. 设置重复口令限制策略

（1）修改/etc/pam.d/system-auth 文件设置重复口令限制策略

大概在/etc/pam.d/system-auth 文件的第 15 行，调用 pam_unix.so 的 password 组件模块行，在该行的最后添加参数 remember=5，代表新口令不能与过去 5 次的相同。

```
password        sufficient        pam_unix.so sha512 shadow nullok try_first_pass
use_authtok remember=5
```

完成修改的/etc/pam.d/system-auth 文件如图 8-16 所示。

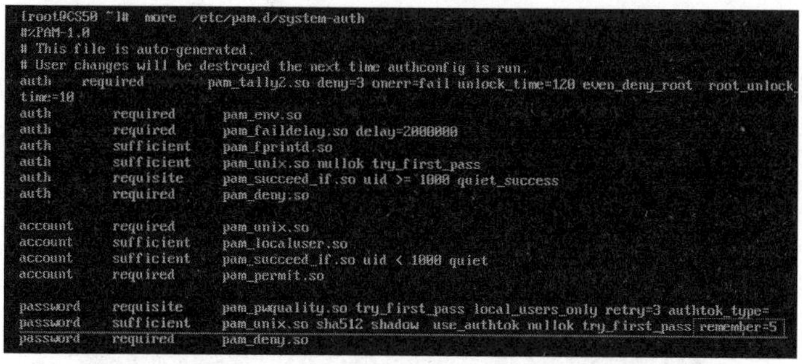

图 8-16　/etc/pam.d/system-auth 文件设置重复口令限制策略

（2）验证

使用账户 operO 重置口令验证，当设置的新口令与过去设置过的 5 个口令有相同的时，会提示"新口令与旧口令相同"或"口令已使用过，请选择其他口令"，导致口令设置失败，如图 8-17 和图 8-18 所示。

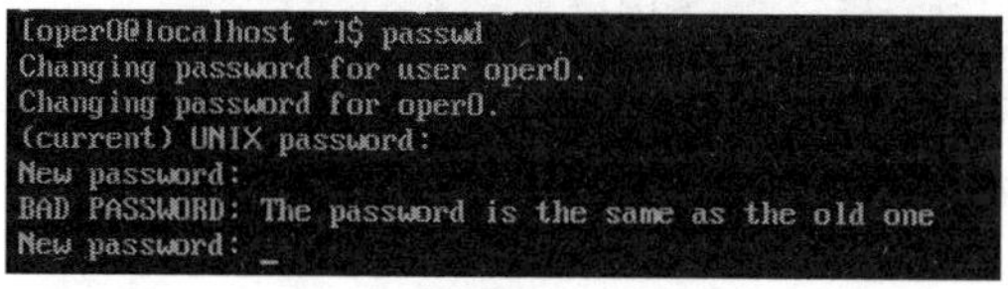

图 8-17　"新口令与旧口令相同"错误提示 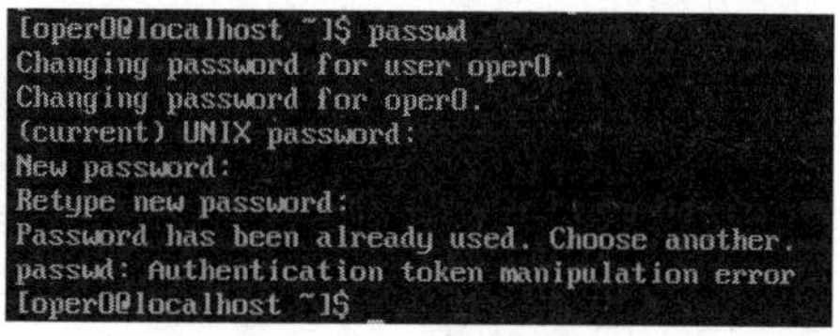　　图 8-18　"口令已使用过，请选择其他口令"错误提示

任务 8-3　启用口令屏蔽功能

为了降低口令被破解的风险，应启用口令屏蔽功能来保护口令的安全。CentOS 7 默认已开启口令屏蔽，口令屏蔽对于 Linux 操作系统的口令安全非常重要，必须开启。在旧版本的Linux 操作系统中，有可能没有默认开启口令屏蔽，作为系统管理员需要知道如何开启口令屏蔽，开启口令屏蔽后系统发生什么变化。

1. 确认开启口令屏蔽

查看/etc/passwd 文件，口令字段用 "x" 填充，不记录口令，如图 8-19所示。

查看/etc/shadow 文件，口令字段记录口令的密文，如图 8-20 所示。

图 8-19　口令字段用 "x" 填充

微课视频

微课 14　启用口令屏蔽功能

```
operU:$6$j3n49daR$tfLTbWb4gTgCSadnlvQ/G.Z.uOCZ8yEeckJiGzFt4WxZzpbho59hPCvsE.fAP7kj7nCPpJJgS16gTvlIPy
hLN0:0:0:90:7:::
oper0:$6$v3a4BYr4$BpE8wr.jGSmqOr0a2vNyBb6V93rvod8457m2MBHXW3z9QCyFUAVts2ZfyyEouKfuboZQ8mK7DxCkPuo9aEX
cJ50:19220:0:90:7:::
```

图 8-20　口令字段记录口令的密文

/etc/passwd 和/etc/shadow 两个文件的权限不同。/etc/passwd 文件是所有用户均具有可读权限，超级账户还有写的权限，而/etc/shadow 文件是仅超级账户有可读权限，如图 8-21 所示。

```
[root@localhost ~]# ls -lrt /etc/passwd
-rw-r--r--. 1 root root 1841 Aug 16 07:33 /etc/passwd
[root@localhost ~]# ls -lrt /etc/shadow
----------. 1 root root 1898 Aug 16 11:53 /etc/shadow
```

图 8-21　/etc/passwd 和/etc/shadow 权限不同

2. 关闭口令屏蔽

设置关闭口令屏蔽，使用指令 pwunconv：

```
[root@localhost ~]# pwunconv
```

/etc/passwd 仍然存在，仍是所有账户有可读权限，超级账户有写权限，而/etc/shadow 文件不存在，如图 8-22 所示。

```
[root@localhost ~]# ls -lrt /etc/passwd
-rw-r--r--. 1 root root 3875 Aug 16 13:31 /etc/passwd
[root@localhost ~]# ls -lrt /etc/shadow
ls: cannot access /etc/shadow: No such file or directory
```

图 8-22　/etc/shadow 不存在

查看/etc/passwd 文件的内容，口令字段记录了用户口令的密文。普通账户即可查看口令密文，包括 root 账户的口令密文，这存在极高的风险。图 8-23 所示为使用 zhangsan 账户查看/etc/passwd 文件的内容。

```
[zhangsan@localhost ~]$ more /etc/passwd
root:$6$aC33TnCG$c83oubX9nXGh9EtOg3g8/qRP6ZAlqnXIxkGCvr328eJukk7Nroz1Fmz1rlHHC80Zp3KuxP2iw1Uht.1Ts4XfG.:0:0:root:
/root:/bin/bash
bin:*:1:1:bin:/bin:/sbin/nologin
```

图 8-23　使用普通账户查看/etc/passwd 文件的内容

3. 启用口令屏蔽

启用口令屏蔽，使用指令 pwconv：

```
[root@localhost ~]# pwconv
```

确认口令屏蔽已开启，/etc/shadow 文件又存在了，且口令密文记录在/etc/shadow 文件中，如图 8-24 所示。

```
[root@CS50 ~]# ls -lrt /etc/passwd
-rw-r--r--. 1 root root 2068 Aug 16 14:13 /etc/passwd
[root@CS50 ~]# ls -lrt /etc/shadow
----------. 1 root root 2837 Aug 16 16:04 /etc/shadow
[root@CS50 ~]# more /etc/passwd |grep root
root:x:0:0:root:/root:/bin/bash
[root@CS50 ~]# more /etc/shadow |grep root
root:$6$vwOgw.x8$ueUHj5EZq4z.juFLSwhE8p59HJgPn/AVBZFJYK/I3.XIk9hBnQ9Mhh5dNlgz11ylW2XcfOrSRtL/ENraahvw
Hc/:19220:0:90:7:::
[root@CS50 ~]#
```

图 8-24　确认口令屏蔽已开启

任务 8-4　设置口令保护 GRUB

通过 GRUB 可以进入单用户模式，在单用户模式下，用户可以在不输入口令的情况下成为 root 账户，从而绕过操作系统安全防护的第二个维度——口令防护，所以应该对 GRUB 实施口令保护。作为系统管理员，也需要知道不设置口令保护 GRUB 的隐患。

1. 测试不设置口令保护 GRUB 的隐患

① 启动系统，进入系统启动界面，如图 8-25 所示。

图 8-25　系统启动界面

② 在系统启动界面按"E"键，进入启动文件界面，如图 8-26 所示。

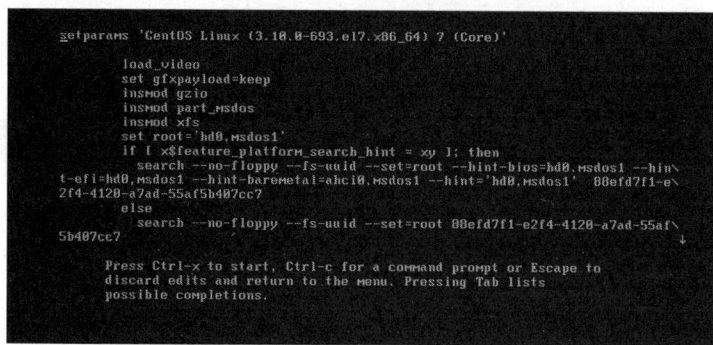

图 8-26　启动文件界面

③ 在启动文件界面按"↓"键，到底部找到"linux16"这一行，将"ro"改为"rw"，并在这一行的末尾加上"init = /bin/sh"，如图 8-27 所示。修改后的结果如图 8-28 所示。

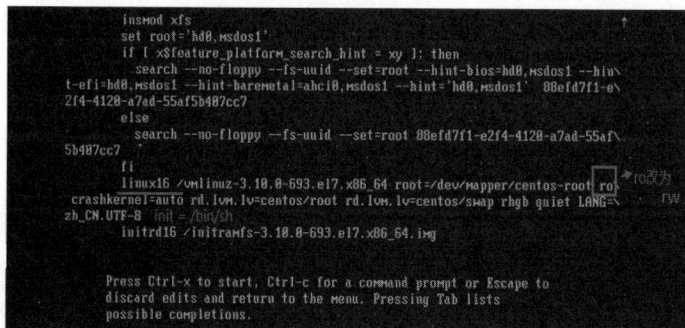

图 8-27　启动文件界面的"linux16"行

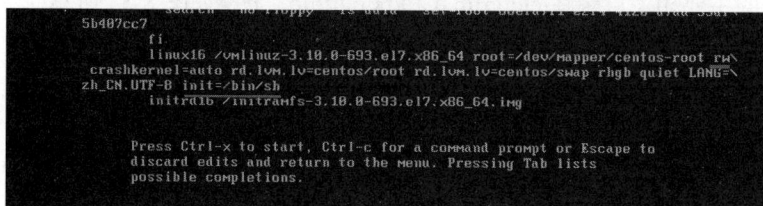

图 8-28　启动文件界面的"linux16"行修改后的结果

④ 启动文件界面修改完成后，按 "Ctrl+X" 键，进入单用户模式，如图 8-29 所示。

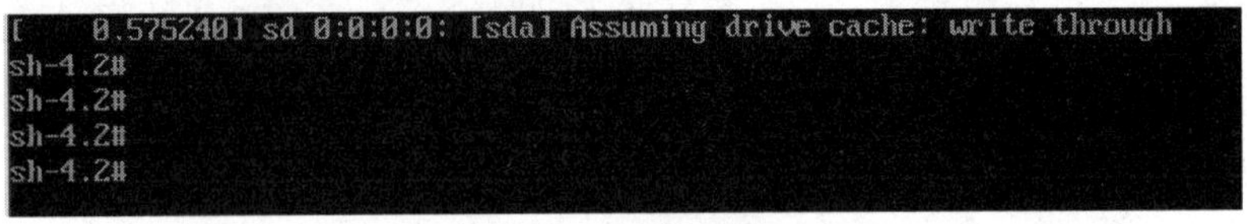

图 8-29　单用户模式

⑤ 在单用户模式下，输入 passwd，重置 root 口令，如图 8-30 所示。

图 8-30　单用户模式下重置 root 口令

⑥ 依次输入 touch /.autorelabel 指令创建 autorelabel 文件，输入 exec /sbin/init 指令，重新启动系统，如图 8-31 所示。

图 8-31　单用户模式下输入 touch/.autorelabel 和 exec /sbin/init 指令

⑦ 重启系统后，使用单用户模式下设置的 root 口令可登录系统，如图 8-32 所示。这样，在无须任何阻碍的情况下就获得了整个系统的控制权。

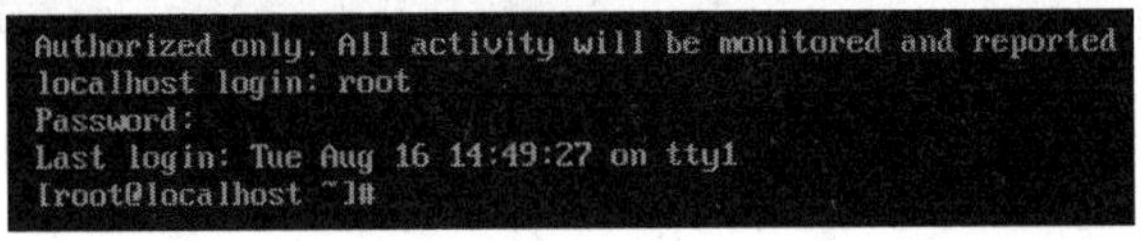

图 8-32　使用单用户模式下设置的 root 口令登录系统

通过上述操作可以知道，系统存在被攻击者修改 root 口令及获取 root 账户权限的严重风险隐患，所以需要设置口令保护 GRUB。

2. 设置口令

① 通过 grub2-setpassword 指令设置 GRUB 口令：

```
[root@localhost ~]# grub2-setpassword
Enter password:
Confirm password:
[root@localhost ~]#
```

② 确认 GRUB 口令设置成功。

GRUB 2 的主要相关目录在/etc/grub.d 和/boot/grub2 下，如图 8-33 所示。

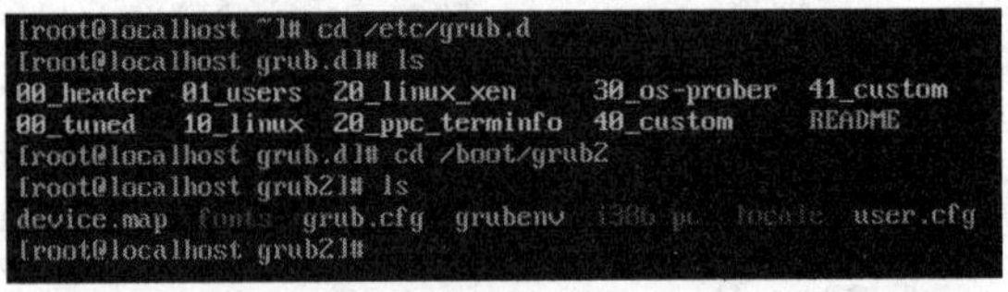

图 8-33　/etc/grub.d 和/boot/grub2 目录下的文件

GRUB 口令设置完成后，在/boot/grub2 下会生成 user.cfg 配置文件，查看/boot/grub2/user.cfg，内容为 GRUB 口令密文，如图 8-34 所示。

```
[root@localhost ~]# more /boot/grub2/user.cfg
GRUB2_PASSWORD=grub.pbkdf2.sha512.10000.E49B41123E435403A8EFC6CEA319B521205243B21E26F9AA2A170CFD0FD9
95AE76C7482555F24384FAF8F509C90550473EC752DBCEBB264CF9C419BBE9965E7E.A72B021039C553AAC13535B03DF3018
4354AAF61050893170C28CC9D1E73788F7EDD8B0B68912B5B8EF8BA2723BFC0EBC9D5D13DF0E608E3502D55229421F737
```

图 8-34 user.cfg 保存的 GRUB 口令密文

③ 通过/boot/grub2/grub.cfg 文件，搜索 01_users 关键字，可以查看 GRUB 登录账户名，如图 8-35 所示，账户名为 root。如果需要变更 GRUB 登录账户名，将 superusers 的值 root 和 password_pbkdf2 后面的 root 更改为相应的账户名即可。

```
### BEGIN /etc/grub.d/01_users ###
if [ -f ${prefix}/user.cfg ]; then
  source ${prefix}/user.cfg
  if [ -n "${GRUB2_PASSWORD}" ]; then
    set superusers="root"
    export superusers
    password_pbkdf2 root ${GRUB2_PASSWORD}
  fi
fi
### END /etc/grub.d/01_users ###
```

图 8-35 通过/boot/grub2/grub.cfg 文件查看 GRUB 登录账户名

3. 验证

重新启动系统，按照第 1 点，在系统启动界面按“E”键，进入启动文件界面时，需要输入 GRUB 登录账户名和口令，如图 8-36 所示。GRUB 登录账户名就是在/boot/grub2/grub.cfg 中查看到的 GRUB 登录账户名，口令为通过 grub2-setpassword 指令设置的 GRUB 口令，输入账户名和口令后进入启动文件界面。

```
Enter username:
_
```

图 8-36 设置口令保护 GRUB 后需要输入账户名和口令进入启动文件界面

若想要删除口令，直接删除/boot/grub2/user.cfg 文件即可。

8.5 项目小结

本项目介绍了 Linux 操作系统安全的第二个维度——操作系统的口令安全。从知识准备和项目实施两个角度，本项目依次讲解了 Linux 操作系统口令安全管理的 4 个方面，包括 Linux 操作系统口令的复杂度策略和其他策略、口令屏蔽和 GRUB 保护的相关理论知识和实际项目实施。

通过对本项目的介绍，希望读者能够构建 Linux 操作系统口令管理的基本架构以及遵循的理论依据和原则，在实践中能够准确为系统配置口令策略，从而从口令的维度确保操作系统的安全。

8.6 实践拓展

根据本项目所学内容，尝试完成以下实践拓展。

① 如果要求口令的复杂度策略为长度至少 10 位，必须包括数字、小写字母、大写字母和特殊符号，且口令中同类字符连续数量不能超过 3 个，将如何设置？如何验证设置有效？

② 如果要求账户口令老化时间最长不超过 90 天便必须修改口令，在口令过期前 7 天提示口令即将过期，并要求口令修改后至少间隔 1 天才能再次修改口令，将如何设置？验证

/etc/shadow 相关字段，确认设置有效。

③ 如果要求用户账户连续 3 次登录失败，就锁定该用户账户，且仅锁定普通账户，将如何设置？如何验证设置有效？

④ 将 GRUB 口令保护的登录账户名修改为 zhangsan，应如何修改？

8.7 素养拓展

《信息安全技术 网络安全等级保护基本要求》是 2019 年 12 月 1 日我国实施的一项国家标准，是网络安全等级保护相关系列标准之一。该标准规定了网络安全等级保护的第一级到第四级等级保护对象的安全通用要求和安全扩展要求，适用于指导分等级的非涉密对象的安全建设和监督管理。

8.8 项目习题

1．（单选题）/etc/shadow 文件内容为

```
test:$6$v3a4BYr4$BpE8wrjGSmqOr0a2vNyBb6V93rvod8457m2MBHXW3z9QCyFUAVts2ZfyyEou
KfuboZQ8mK7DxCkPuo9aEXcJ50:19220:5:90:7:10::
```

下列说法错误的是（　　）。

    A．口令最长有效期限为 90 天　　　　　B．口令修改之间的最小天数为 5 天

    C．口令过期后宽限天数为 10 天　　　　　D．口令生效 7 天后通知用户

2．（单选题）为现有账户设置口令老化时间的指令为（　　）。

    A．authconfig　　　　　　　　　　　B．chage

    C．pam_tally2 --user　　　　　　　　D．systemctl

3．（单选题）Linux 操作系统中限制用户通过 SSH 远程登录次数需要修改的文件为（　　）。

    A．/etc/pam.d/login　　　　　　　　　B．/etc/pam.d/system-auth

    C．/etc/pam.d/sshd　　　　　　　　　　D．/etc/security/pwquality.conf

4．（判断题）通过修改/etc/login.defs 文件中的 PASS_MAX_DAYS 参数即可对所有口令的老化时间进行修改。（　　）

项目 ⑨ Linux 操作系统的授权安全管理

授权安全管理是 Linux 操作系统安全的第三个维度。本项目通过对 Linux 操作系统服务器实施授权安全管理达到以下目标。

知识目标

- 掌握 Linux 文件安全模型；
- 掌握 Linux 文件权限的屏蔽。

技能目标

- 能够根据需要为资源配置最小权限；
- 能够屏蔽新文件或目录不应有的访问权限。

素质目标

- 培养国家安全观、国家情怀；
- 培养社会责任感；
- 培养严谨的科学素养和工匠精神。

9.1 项目概述及分析

某企业新部署了一台 Linux 操作系统的服务器，系统管理员已按照人员担任的不同角色分配了账户，并设置了口令安全策略，根据信息安全技术网络安全等级保护的要求以及系统防护的需要，要对该服务器实施授权安全配置。

根据《信息安全技术 网络安全等级保护基本要求》和《电信网和互联网安全防护基线配置要求及检测要求 操作系统》，Linux 操作系统的授权安全配置需符合如下要求。

① 在设备权限配置能力内，根据用户的业务需要，配置其所需的最小权限。

② 控制用户默认访问权限，当在创建新文件或目录时应屏蔽新文件或目录不应有的访问允许权限。防止同属于该组的其他用户及其他组的用户修改该用户的文件或更高限制。

　　为了确保新部署的服务器符合《信息安全技术　网络安全等级保护基本要求》和《电信网和互联网安全防护基线配置要求及检测要求　操作系统》，并结合 Linux 操作系统的安全架构及组件，可以通过文件权限管理来满足要求①，通过设置 umask 满足要求②。

　　综上所述，为了完成对新部署的 Linux 服务器的授权安全加固，需要完成以下任务。

　　任务一：文件权限配置。

　　任务二：屏蔽新建文件不应有的权限。

　　接下来，在实验环境中实施以上任务来掌握实际生产中所需要的技能。在实施任务前，需要清楚实验环境并进行相关的知识准备。

9.2　实验环境

　　在实验中，利用一台装有 CentOS 7 的虚拟机来模拟企业新部署的 Linux 操作系统的服务器，实验环境拓扑如图 9-1 所示。客户端即安装虚拟机的物理主机，客户端安装的操作系统为 Windows 10，虚拟服务器是在物理主机的 VMware 虚拟环境中安装的虚拟机，操作系统为 CentOS 7，客户端与虚拟服务器的网络是互通的。通过对虚拟机进行授权管理的安全加固，掌握实际生产中所需要的 Linux 操作系统授权安全管理配置的相关技能。

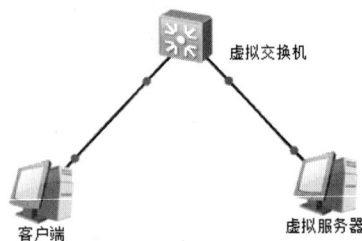

图 9-1　实验环境拓扑

9.3　知识准备

　　在实施任务前，需要掌握 Linux 操作系统的文件权限和管理、文件权限屏蔽的相关知识。

9.3.1　文件权限和管理

　　Linux 操作系统中每个用户都可以在规定的权限内创建、修改或删除文件。因此，文件的权限管理非常重要，这是关系到整个 Linux 操作系统安全性的大问题。在 Linux 操作系统中，每个文件都有很多和安全相关的属性，这些属性决定了哪些用户可以对这个文件执行何种操作。

1. 文件权限

　　Linux 是一个典型的多用户系统，不同的用户处于不同的地位，对文件和目录有不同的访问权限。文件权限是指系统是否允许特定的用户对某个文件实施读（read）、写（write）、执行（execute）3 种操作。用户具备某个文件的某种权限，则表示系统允许他对该文件实施对应的操作。

　　为管理文件的权限，将系统的用户账户划分为以下 3 种类型。

　　① 文件所有者（owner）：一个文件的所有者拥有设置该文件权限的权力，即由文件所有者来分配属组成员以及其他用户对该文件的访问权限。默认情况下，创建文件的用户账户即为该文件的文件所有者。

　　② 属组成员（group）：为了管理方便，需要设置文件属于哪个组账户。属组成员是指文件所属组中的用户账户。它们作为成员共同拥有对文件的某种权限。

　　③ 其他用户（other）：对某个文件来说，除文件所有者和属组成员外的用户账户均属于

其他用户，它们也共同拥有对文件的某种权限。

由于不同类型的用户分别拥有各自的文件访问权限。因此当用 ls -l 或 stat 指令查看文件基本信息时，能够得到关于这些文件的访问权限信息。例如查看文件/etc/passwd 的信息如下所示。

```
[root@localhost ~]# ls -ld /etc/passwd
-rw-r--r--. 1 root root 2671 8月  19 05:53 /etc/passwd
```

上面列出了文件/etc/passwd 的详细信息，共分为 7 列，即 7 部分，每部分信息的具体含义如图 9-2 所示。

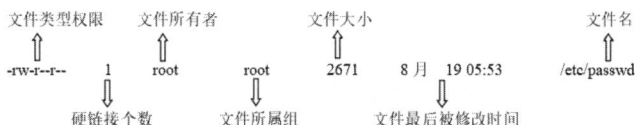

图 9-2 /etc/passwd 文件信息的具体含义

每一行文件详细信息的第一部分表示文件或目录的类型权限，共包含 10 个字符，每个字符的具体含义如下，如图 9-3 所示。

① 第一个字符表示文件的类型，每一类用一个字符来表示，常用文件类型的字符表示如下。

d：该文件是一个目录。

-：该文件是一个普通文件。

l：该文件是一个符号链接文件。

b：该文件是一个块设备，是一种特殊类型的文件。

② 其余 9 个字符表示文件的访问权限，每 3 个字符为一组，分别是文件所有者权限、属组成员的权限和其他用户的权限。每组的 3 个字符依次表示对文件的读（用字符 r 表示）、写（用字符 w 表示）和执行权限（用字符 x 表示），如果没有相应的权限，则使用"-"代替，如图 9-3 所示。图 9-2 所示的/etc/passwd 文件的权限为：文件所有者 root 对该文件有读和写的权限、属组 root 组账户中的成员用户对该文件只有读权限、其他用户对该文件只有读权限。

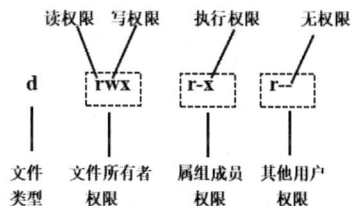

图 9-3 文件类型权限示意

目录本质上也是一种文件，但是读、写、执行这 3 种权限对于普通文件和目录具有不同的含义，具体如表 9-1 所示。

表 9-1 文件权限和目录权限的区别

名 称	r	w	x
文件	读文件	写文件	运行文件
目录	列出目录中的文件	新增、删除、重命名目录中的文件	进入目录

文件权限除了可用 r、w、x 来表示外，也可用一个 3 位数来表示，其中第一位数代表文件所有者的权限，第二位数代表属组成员用户的权限，第三位数代表其他用户的权限。每位数字均可转换为 3 位二进制数字，依次代表 r、w、x 权限。以 644 为例，第一位 6 可以转化

为 110，则代表文件所有者具有读和写的权限，这种采用数字来表示权限的方法，称为绝对权限表示法。例如，drwxr-x---采用绝对权限表示法可表示为 750。

2. 文件权限的管理

（1）使用 chown 指令修改文件所有者及所属组

在 Linux 操作系统中，用户可以使用 chown 指令来修改文件的所有者和所属组，从而限制文件或目录的访问权限。只有文件所有者或超级账户才能更改文件的所有权限。该指令的格式如下。

```
chown    [-R]      属主[:属组]    文件或目录
```

使用 chown 指令需要注意以下两点。

① -R 表示递归设置权限，也就是为目录本身及目录中的所有文件及子目录设置权限。

② 所有者和所属组中间使用 ":" 分隔。

例 1：将/root/test/file 文件的所有者修改为 user1 用户。

```
[root@localhost test]# chown user1  /root/test/file
[root@localhost test]# ll file
-rw-r--r--. 1 user1 root 0 8月  30 00:42 file
```

例 2：将/root/test/file 文件的所有者和属组都修改为 user1 用户。

```
[root@localhost test]# chown user1:user1 /root/test/file
[root@localhost test]# ll file
-rw-r--r--. 1 user1 user1 0 8月  30 00:42 file
```

（2）使用 chmod 指令修改文件权限

在建立文件时系统会自动设置权限，如果这些默认权限无法满足需要，可以使用 chmod 指令来修改权限。通常在权限修改时可以用两种方法来表示权限类型：文字表示法和数字表示法。

chmod 指令的基本格式如下。

```
chmod     [选项]     文件
```

① 文字表示法。

当使用字符表达式时，选项包括 3 个部分，即用户对象、操作符号和操作权限。

a. 使用下面 4 种字符来表示不同的用户对象。

- u：user，表示所有者。
- g：group，表示所属组。
- o：others，表示其他用户。
- a：all，表示以上 3 种用户。

b. 操作符号包括以下 3 种。

- +：添加某种权限。
- -：减去某种权限。
- =：赋予给定权限并取消原来的权限。

c. 使用下面 3 种字符的组合来设置操作权限。

- r：read，读。
- w：write，写。
- x：execute，执行。

例 3：用文字表示法为/root/test/file1.txt 文件设置权限，赋予文件所有者和属组成员读和写的权限，其他用户只有读的权限。

```
[root@localhost test]# chmod u=rw,g=rw,o=r  file1.txt
[root@localhost test]# ll file1.txt
-rw-rw-r--. 1 root root 0 8月 29 00:48 file1.txt
```

② 数字表示法。

所谓数字表示法，是指将读、写和执行分别以数字 4、2、1 来表示，没有授予的部分表示 0，然后把授予的权限相加。例如，rwxr-xr-x 用数字表示法可以表示为 755，rw-rw-r--用数字表示法可以表示为 664。

例 4：用数字表示法为/root/test/file2.txt 文件设置权限，赋予文件所有者和属组成员读和写的权限，其他用户只有读的权限。

```
[root@localhost test]# chmod 664 file2.txt
[root@localhost test]# ll  file2.txt
-rw-rw-r--. 1 root root 0 8月 29 00:28 file2.txt
```

9.3.2 文件权限屏蔽

当登录系统之后创建一个文件总是有默认权限的，那么这个权限是怎么来的呢？默认权限与 umask——掩码值有密切关系，掩码值决定了用户在建立文件或目录时的默认权限值。

1. 掩码值与预设权限

掩码值与 chmod 指令的效果刚好相反，umask 设置的是权限补码，而chmod 指令设置的是文件权限码。对用户新创建的文件或目录的预设权限用掩码值屏蔽，使文件或目录不具有掩码值中列出的权限。

目录与普通文件的预设权限是不一样的。创建普通文件一般没有执行权限，因为普通文件通常用于数据的记录，不需要执行权限。所以预设权限的默认值分为以下两类。

① 若用户创建的是普通文件，则预设的默认值没有执行权限，也就是最大为 666，预设权限为-rw-rw-rw-。

② 若用户创建的是目录或可执行文件，则由于 x 与是否可以进入此目录或文件执行有关，因此默认所有权限均开放，即为 777，预设权限为 drwxrwxrwx。

微课视频

微课 15 掩码值 umask

2. 使用指令查看和修改默认权限

① 查看默认权限。

查看默认权限的方式有两种：一是直接输入 umask 并执行，可以看到数字形态的权限设定；二是使用-S（symbolism，符号）选项并执行，以符号类型的方式显示权限。具体执行指令及结果如下。

```
[root@localhost ~]# umask
0022
[root@localhost ~]# umask -S
u=rwx,g=rx,o=rx
```

仅执行 umask 指令时，返回的是 4 位数字，其中第一位为特殊权限，后面 3 位为基本权限，与使用-S 选项得到的权限一致。

在上面的例子中，umask 的值为 022，那么用户创建普通文件或目录的默认权限如下。

    a. 建立普通文件时：666−022=644，新创建的文件所拥有的默认权限就是 rw-r--r--。

    b. 建立目录或可执行文件时：777−022=755，则默认权限就是 rwxr-xr-x。

例 5： 在/root 下创建一个目录 dir1，创建一个普通文件 file1，验证新建目录 dir1 的默认权限为 755，新建普通文件 file1 的默认权限为 644。

```
[root@localhost ~]# umask
0022
[root@localhost ~]# mkdir dir1
[root@localhost ~]# ls -ld dir1
drwxr-xr-x. 2 root root 6 8月  30 05:25 dir1
[root@localhost ~]# touch file1
[root@localhost ~]# ll file1
-rw-r--r--. 1 root root 0 8月  30 05:25 file1
```

② 修改默认权限。

通过 umask 指令可以修改默认权限，具体语法格式如下。

```
umask    权限数字
```

例 6： 接例 5，现在需要新建的文件默认权限是 rw-rw-r--，即 664，那么需要修改 umask 为 002。使用 umask 修改默认权限，并在/root 下创建文件 file2 进行验证。

```
[root@localhost ~]# umask 002
[root@localhost ~]# umask
0002
[root@localhost ~]# touch file2
[root@localhost ~]# ll file2
-rw-rw-r--. 1 root root 0 8月  30 06:39 file2
```

使用这种方式修改默认权限，一旦用户退出登录后，umask 将恢复默认值，使用 umask 指令设置的掩码值将会失效。所以，这种方式只适合当前会话。如果想永久修改，则需要通过修改配置文件来修改默认权限。

3. 通过修改配置文件修改掩码值

除了使用 umask 指令设置当前会话的掩码值外，还可以永久性地修改掩码值。

（1）修改全局掩码值

设置全局的掩码值可以修改/etc/profile 或者/etc/bashrc，这种方式针对用户和 Shell 长久有效。如将全局掩码值修改为 027，/etc/profile 或者 /etc/bashrc 中需要修改的配置如图 9-4 所示。

微课视频

微课 16 通过修改配置文件修改掩码值

```
# You could check uidgid reservation validity in
# /usr/share/doc/setup-*/uidgid file
if [ $UID -gt 199 ] && [ "`/usr/bin/id -gn`" = "`/usr/bin/id -un`" ]; then
    umask 002  ──→
else                     修改为需要设定的值，如027
    umask 022  ──→
fi
```

图 9-4　将 etc/profile 或者/etc/bashrc 中掩码值设置为 027

（2）修改特定用户的掩码值

要修改特定用户的掩码值，可以修改该用户主目录下的.bashrc 文件。针对特定用户，这种方法比较安全，可以把使用这些环境变量的权限控制到用户级别。如设置 user1 用户的掩码值为 027，则在/home/user1/.bashrc 文件的最后加上以下内容：

```
umask 027
```

9.4 项目实施

为了对新部署的 Linux 操作系统服务器实施授权安全配置，接下来需要完成两个任务，包括文件权限配置和屏蔽新建文件不应有的权限。

任务 9-1　文件权限配置

根据《信息安全技术 网络安全等级保护基本要求》和《电信网和互联网安全防护基线配置要求及检测要求 操作系统》，Linux 操作系统的授权安全配置需要新部署服务器满足要求"在设备权限配置能力内，根据用户的业务需要，配置其所需的最小权限"。

根据该企业各角色的责任和权限规划如下。

zhangsan 用户对新部署的 CentOS 7 服务器的/work/dir_operater 目录及子文件和子目录所有文件拥有全部权限，其他用户没有权限。

saleU 用户对/work/dir_sale 目录及子文件和子目录所有文件拥有全部权限，operators 组账户对其有读和执行权限，其他用户有读权限。

① 创建/work/dir_operater、/work/dir_sale 目录，具体如下。

```
[root@localhost ~]# mkdir -p /work/dir_operater
[root@localhost ~]# mkdir -p /work/dir_sale
```

② zhangsan 用户对新部署的 CentOS 服务器的/work/dir_operater 目录及子文件和子目录所有文件拥有全部权限，其他用户没有权限，具体设置如下。

```
[root@localhost ~]# chown -R zhangsan:operators   /work/dir_operater
[root@localhost ~]# chmod -R 700 /work/dir_operater
```

③ saleU 用户对/work/dir_sale 目录及子文件和子目录所有文件拥有全部权限，operators 组账户对其有读和执行权限，其他用户有读权限，具体设置如下。

```
[root@localhost ~]# chown -R saleU:operators /work/dir_sale
[root@localhost ~]# chmod -R 754/work/dir_sale
```

确认设置结果：

```
[root@localhost ~]# ls -lrt/work
总用量 0
drwx------. 2 zhangsan operators 6 10月  8 17:04 dir_operater
drwxr-xr--. 2 saleU   operators 6 10月  8 17:04 dir_sale
```

任务 9-2　屏蔽新建文件不应有的权限

根据《信息安全技术 网络安全等级保护基本要求》和《电信网和互联网安全防护基线配置要求及检测要求 操作系统》，Linux 操作系统的授权安全配置需要新部署的服务器满足要求："控制用户默认访问权限，当在创建新文件或目录时应屏蔽新文件或目录不应有的访问允许权限。防止同属于该组的其他用户及别的组的用户修改该用户的文件或更高限制。"

　　根据该企业安全管理的实际需要，全局掩码值需要按照基线配置要求设置为 027，对于 saleO 用户掩码值要设置为 077。

1. 设置全局掩码值修改权限

　　根据该企业安全管理的实际需要，全局掩码值需要按照基线配置要求设置为 027，修改所有用户的全局掩码值，需要修改/etc/profile 配置文件。

　　① 修改前查看 umask 的值，具体如下。

```
[root@localhost ~]# umask
0022
```

　　② 使用 vi 编辑器更改/etc/profile 或/etc/bashrc 文件，具体如下。

```
......
if [ $UID -gt 199 ] && [ "`/usr/bin/id -gn`" = "`/usr/bin/id -un`" ]; then
    umask 002              //修改为 umask 027
else
    umask 022              //修改为 umask 027
fi
......
```

　　③ 使配置立即生效，具体如下。

```
[root@localhost ~]# source /etc/profile
```

　　④ 执行 umask 指令查看掩码值，并创建目录验证默认权限为 750。

```
[root@localhost ~]# umask
0027
[root@localhost ~]# mkdir dir2
[root@localhost ~]# ls -ld dir2
drwxr-x---. 2 root root 6 9月 12 23:34 dir2
```

2. 设置特定账户掩码值修改权限

　　设置 saleO 用户掩码值为 077，修改特定账户的掩码值，需要修改～/.bashrc 配置文件。

　　① 修改前查看掩码值，具体如下。

```
[saleO@localhost ~]$ umask
0027
```

　　② 打开～/.bashrc 文件，在该文件的最后添加 umask 077，如图 9-5 所示。

　　③ 使配置立即生效，具体如下。

```
[saleO@localhost ~]$ source ~/.bashrc
```

　　④ 执行 umask 指令查看 saleO 用户的掩码值，并创建目录验证默认权限为 700。

```
[saleO@localhost ~]$ umask
0077
[saleO@localhost ~]$ mkdir dir_finO
[saleO@localhost ~]$ ls -ld dir_finO
drwx------. 2 saleO sales 6 9月 12 23:54 dir_finO
```

```
# .bashrc

# Source global definitions
if [ -f /etc/bashrc ]; then
        . /etc/bashrc
fi

# Uncomment the following line if you don't like systemctl's auto-paging feature
:
# export SYSTEMD_PAGER=

# User specific aliases and functions
umask 077
```

图 9-5　~/.bashrc 配置文件

9.5　项目小结

本项目介绍了 Linux 操作系统安全的第三个维度——操作系统的授权。从知识准备和项目实施两个角度，本项目依次讲解了 Linux 操作系统中授权安全管理的两个方面，包括文件权限和管理、文件权限屏蔽的相关理论知识和实际项目实施。

通过对本项目的介绍，希望读者能够构建 Linux 操作系统的授权安全管理的基本架构以及遵循的理论依据和原则，在实践中能够准确为系统进行文件属性管理和文件权限屏蔽，从而从授权的维度确保操作系统的安全。

9.6　实践拓展

① 根据本项目所学内容以及企业各角色的责任和权限规划，OperO 用户对/work/dir_operater 目录及子目录所有文件拥有全部权限，operators 组账户对/work/dir_operater 目录及子目录所有文件拥有读写权限，其他用户没有权限。请完成权限设置。

② 要求 finO 用户新建目录的默认权限为 750，应如何设置掩码值？

9.7　素养拓展

北斗卫星导航系统是我国着眼于国家安全和经济社会发展需要，自主建设、运行的全球卫星导航系统，是为全球用户提供全天候、全天时、高精度的定位、导航和授时服务的国家重要时空基础设施。

20 世纪后期，我国开始探索适合国情的卫星导航系统发展道路，逐步形成了三步走发展战略：2000 年年底，建成北斗一号系统，向我国提供服务；2012 年年底，建成北斗二号系统，向亚太地区提供服务；2020 年，建成北斗三号系统，向全球提供服务。2035 年，将建成以北斗为核心的综合定位导航授时体系。

2020 年 7 月，北斗三号全球卫星导航系统正式开通，用于向全球提供服务。2021 年，我国卫星导航与位置服务总体产业规模达到约 4700 亿元。截至 2023 年 3 月，全国已有超过 790 万辆道路营运车辆、4.7 万多艘船舶、4 万多辆邮政快递干线车辆应用北斗系统，近 8000 台各型号北斗终端在铁路领域应用推广；北斗自动驾驶系统农机超过 10 万台，覆盖深耕、插秧、播种、植保、收获、秸秆处理和烘干等各个环节；2587 处水库应用北斗短报文通信服务水文监测，650 处变形滑坡体设置了北斗监测站点；搭载国产北斗高精度定位芯片的共享单车投放已突破 500 万辆，覆盖全国 450 余座城市，北斗产业体系基本形成，经济和社会效益显著。

9.8 项目习题

1.（单选题）sales 文件的详细信息如下，sales 文件的所有者是（　　　）。

```
drwxr-xr-x. 2 mary tim 22 4月  16 12:47 sales
```

    A. root   B. tim

    C. mary   D. bob

2.（单选题）对用户或进程中新创建的文件和目录的权限值用掩码值去（　　　），使文件和目录（　　　）掩码值中列出的权限。

    A. 保护，具有   B. 屏蔽，具有

    C. 保护，不具有   D. 屏蔽，不具有

3.（多选题）sales 文件的详细信息如下，sales 组账户的成员有 bob、bob1，则 bob 有（　　　）权限。

```
drwxr-xr-x. 2 bob sales 22 4月  16 12:47 sales
```

    A. 读   B. 写

    C. 执行   D. 没有权限

4.（单选题）如果掩码值设置为 022，则新建文件夹的默认权限为（　　　）。

    A. -----w--w-   B. -rwxr-xr-x

    C. -r-xr-x---   D. -rw-r--r--

项目 ⑩ Linux 操作系统的网络安全管理

网络安全管理是 Linux 操作系统安全的第四个维度。本项目通过对 Linux 操作系统服务器实施网络安全管理达到以下目标。

知识目标

- 掌握 Linux 端口管理方式；
- 掌握 Linux 的远程登录方式；
- 掌握 Linux 防火墙相关知识与配置管理。

技能目标

- 能够限制具备超级管理员（超级账户）权限的用户远程登录；
- 能够按要求配置 Linux 防火墙。

素质目标

- 树立"筑牢网络安全防线"的网络强国观；
- 树立社会责任的历史使命感；
- 培养法治意识。

10.1 项目概述及分析

某企业新部署了一台 Linux 操作系统的服务器，系统管理员已按照人员的不同角色创建了账户、分配了权限，并按照信息安全技术网络安全等级保护的要求以及系统防护的需要设置了口令安全策略，该服务器还需要提供网络服务以及从网络上进行远程操作，现需要对其实施网络安全配置。

根据《信息安全技术 网络安全等级保护基本要求》和《电信网和互联网安全防护基线配置要求及检测要求 操作系统》，Linux 操作系统的网络安全配置需符合如下要求。

① 对于使用 IP 进行远程维护的设备，应配置 SSH 等加密协议，并安全配置 SSHD。

② 限制具备超级管理员权限的用户远程登录。

③ 应在网络边界根据访问控制策略设置访问控制规则，默认情况下除允许通信受控接口外拒绝所有通信。

④ 应删除多余或无效的访问控制规则，优化访问控制列表，并保证访问控制规则数量最小化。

⑤ 应对源地址、目的地址、源端口、目的端口和协议等进行检查，以允许/拒绝数据包进出。

⑥ 应关闭不需要的高危端口。

为了确保新部署的服务器符合《信息安全技术 网络安全等级保护基本要求》和《电信网和互联网安全防护基线配置要求及检测要求 操作系统》，并结合 Linux 操作系统的安全架构及组件，可以启用 SSH 服务并通过 sshd 服务模块以及/etc/securetty 配置文件设置来满足要求①和要求②，通过 Linux 防火墙设置满足要求③～⑥。

综上所述，为了完成对新部署的 Linux 服务器的网络安全加固，需要完成以下任务。

任务一：启用 SSH 服务并限制超级管理员远程登录权限。

任务二：配置 Linux 防火墙安全访问策略。

接下来，在实验环境中实施以上任务来掌握实际生产中所需要的技能。在实施任务前，需要清楚实验环境并进行相关的知识准备。

10.2 实验环境

在实验中，利用一台装有 CentOS 7 的虚拟机来模拟企业新部署的 Linux 操作系统的服务器，实验环境拓扑如图 10-1 所示。客户端即安装虚拟机的物理主机，客户端安装的操作系统为 Windows 10，虚拟服务器是在物理主机的 VMware 虚拟环境中安装的虚拟机，操作系统为 CentOS 7，客户端与虚拟服务器的网络是互通的。通过对虚拟机进行网络管理的安全加固，掌握实际生产中所需要的 Linux 操作系统网络安全管理配置的相关技能。

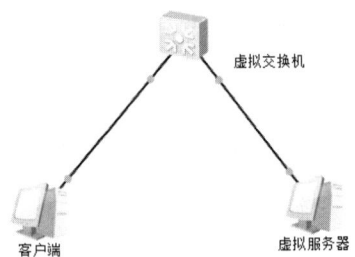

图 10-1　实验环境拓扑

10.3 知识准备

操作系统的网络安全管理主要是根据服务器提供的服务管理 IP 地址和端口的开放。在实施任务前，需要掌握 Linux 操作系统的端口管理、远程登录服务和防火墙的相关知识。

10.3.1 Linux 操作系统的端口管理

端口的基本概念已在项目 3 中介绍过，以下主要介绍 Linux 操作系统端口管理的相关知识。

1. 公认端口与服务的对照文件

在 Linux 操作系统中，/etc/service 文件提供了公认端口与对应服务的对照关系，可以通过查看/etc/service 文件了解端口与服务的对应关系。

```
[root@localhost ~]# more/etc/services
# /etc/services:
```

```
......
ftp-data        20/tcp
ftp-data        20/udp
# 21 is registered to ftp, but also used by fsp
ftp             21/tcp
ftp             21/udp          fsp fspd
ssh             22/tcp                          # SSH 协议
ssh             22/udp                          # SSH 协议
telnet          23/tcp
telnet          23/udp
......
```

2. 端口查看

端口查看是操作系统网络安全的重要部分。可以使用第三方端口扫描工具，如 nmap 等，查看并掌握操作系统对外开放端口情况。Linux 操作系统常用的查看系统端口的指令为 netstat。

netstat 指令用于显示 Linux 操作系统中网络相关信息，如网络连接、路由表、接口状态等信息。netstat 指令的格式为：

```
netstat [选项 1][选项 2]
```

netstat 指令的输出信息由选项 1 决定。

若选项 1 为-r，则表示显示内核路由表：

```
[root@localhost ~]# netstat -r -n
Kernel IP routing table
Destination     Gateway         Genmask         Flags   MSS Window  irtt Iface
0.0.0.0         192.168.104.2   0.0.0.0         UG      0 0         0 ens33
192.168.104.0   0.0.0.0         255.255.255.0   U       0 0         0 ens33
```

若选项 1 为-i，则表示显示网卡接口信息：

```
[root@localhost ~]# netstat -i -a
Kernel Interface table
Iface     MTU     RX-OK RX-ERR RX-DRP RX-OVR   TX-OK TX-ERR TX-DRP TX-OVR Flg
ens33     1500    375    0      0 0       602     0      0      0 BMRU
lo        65536   213    0      0 0       213     0      0      0 LRU
```

选项 1 的具体用法可通过 man 指令查看 netstat 指令的帮助手册进一步学习。此处主要介绍 netstat 指令查看端口信息的用法。

使用 netstat 指令查看端口信息时无选项 1，选项 2 的常用选项说明如表 10-1 所示。

表 10-1　使用 netstat 指令查看端口信息的常用选项说明

选项	说　　明	选项	说　　明
-a	显示所有连接	-p	显示正在连接的程序 ID 或程序名称
-n	直接使用 IP 地址，而不解析域名、端口或账户名	-l	显示监听中的服务器连接
-t	显示 TCP 连接状态	-e	显示已建立连接的服务器连接
-u	显示 UDP 连接状态		

例如，查看当前系统中的全部网络连接：

```
[root@localhost ~]# netstat -an
Active Internet connections (servers and established)
Proto Recv-Q Send-Q Local Address          Foreign Address        State
tcp       0      0 0.0.0.0:22              0.0.0.0:*              LISTEN
tcp       0      0 192.168.104.199:22      192.168.104.1:1841     ESTABLISHED
tcp       0     52 192.168.104.199:22      192.168.104.1:2091     ESTABLISHED
tcp6      0      0 :::22                   :::*                   LISTEN
udp       0      0 0.0.0.0:37956           0.0.0.0:*
udp       0      0 127.0.0.1:323           0.0.0.0:*
udp6      0      0 ::1:323                 :::*
raw6      0      0 :::58                   :::*                   7
……
```

展示出来的内容中，"Proto"表示该端口使用的传输协议为 TCP 等，"Local Address"表示本机地址，如果为"0.0.0.0"表示本机上可用的所有地址，为"0.0.0.0:22"则表示本机上所有地址的 22 号端口，这样使得多 IP 地址的主机不必重复显示；"Foreign Address"表示建立连接的对端主机地址，如果为"0.0.0.0:*"则表示对端任意主机的任意端口；"State"表示端口状态。常见的端口状态与 Windows 操作系统的相同，如表 10-2 所示。

表 10-2　常见的端口状态

状　　态	说　　明
LISTEN	监听状态，等待远程主机的连接请求
ESTABLISHED	已经通过 TCP 建立连接，进入连接状态
TIME-WAIT	连接关闭过程中的状态，再等待一段时间才能完全关闭
CLOSED	无连接状态

在检查本机端口连接的情况时，若发现未知的连接，就要对该连接及程序进行排查。例如，查看当前系统处于监听状态的 TCP 端口及进程：

```
[roo@localhost ~]# netstat -ntpl
Active Internet connections (only servers)
Proto Recv-Q Send-Q Local Address          Foreign Address        State
PID/Program name
tcp       0      0 0.0.0.0:22              0.0.0.0:*              LISTEN
1395/sshd
tcp6      0      0 :::22                   :::*                   LISTEN
1395/sshd
```

可以看到当前系统的 22 号端口处于监听状态，这是因为系统已开启 SSH 服务，且 SSH 服务的 PID 为 1395。

10.3.2　Linux 操作系统的远程登录服务

管理服务器时常需要通过网络连接远程管理。常用的远程登录服务有 SSH 服务和 telnet 服务。telnet 存在明文传输的问题，而 SSH 是较可靠的专为远程登录会话和其他网络服务提供安全性的协议。

1. 远程登录服务介绍

安全外壳（Secure Shell, SSH）是由因特网工程任务组（Internet Engineering Task Force, IETF）的网络工作组所制定的协议，是建立在应用层基础上的安全协议。SSH 的目的是在非安全网络上提供安全的远程登录和其他安全网络服务。SSH 协议是 C/S 模式协议，即客户端/服务端模式协议，区分客户端和服务端。

telnet 是 TCP/IP 协议族中的一员，是 Internet 远程登录服务的标准协议。它为用户提供在本地计算机上完成远程主机工作的能力。

使用 SSH 协议进行传输的数据，包括口令，均会被加密。传统的网络服务程序 telnet 在本质上是不安全的，就是因为它在网络上用明文传输口令和数据，未经授权的人可以非常容易地截获这些口令和数据，从而对系统造成危害。利用 SSH 协议可以有效防止远程管理过程中的信息泄露。

2. 远程登录配置文件

（1）OpenSSH 配置文件

OpenSSH 是 SSH 协议的免费开源实现。它用安全、加密的网络连接工具代替 telnet、rlogin、rsh、rcp 和 ftp 等工具。CentOS 7 默认安装了 OpenSSH 的客户端和服务端软件包。CentOS 7 中的 OpenSSH 默认支持 SSH2 协议。该协议支持 RSA、DSA、ECDSA 和 ED25519 算法的密钥认证，默认使用 RSA 密钥认证。启动 SSH 服务时会读取 SSH 的配置文件。

OpenSSH 服务端的配置文件是/etc/ssh/sshd_config。

客户端的配置文件是/etc/ssh/ssh_config。

OpenSSH 配置文件中常用的选项及说明如表 10-3 所示。

表 10-3　OpenSSH 配置文件中常用的选项及说明

选　项	说　明	选　项	说　明
Port	指定 sshd 监听的端口，默认为 22	StrictModes	指定是否使用严格的 SSH 目录权限模式，默认为 yes
ListenAddress	指定 sshd 监听的网络地址，默认为 0.0.0.0	Subsystem sftp	指定 sftp 子系统的指令及可选参数
Protocol	指定 SSH 协议的版本号，默认为 2	SyslogFacility	指定 rsyslog 的 Facility
HostKey	指定主机密钥文件的位置	LogLevel	指定 rsyslog 的 Level
AuthorizedKeysFile	指定存放所有已知账户公钥的文件位置	UsePAM	是否使用 PAM 账户认证
PermitRootLogin	指定是否使用 root 账户登录	UseDNS	是否使用 DNS 反向解析
PasswordAuthentication	指定是否使用口令登录		

若要限制 root 账户使用 SSH 远程登录计算机，修改 PermitRootLogin 参数值即可。

（2）/etc/securetty 配置文件

/etc/securetty 配置文件列出了允许 root 账户登录的终端名称：

```
[root@localhost ~]# vi/etc/securetty
console
vc/1
```

```
vc/2
……
tty1
tty2
……
```

telnet 远程连接所使用的终端名称是 pts，所以若要限制 root 账户通过 telnet 远程登录计算机，需要将/etc/securetty 文件中所有"pts/n"行删除。

10.3.3 Linux 操作系统的防火墙

Linux 操作系统的防火墙是指用来定义防火墙策略的服务，是软件防火墙。在 CentOS 7 中默认使用的防火墙服务是 firewalld，但仍然支持使用 iptables，当前主流的 Linux 操作系统都支持使用 iptables。下面介绍 Linux 操作系统上的 firewalld 防火墙、iptables 防火墙。

1. firewalld 防火墙

firewalld 通过引入域（zone）的概念来定义网络连接的信任级别，从而提供可动态管理的防火墙功能。firewalld 服务支持 IPv4、IPv6 防火墙以及以太网桥设置，有运行时（runtime）和永久（permanent）两种模式，支持动态更新策略。

（1）firewalld 的域

firewalld 根据默认的不同的信任等级为用户预先提供 9 种域，如表 10-4 所示，用户可以根据需要进行选择，默认情况下使用的是 public 域。

表 10-4　firewalld 的域

域的名称	默认的信任等级配置
drop	任何接收的网络数据包都被丢弃，且没有应答，只允许发送
block	拒绝所有接收的网络数据包，只允许系统内启动的连接
public	用于公共区域，仅接收选定的入网连接，默认允许 SSH 和 dhcpv6-client 连接
external	用于外部网络，拒绝入网连接，除非与出网流量相关，仅接收选定的入网连接，默认允许 SSH 连接
dmz	允许有限的连接访问内部网络，默认允许 SSH 连接
work	用于工作区域，认为大部分连接是可信的，默认允许 SSH、ipp-client 和 dhcpv6-client 连接
home	用于家庭网络，认为大部分连接是可信的，默认允许 SSH、mdns、ipp-client、samba-client 和 dhcpv6-client 连接
internal	用于内部网络，认为大部分连接是可信的，默认允许 SSH、mdns、ipp-client、samba-client 和 dhcpv6-client 连接
trusted	接收所有的网络连接

每个域对该域内流经的数据包最终做出的处理动作由 target 定义，同时 target 为未指定的该域的传入流量定义默认处理动作。target 可以设置为以下 4 个选项之一。

ACCEPT：接收所有传入数据包，不需要匹配任何规则。trusted 域的默认 target 为 ACCEPT，如图 10-2 所示。

%%REJECT%%：传入流量没有匹配任何规则将被拒绝，并返回拒绝的信息。block 域的默认 target 为%%REJECT%%，如图 10-3 所示。

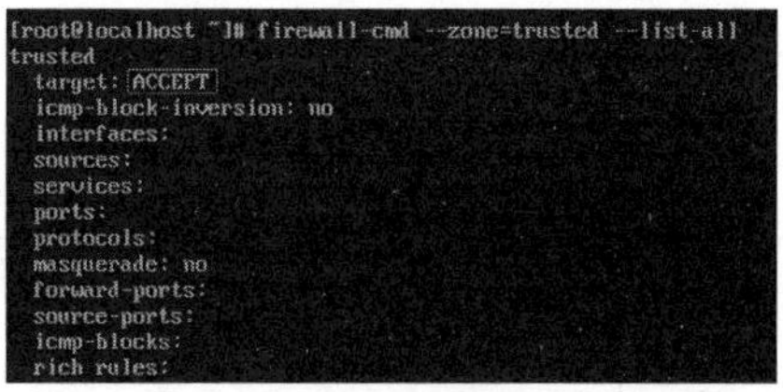

图 10-2　trusted 域的默认 target 设置

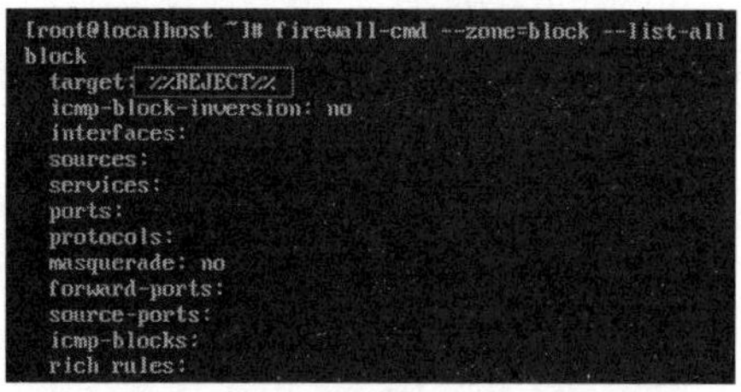

图 10-3　block 域的默认 target 设置

DROP：传入流量没有匹配任何规则将丢弃，并且不做任何应答。drop 域的默认 target 为 DROP，如图 10-4 所示。

default：若没有指定上述 3 个选项之一，则为 default，处理动作为在该域内若传入流量没有匹配任何规则将被拒绝。public 域的默认 target 为 default，如图 10-5 所示。

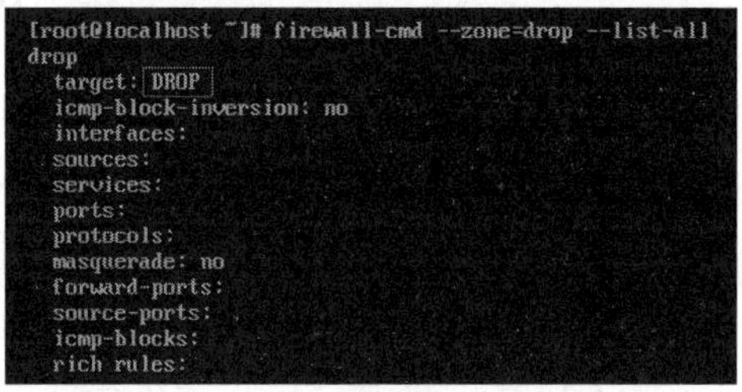

图 10-4　drop 域的默认 target 设置

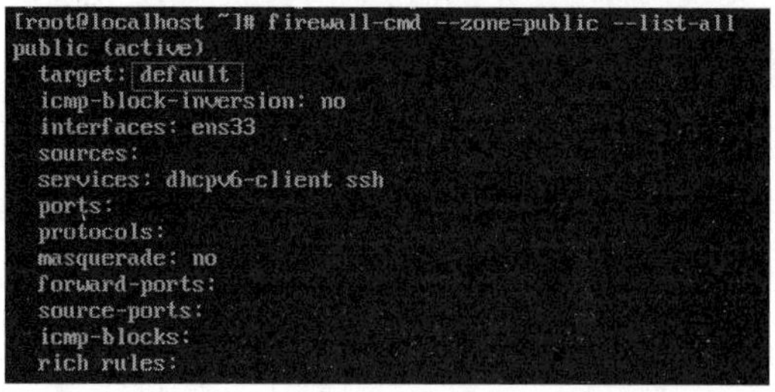

图 10-5　public 域的默认 target 设置

（2）firewalld 的服务

firewalld 使用服务将常用服务（如 SSH、DHCP 等）的端口、协议、模块和描述等信息独立封装在一个服务实体中，让使用者容易记忆和理解。firewalld 的服务配置以 XML 文件格式存放在/etc/firewalld/services/和/usr/lib/firewalld/services/目录下。图 10-6 所示为/usr/lib/firewalld/services/目录下的服务配置文件，图 10-7 所示为 SSH 服务配置文件的内容。

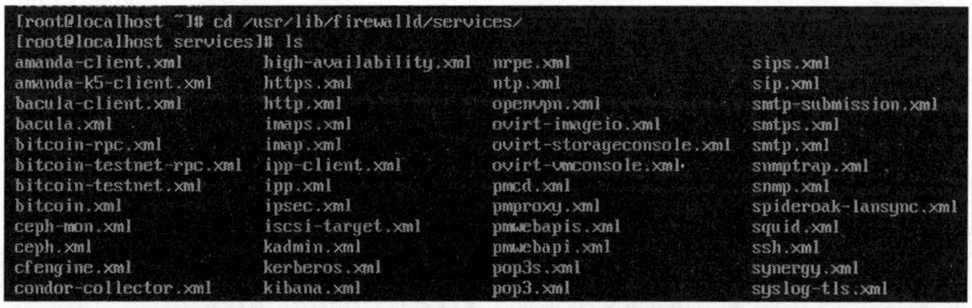

图 10-6　/usr/lib/firewalld/services/目录下的服务配置文件

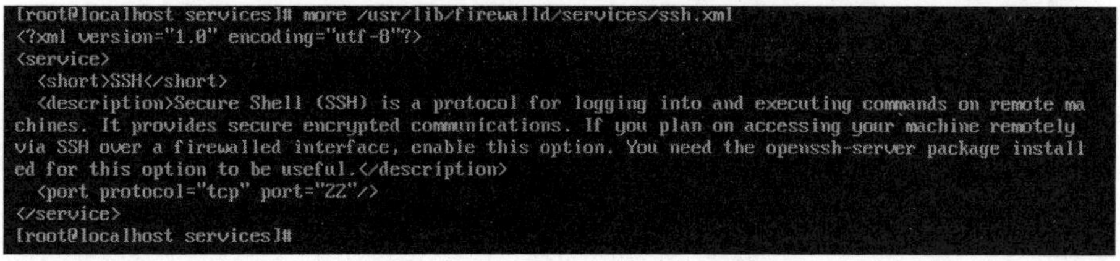

图 10-7　SSH 服务配置文件的内容

（3）firewalld 的配置文件

firewalld 的配置文件以 XML 格式文件为主，有两个配置目录，即/usr/lib/firewalld 和 /etc/firewalld。

/usr/lib/firewalld 目录存放应用、域以及 icmptypes 的默认配置及回退配置，不能进行修改。

/etc/firewalld 目录存放系统管理员的手动配置或通过配置界面进行的自定义配置，会重载默认配置。

（4）firewalld 的使用

firewalld 有两种管理方法：命令行配置与图形界面配置。这里仅介绍命令行配置方法，即使用 firewall-cmd 指令。firewall-cmd 指令的格式如下。

```
firewall-cmd [OPTIONS...]
```

firewalld 服务有运行时和永久两种模式，因此 firewall-cmd 指令配置的策略也分为运行时和永久两种模式。运行时模式的配置会立即生效，但会在系统或服务重启或重新加载配置时失效。如果想让配置一直有效，就要设置为永久模式；但是永久模式的配置不会立即生效，需要重启服务或系统或重新加载配置才生效。firewall-cmd 常用选项及作用如表 10-5 所示。

表 10-5　firewall-cmd 常用选项及作用

选　项	作　用
--permanent	会将所配置的选项设为永久模式
--reload	重新加载配置。重新加载后运行时模式的配置会失效，永久模式的配置会立即生效
--zone=<域名称>	指定要查看或操作的域名称
--get-active-zones	获取活动域名称
--get-default-zone	获取默认域名称
--set-default-zone=<域名称>	设置默认域，为运行时模式和永久模式配置，即立即生效且重启不失效
--get-zone-of-interface=<网卡名称>	显示网卡绑定的域名称，若未绑定或非法网卡则显示 no zone
--get-zones	获得所有可用域名称
--get-services	获得预先定义的服务名称
--query-service=<服务名>	查看域是否添加了该服务，若没有域选项则为默认域
--get-active-zones	获得当前正在使用的域与网卡名称
--add-source=	为域绑定源 IP 地址、MAC 地址，若没有域选项则为默认域
--remove-source=	解除该 IP 地址或 MAC 地址与域的绑定关系
--add-interface=<网卡名称>	为域绑定网卡，若没有域选项则为默认域
--change-interface=<网卡名称>	变更网卡与域的绑定关系，若原来没有绑定关系则将网卡与域绑定，若已有绑定关系则解除绑定，若没有域选项则为默认域
--list-all	显示指定域或当前域的所有已增加或生效的网卡、资源、端口、服务等新信息，若没有域选项则为显示默认域信息
--list-all-zones	显示所有域的所有已增加或生效的网卡、资源、端口、服务等新信息
--add-service=<服务名>	为域添加该服务，若没有域选项则为默认域设置

选项	作用
--add-port=<端口号/协议>	为域添加该端口，若没有域选项则为默认域设置
--remove-service=<服务名>	从域中移除该服务，若没有域选项则为默认域设置
--remove -port=<端口号/协议>	从域中移除该端口，若没有域选项则为默认域设置
--add-rich-rule='rule'	为域添加 rich language 规则，若没有域选项则为默认域设置
--remove-rich-rule='rule'	从域中移除该 rich language 规则，若没有域选项则为默认域设置

表 10-5 中涉及的 firewalld 的 rich language 规则如下。

```
rule
      [source]
      [destination]
      service|port|protocol|icmp-block|icmp-type|masquerade|forward-port|source-
port
      [log]
      [audit]
      [accept|reject|drop|mark]
```

rule 格式：rule [family="ipv4|ipv6"]。

source 格式：source [not] address="address[/mask]"|mac="mac-address"|ipset="ipset"。

destination 格式：同 source。

service 格式：service name="service name"。

port 格式：port port="port value" protocol="tcp|udp"。

protocol 格式：protocol value="protocol value"。

动作格式： accept|reject|drop|mark。

例 1：查询当前主机的区域。

```
[root@localhost ~]# firewall-cmd --get-default-zone
public
```

例 2：查看主机网卡所属区域。

```
[root@localhost ~]# firewall-cmd --get-zone-of-interface=ens33
public
[root@localhost ~]# firewall-cmd --get-zone-of-interface=ens32
no zone
```

例 3：查看当前域中是否允许 SSH 和 HTTP 服务。

```
[root@localhost ~]# firewall-cmd --query-service=ssh
yes
[root@localhost ~]# firewall-cmd --query-service=http
No
```

例 4：设置默认域为 dmz，并重新加载防火墙。

```
[root@localhost ~]# firewall-cmd --set-default-zone=dmz
success
[root@localhost ~]# firewall-cmd --reload
success
```

例 5：允许 HTTPS 服务流量通过 public 域，并永久生效。

```
[root@localhost ~]# firewall-cmd --permanent --zone=public --add-service=https
Success
[root@localhost ~]# firewall-cmd --reload
Success
[root@localhost ~]# firewall-cmd --zone=public --list-services
dhcpv6-client https ssh
```

例 6：不允许 dhcpv6-client 服务流量通过 public 域，并永久生效。

```
[root@localhost ~]# firewall-cmd --permanent --zone=public --remove-service=
dhcpv6-client
success
[root@localhost ~]# firewall-cmd --reload
success
[root@localhost ~]# firewall-cmd --zone=public --list-services
https ssh
```

例 7：允许 8080 与 8081 端口流量通过 public 域，并永久生效。

```
[root@localhost ~]# firewall-cmd --permanent --zone=public --add-port=8080-
8081/tcp
success
[root@localhost ~]# firewall-cmd --reload
success
[root@localhost ~]# firewall-cmd --zone=public --list-port
8080-8081/tcp
```

例 8：不允许 8080 与 8081 端口流量通过 public 区域，并永久生效。

```
[root@localhost ~]# firewall-cmd --permanent --zone=public --remove-port=8080-
8081/tcp
success
[root@localhost ~]# firewall-cmd --reload
success
[root@localhost ~]# firewall-cmd --zone=public --list-port

[root@localhost ~]#
```

例 9：允许 192.168.142.166 访问 5432 端口。

```
[root@localhost ~]# firewall-cmd --permanent --add-rich-rule='rule family="ipv4"
source address="192.168.142.166" port protocol="tcp" port="5432" accept'
```

2. iptables 防火墙

iptables 是 IP 包过滤和网络地址转换的工具，用来设置、维护和检查 Linux 内核的 IP 包过滤规则。iptables 自上而下，由表（table）、链（chain）、规则（rule）组成。iptables 包含很多表；每个表包含一些内建的链，也可以包含用户自定义的链；每个链都匹配对应包的规则列表；每条规则是指数据过滤或处理的策略。一般将 iptables 指令设置的数据处理策略称为规则，多个规则形成一个链，多个链组成一个表。

（1）iptables 的表和链

iptables 有 5 个表：raw、mangle、nat、filter 和 security。

iptables 有 5 条链：PREROUTING 链、INPUT 链、FORWARD 链、OUTPUT 链、

POSTROUTING 链。链相当于数据包在处理过程中的锚点，在相应位置匹配相应表的规则进行处理，其作用如表 10-6 所示。

表 10-6　iptables 链的作用

链	作　用
PREROUTING 链	处理刚进入本机在进行路由选择前的数据包，一般用于改变数据包的目标地址
INPUT 链	处理进入的数据包，一般用于本机进程处理的数据包
FORWARD 链	处理正在路由通过的数据，一般用于转发的数据
OUTPUT 链	处理本地产生向外发出的数据包，一般用于本机处理后产生的数据包
POSTROUTING 链	处理即将从本机发出的数据包，一般用于改变数据包的源地址

iptables 的 5 张表的作用及每张表拥有的内建链的情况如表 10-7 所示。

表 10-7　iptables 表的作用及各表的内建链

表	作　用	PREROUTING	INPUT	FORWARD	OUTPUT	POSTROUTING
raw	为数据包添加标记，使其免于连接追踪（connection tracking）机制追踪，在同一条链上具有更高的优先级	√			√	
mangle	为数据包进行特定的更改，如修改 TOS、TTL，添加 SECMARK 安全标志等	√	√	√	√	√
nat	修改数据包的源地址和目的地址或端口	√	√		√	√
filter	确定是否放行数据包，是默认表		√	√	√	
security	强制访问控制（Mandatory Access Control，MAC）的网络访问规则，比如有 SECMARK 等安全标志的数据包。MAC 是由 Linux 操作系统的安全模块（如 SELinux）实现的。security 表在 filter 表之后被调用，允许 filter 中的任何自主访问控制（Discretionary Access Control，DAC）规则在 MAC 规则之前生效		√	√	√	

根据数据包的流向，链的执行顺序分如下 3 种情况。
- 到本机进程的数据包：PREROUTING 链→INPUT 链。

- 转发的数据包：PREROUTING 链→FORWARD 链→POSTROUTING 链。
- 由本机进程发出的数据包：OUTPUT 链→POSTROUTING 链。

当 5 个表位于同一条链上时，执行的优先级由高到低为：raw→mangle→nat→filter→security。

（2）iptables 的规则

iptables 的规则是指对符合匹配条件的数据包进行目标操作，主要包括匹配条件和目标策略两个部分。数据包将在链上依次匹配规则，若不匹配，则检查下一条；若匹配，则根据目标策略，执行下一步操作。目标策略可以是用户自定义的链的名称，数据包将交给此链进行规则匹配，也可以是 iptables-extensions 中定义的 target 扩展值，还可以是 ACCEPT、DROP 或 RETURN 这 3 个特殊值之一。

基本的匹配条件一般为源地址和目的地址，扩展的匹配条件包括传输协议（如 TCP、UDP、ICMP）、服务类型（如 HTTP、FTP 和 SMTP）、源端口、目的端口等。

常用的目标策略如下。

ACCEPT：允许数据包通过。

DROP：丢弃数据包，不给任何提示。

RETURN：停止匹配当前链中的后续规则，并返回到调用链（the calling chain）中继续执行。

REJECT：拒绝数据包通过，会返回错误的数据包以响应匹配的数据包。

DNAT：指定目的地址，仅用于 nat 表。

SNAT：指定源地址，仅用于 nat 表。

（3）iptables 的使用

iptables 指令的格式：

```
iptables [-t 表名] 选项 [链名] [匹配条件] [-j 目标策略]
```

iptables 指令常用选项如表 10-8 所示。

表 10-8　iptables 指令常用选项

选　　项	说　　明
-A	append，在规则链的末尾加入新规则
-C	check，核实规则链中是否存在相应的规则
-D	delete，在规则链中删除匹配的规则，或用 "-D 规则号" 匹配规则号并删除规则
-I num	insert，在规则链的相应规则号位置插入规则，若 num 为 1 或没有指定，则在规则链的头部加入规则
-R	replace，从选中的链中取代一条规则。如果源或目标地址解析为多个地址，该指令会执行失败。规则号从 1 开始
-P	policy，设置链的目标策略
-S	list-rules，输出所选链中的所有规则。如果没有选择链，则所有链都像 iptables-save 一样输出。默认显示 filter 表
-F	flush，刷新选定的链。如果没有指定链，则为表中所有的链。相当于将所有规则删除
-L	list，显示所选链的所有规则。如果没有指定链，则为表中所有的链，默认显示 filter 表

续表

选　　项	说　　明
-n	numeric，数字输出。IP 地址和端口会以数字的形式显示。默认情况下，显示主机名、网络名或者服务名
-v	verbose，输出详细信息
-t	table，指定要操作的表
-i 网卡名	in-interface，匹配这块网卡流入的数据包
-o 网卡名	out-interface，匹配这块网卡流出的数据包
-p 协议名	protocol，匹配协议，如 TCP、UDP、ICMP 等，也可以是/etc/protocols 中定义的协议名
-s IP 地址/MASK	source，指定源 IP 地址/MASK，加 "!" 表示除这个 IP 地址外
-d IP 地址/MASK	destination，指定目的 IP 地址/MASK，加 "!" 表示除这个 IP 地址外
--dport 端口号	destination-port，指定目标端口或端口范围，也可以是服务名
--sport 端口号	source-port，指定源端口或端口范围
-j	jump，指定规则的目标策略，即 target

需要注意的是，使用 iptables 指令配置策略后，如果系统重启或 iptables 服务重启，将不能保存该配置。那么需要将当前配置添加到 iptables 的配置文件/etc/sysconfig/iptables 中。系统开机后会自动读取该配置文件使配置生效。指令为：

```
[root@localhost ~]# iptables-save >/etc/sysconfig/iptables
```

或使用以下指令也可以将 iptables 指令配置的策略保存到/etc/sysconfig/iptables 中。

```
[root@localhost ~]# service iptables save
iptables: Saving firewall rules to/etc/sysconfig/iptables: [ 确定 ]
```

关于 iptables 指令的使用，可以通过以下例子加深理解。

例 10： 查看 Linux 操作系统中已有的 iptables 防火墙规则。

```
[root@localhost ~]# iptables -L
Chain INPUT (policy ACCEPT)
target     prot opt source               destination
ACCEPT     tcp  -- anywhere             anywhere             tcp dpt:ssh
ACCEPT     icmp -- anywhere             anywhere
DROP       all  -- anywhere             anywhere

Chain FORWARD (policy ACCEPT)
target     prot opt source               destination

Chain OUTPUT (policy ACCEPT)
target     prot opt source               destination
```

使用指令 iptables -L 查看防火墙规则，未指定表名，则默认显示 filter 表的规则，包括 3 条链：INPUT 链、FORWARD 链和 OUTPUT 链。3 条链的默认目标策略都是 ACCEPT。链中的参数包括 target（目标策略）、prot（协议）、opt（操作）、source（源 IP 地址）、destination（目的 IP 地址）。

例 11：将 INPUT 链的默认目标策略设置为 DROP。

```
[root@localhost ~]# iptables -P INPUT DROP
[root@localhost ~]# iptables -L
Chain INPUT (policy DROP)
target     prot opt source              destination
ACCEPT     tcp -- anywhere          anywhere              tcp dpt:ssh
ACCEPT     icmp -- anywhere         anywhere
DROP       tcp -- anywhere              anywhere

Chain FORWARD (policy ACCEPT)
target     prot opt source              destination

Chain OUTPUT (policy ACCEPT)
target     prot opt source              destination
```

当 INPUT 链默认目标策略设置为 DROP 时，需要用户配置 ACCEPT 允许通过的规则策略。DROP 目标策略的目的是当接收到数据包时，按照链中规则的顺序匹配所有允许规则，当全部规则都不匹配时，则拒绝该数据包通过。

例 12：仅允许 IP 地址为 192.168.104.0/24 网段的主机 ping 本机。

```
[root@localhost ~]# iptables -I INPUT -p icmp -s 192.168.104.0/24 -j ACCEPT
[root@localhost ~]# iptables -L INPUT
Chain INPUT (policy ACCEPT)
target     prot opt source              destination
ACCEPT     icmp -- 192.168.104.0/24     anywhere
ACCEPT     tcp -- anywhere          anywhere              tcp dpt:ssh
ACCEPT     icmp -- anywhere         anywhere
DROP       all -- anywhere          anywhere
[root@localhost ~]# iptables -D INPUT 3
[root@localhost ~]# iptables -L INPUT
Chain INPUT (policy ACCEPT)
target     prot opt source              destination
ACCEPT     icmp -- 192.168.104.0/24     anywhere
ACCEPT     tcp -- anywhere          anywhere              tcp dpt:ssh
DROP       all -- anywhere          anywhere
```

iptables 防火墙会按照顺序匹配规则，保证 ACCEPT 规则在 DROP 规则的上面。同时若限制网段访问，应注意将允许全部通过的规则删除。

例 13：不允许任何用户访问本机的 3306 端口。由于 MySQL 服务默认开启在 3306 端口，通过该配置可以有效防止非法连接 MySQL 服务。

```
[root@localhost ~]# iptables -I INPUT -p tcp --dport 3306 -j REJECT
[root@localhost ~]# iptables -I INPUT -p udp --dport 3306 -j REJECT
[root@localhost ~]# iptables -L INPUT
Chain INPUT (policy ACCEPT)
target     prot opt source              destination
REJECT     udp -- anywhere              anywhere              udp dpt:mysql
reject-with icmp-port-unreachable
REJECT     tcp -- anywhere              anywhere              tcp dpt:mysql
```

```
reject-with icmp-port-unreachable
ACCEPT    icmp -- 192.168.104.0/24    anywhere
ACCEPT    tcp  -- anywhere            anywhere            tcp dpt:ssh
DROP      all  -- anywhere            anywhere
```

10.4 项目实施

为了对新部署的 Linux 操作系统服务器实施网络安全配置，接下来需要完成两个任务，包括启用 SSH 服务并限制超级管理员远程登录权限和配置 Linux 防火墙安全访问策略。

任务 10-1 启用 SSH 服务并限制超级管理员远程登录权限

根据《信息安全技术 网络安全等级保护基本要求》和《电信网和互联网安全防护基线配置要求及检测要求 操作系统》，Linux 操作系统的网络安全配置要求新部署的服务器"启用 SSH 服务并限制超级管理员远程登录权限"。

微课视频

微课 17 启用 SSH 服务并限制超级管理员远程登录权限

1. 查看 SSH 和 telnet 服务状态

在 CentOS 7 中，默认安装并启用了 SSH 服务，可通过以下步骤确认 SSH 服务和 telnet 服务的状态。

（1）通过进程查看

使用 ps -ef 指令查看，SSH 服务和 telnet 服务的结果分别如图 10-8 和图 10-9 所示。

```
ps -ef |grep sshd
ps -ef |grep telnet
```

```
[root@localhost ~]# ps -ef |grep sshd
root      1370      1  0 08:47 ?        00:00:00 /usr/sbin/sshd -D
root      1764   1723  0 09:39 tty1     00:00:00 grep --color=auto sshd
```

图 10-8 SSH 服务存在

```
[root@localhost ~]# ps -ef |grep telnet
root      1773   1723  0 09:41 tty1     00:00:00 grep --color=auto telnet
[root@localhost ~]#
```

图 10-9 telnet 服务不存在

（2）通过开机启动列表查看

通过开机启动列表查看，使用 list-unit-files，系统开机会自动启动 SSH 服务，不会自动启动 telnet 服务，如图 10-10 和图 10-11 所示。

```
[root@localhost ~]# systemctl list-unit-files |grep sshd
sshd-keygen.service                        static
sshd.service                               enabled
sshd@.service                              static
sshd.socket                                disabled
```

图 10-10 SSH 服务会在开机时自动启动

```
[root@localhost ~]# systemctl list-unit-files |grep telnet
telnet@.service                            static
telnet.socket                              disabled
```

图 10-11 telnet 服务不会在开机时自动启动

注：在开机启动列表中，static 表示该服务与其他服务相关联，不能单独设置该服务的启动状态；disabled 表示禁止开机启动；enabled 表示允许开机启动。

（3）通过监听端口查看

通过 netstat 指令查看，SSH 的 22 号端口处于监听状态，telnet 的默认 23 号端口未开放，如图 10-12 和图 10-13 所示。

图 10-12　SSH 的 22 号端口处于监听状态

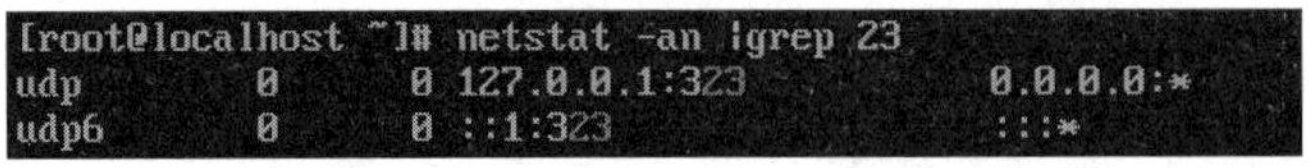

图 10-13　telnet 的默认 23 号端口未开放

2. 限制 root 通过 SSH 远程登录

（1）修改配置文件

使用 vi 编辑器，将/etc/ssh/sshd_config 配置文件中 PermitRootLogin 参数设置行的注释取消，将参数值设定为 no 并保存，修改前后的配置文件相关内容如图 10-14 所示。

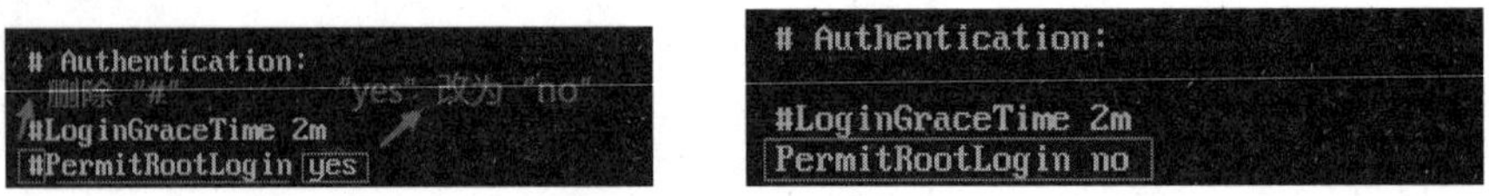

（a）配置文件修改前　　　　　　　　　　（b）配置文件修改后

图 10-14　修改配置文件

（2）重启 SSH 服务

使用如下指令重启 SSH 服务。

```
[root@localhost ~]# systemctl restart sshd
```

（3）测试

使用 root 账户通过 SSH 协议登录服务器，即使输入正确的口令，也不能登录成功，如图 10-15 所示。

图 10-15　使用 root 账户通过 SSH 协议登录失败

3. 限制 root 账户远程 telnet 登录

将/etc/securetty 配置文件中所有 "pts/n" 行删除，其中 "n" 为一个十进制整数。

4. 限制 root 账户终端 tty 登录

若要限制 root 账户从终端登录，则将/etc/securetty 配置文件中所有 "ttyn" 行删除，其中 "n" 为一个十进制整数。

5. 小结

不存在 pts/n，则禁止了 telnet 登录，PermitRootLogin no 禁止了 SSH 登录，符合以上条件则禁止了 root 账户远程登录且符合安全要求，否则不符合安全要求。

任务 10-2 配置 Linux 防火墙安全访问策略

根据《信息安全技术 网络安全等级保护基本要求》和《电信网和互联网安全防护基线配置要求及检测要求 操作系统》，Linux 操作系统的网络安全配置要求服务器满足："根据访问控制策略设置访问控制规则，默认情况下除允许的通信受控接口外拒绝所有通信。""应删除多余或无效的访问控制规则，优化访问控制列表，并保证访问控制规则数量最小化。""应对源地址、目的地址、源端口、目的端口和协议等进行检查，以允许/拒绝数据包进出。""应关闭不需要的高危端口。"

新部署的服务器使用 firewalld 防火墙，根据公司规定，仅允许通过办公区客户端远程连接服务器，即仅允许客户端 192.168.104.1 远程连接服务器或 ping 服务器，通过配置 firewalld 防火墙服务来满足以上要求。

1. 确认 firewalld 防火墙服务的状态

（1）查看 firewalld 服务的运行状态

利用如下指令查看 firewalld 服务的运行状态，确认其处于运行状态，如图 10-16 所示。

```
[root@localhost ~]# systemctl status firewalld
```

图 10-16　firewalld 服务处于运行状态

（2）确认 firewalld 服务开机自启动

利用如下指令查看 firewalld 服务在开机启动列表中，确认其状态为 enabled，如图 10-17 所示。

```
[root@localhost ~]# systemctl list-unit-files |grep firewalld
```

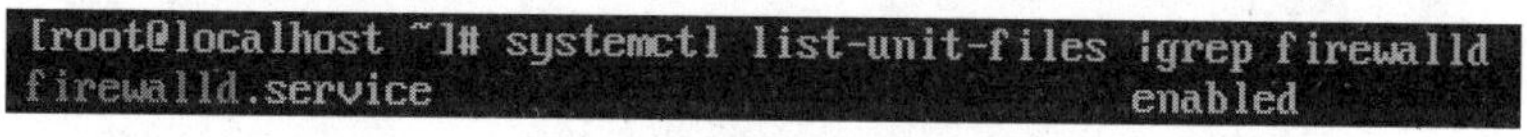

图 10-17　firewalld 服务在开机启动列表中的状态

（3）获取防火墙的活动域

利用如下指令获取防火墙的活动域，从图 10-18 可以看到防火墙的活动域为 public，那么后续的防火墙策略应在 public 域内设置。

```
[root@localhost ~]# firewall-cmd --get-active-zones
```

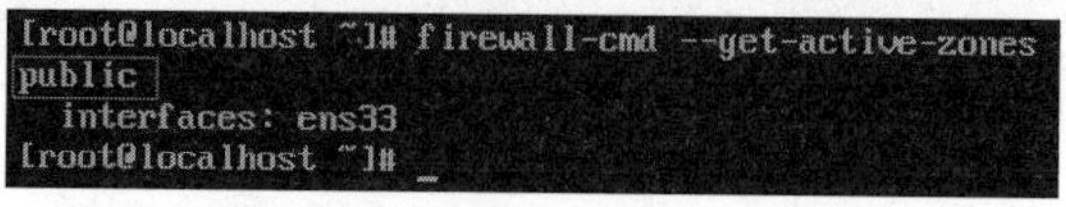

图 10-18　查看防火墙的活动域

2. 配置 firewalld 防火墙服务

（1）删除活动域的多余策略

① 利用如下指令查看活动域的策略。

```
[root@localhost ~]# firewall-cmd --zone=public --list-all
```

在图 10-19 所示的 public 活动域的策略中，dhcpv6-client 服务是不需要的，应该删除。

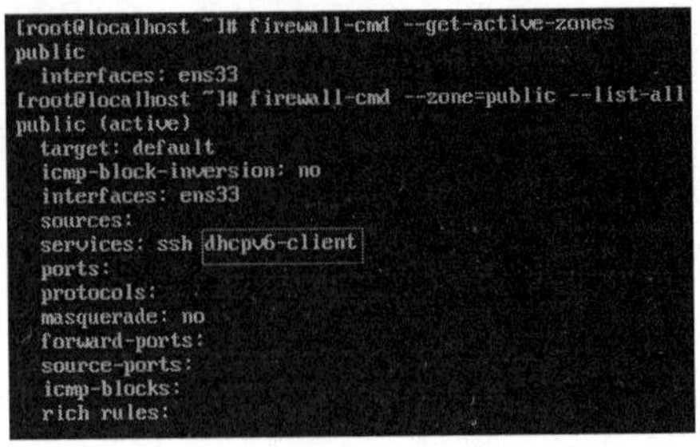

操作系统安全（微课版）

图 10-19　public 活动域的策略

② 删除活动域中多余的策略。

利用如下指令将 dhcpv6-client 服务从 public 活动域中删除。

```
[root@localhost ~]# firewall-cmd --zone=public --permanent --remove-service=
dhcpv6-client
success
```

使用如下指令重载防火墙策略。

```
[root@localhost ~]# firewall-cmd --reload
success
```

使用如下指令确认 dhcpv6-client 服务已从 public 活动域中删除。

```
[root@localhost ~]# firewall-cmd --query-service=dhcpv6-client --zone=public
no
```

（2）设置防火墙策略限制 ping 的源地址

按照如下步骤设置防火墙策略，使得仅允许 IP 地址为 192.168.104.1 的主机可以 ping 通服务器。

① 设置禁 ping 策略。

```
[root@localhost ~]# firewall-cmd --permanent --zone=public --add-icmp-block-
inversion
success
```

② 添加 rich-rule 策略。

```
[root@localhost ~]# firewall-cmd --permanent --zone=public --add-rich-rule=
'rule family="ipv4" source address="192.168.104.1/32" protocol value="icmp"
accept'
success
```

③ 重载策略。

```
[root@localhost ~]# firewall-cmd --reload
success
```

④ 确认最终策略。

```
[root@localhost ~]# firewall-cmd --zone=public --list-all
public (active)
  target: default
  icmp-block-inversion: yes
  interfaces: ens33
  sources:
  services: ssh
  ...
```

```
    rich rules:
        rule family="ipv4" source address="192.168.104.1/32" protocol value="icmp"
accept
```

⑤ 测试。

通过修改物理主机 VMnet8 的地址，变更连接虚拟服务器的客户端地址。经过测试，IPv4
地址为 192.168.104.1 的主机可以 ping 通服务器，如图 10-20 所示。IPv4 地址为 192.168.104.2
的主机不能 ping 通服务器，如图 10-21 所示。

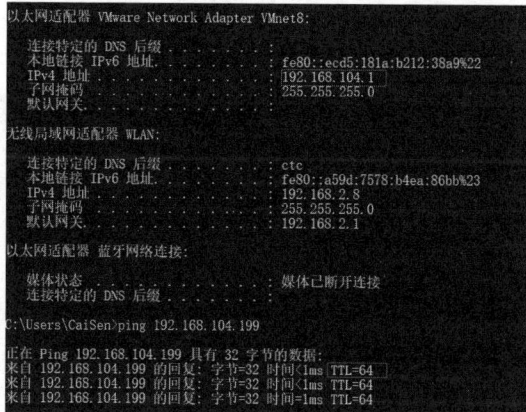

图 10-20   IPv4 地址为 192.168.104.1 的
主机可以 ping 通服务器

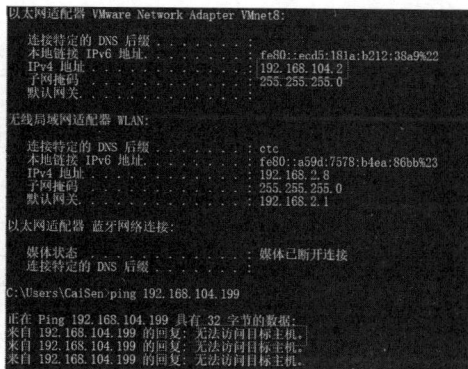

图 10-21   IPv4 地址为 192.168.104.2 的
主机不能 ping 通服务器

（3）设置防火墙策略限制远程连接的源地址

已经在任务 10-1 中设置了远程连接使用 SSH 服务，通过 22 号端口
连接，所以需要增加限制访问 22 号端口源地址的策略。

① 移除 SSH 服务策略。

```
[root@localhost ~]# firewall-cmd --permanent --remove-service=ssh
--zone=public
success
```

② 添加 rich-rule 策略。

```
[root@localhost    ~]#      firewall-cmd    --permanent         --zone=public
--add-rich-rule='rule  family="ipv4"  source  address="192.168.104.1/32"  port
port="22" protocol="tcp" accept'
success
```

③ 重载策略。

```
[root@localhost ~]# firewall-cmd --reload
success
```

④ 确认最终策略。

```
[root@localhost ~]# firewall-cmd --zone=public --list-all
public (active)
  target: default
  icmp-block-inversion: yes
  interfaces: ens33
  sources:
  services:
```

微课视频

微课 18   设置防火
墙策略限制远程连
接的源地址

```
...
rich rules:
    rule family="ipv4" source address="192.168.104.1/32" protocol value="icmp"
accept
    rule  family="ipv4"  source  address="192.168.104.1/32"  port  port="22"
protocol="tcp" accept
```

⑤ 测试。

经过测试，IPv4 地址为 192.168.104.1 的主机可以通过 SSH 协议远程连接服务器，如图 10-22 所示。IPv4 地址为 192.168.104.2 的主机不能通过 SSH 协议远程连接服务器，如图 10-23 所示。

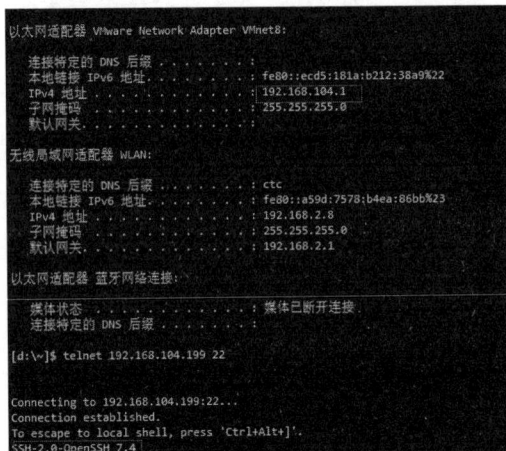

图 10-22　IPv4 地址为 192.168.104.1 的
主机可以通过 SSH 协议远程连接服务器

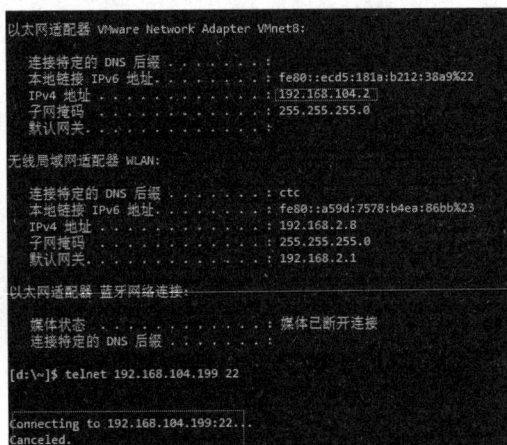

图 10-23　IPv4 地址为 192.168.104.2 的
主机不能通过 SSH 协议远程连接服务器

10.5　项目小结

本项目介绍了 Linux 操作系统安全的第四个维度——操作系统的网络安全。从知识准备和项目实施两个角度，本项目依次讲解了 Linux 操作系统网络安全管理的 3 个方面，包括 Linux 的端口管理、远程登录管理和防火墙的相关理论知识和实际项目实施。

通过对本项目的介绍，希望读者能够构建 Linux 操作系统网络安全管理的基本架构以及遵循的理论依据和原则，在实践中能够准确地为系统配置网络策略，从而从网络的维度确保操作系统的安全。

10.6　实践拓展

根据本项目所学内容，尝试启用 iptables 服务完成任务 10-2，主要要求如下。
① 删除多余或无效的访问控制规则。
② 仅允许客户端 192.168.104.1 通过 SSH 协议远程连接服务器。
③ 仅允许客户端 192.168.104.1 ping 通服务器。

10.7　素养拓展

《中华人民共和国网络安全法》作为我国第一部全面规范网络空间安全管理方面问题的

基础性法律，是我国网络空间法治建设的重要里程碑，是依法治网、化解网络风险的法律重器，是让互联网在法治轨道上健康运行的重要保障。《中华人民共和国网络安全法》于 2016 年通过，自 2017 年 6 月 1 日起实施。

10.8　项目习题

1.（单选题）（　　　）要查询 iptables 的 5 个表的规则。

    A．INPUT 链　　　　　　　　　　　　B．OUTPUT 链

    C．FORWARD 链　　　　　　　　　　D．POSTROUTING 链

    E．PREROUTING 链

2.（单选题）关于 Linux 远程登录的说法错误的是（　　　）。

    A．应限制超级用户远程登录

    B．远程登录应使用 SSH 建立连接

    C．telnet 在本质上都是不安全的，因为它们在网络上用明文传输口令和数据

    D．将/etc/securetty 中的 pts/n（n 为十进制整数）所在行删除即可限制 root 账户远程登录

3.（单选题）Linux 防火墙添加以下策略的目的是（　　　）。

```
iptables -I INPUT -p tcp -s 192.168.104.1 --dport 22 -j ACCEPT
iptables -A INPUT -p tcp  --dport 22 -j DROP
```

    A．仅允许 192.168.104.1 访问 SSH 服务

    B．仅允许 192.168.104.1 访问 FTP 服务

    C．仅允许 192.168.104.1 访问 telnet 服务

    D．仅允许 192.168.104.1 访问 HTTP 服务

4.（判断题）firewalld 防火墙各域对域内流经的数据包最终做出的处理动作由 target 定义，若 target 定义为 default，则代表在该域内若传入流量没有匹配任何规则将被拒绝。（　　　）

5.（判断题）firewall-cmd 指令配置的策略也分为运行时和永久两种模式。永久模式在配置后会一直有效，无须重启或重载。（　　　）

项目⑪ Linux 操作系统的日志安全管理

日志安全管理是 Linux 操作系统安全的第五个维度。本项目通过对 Linux 操作系统服务器实施日志安全管理达到以下目标。

知识目标

- 掌握 Linux 操作系统的日志类型；
- 掌握日志管理工具 rsyslog 的配置文件的含义；
- 掌握日志轮转工具 logrotate 的配置文件的含义。

技能目标

- 能够按需求在本地及远程记录日志；
- 能设置日志保存期限。

素质目标

- 培养独立思考、自主学习的能力；
- 培养安全敏感意识；
- 培养严谨的科学作风和踏实的工作态度。

11.1 项目概述及分析

某企业新部署了一台装有 Linux 操作系统的服务器，系统管理员已按照人员的不同角色创建了账户、分配了权限，并按照信息安全技术网络安全等级保护的要求以及系统防护的需要设置了口令安全策略和网络安全策略，现需要对其实施日志安全配置。

根据《信息安全技术 网络安全等级保护基本要求》和《电信网和互联网安全防护基线配置要求和检测要求 操作系统》，Linux 操作系统的日志安全配置需符合如下要求。

① 启用 syslog 系统日志审计功能。

② 系统日志文件由 syslog 创立并且不可被其他用户修改，其他的系统日志文件不是全

局可写的。

③ 启用记录 cron 行为日志功能。

④ 设备配置远程日志功能，将需要重点关注的日志内容传输到日志服务器。

⑤ 应提供重要数据的本地数据备份与恢复功能。

为了确保新部署的服务器符合《信息安全技术　网络安全等级保护基本要求》和《电信网和互联网安全防护基线配置要求及检测要求　操作系统》，并结合 Linux 操作系统的安全架构及组件，可以启用 rsyslog 服务来满足要求①～④，通过配置 logrotate 模块满足要求⑤。

综上所述，为了完成对新部署的 Linux 服务器的日志安全加固，需要完成以下任务。

任务一：启用 rsyslog 服务实施日志安全配置。

任务二：配置 logrotate 设置日志保存期限。

接下来，在实验环境中通过实施以上任务来掌握实际生产中需要的技能。在实施任务前，需要清楚实验环境并进行相关的知识准备。

11.2　实验环境

在实验中，利用一台装有 CentOS 7 的虚拟机来模拟企业新部署的 Linux 操作系统的服务器，实验环境拓扑如图 11-1 所示。客户端即安装虚拟机的物理主机，客户端安装的操作系统为 Windows 10，虚拟服务器和远程日志服务器是在物理主机的 VMware 虚拟环境中安装的虚拟机，操作系统为 CentOS 7，客户端与虚拟服务器和远程日志服务器的网络是互通的。通过对虚拟服务器进行日志管理的安全加固，掌握实际生产中所需要的 Linux 操作系统日志安全管理配置的相关技能。

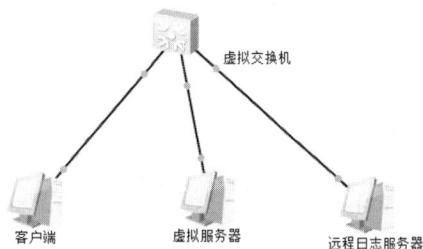

图 11-1　实验环境拓扑

11.3　知识准备

syslog 是一个综合的日志记录系统，它广泛应用于各类 UNIX 系统上，主要功能是方便日志管理和分类存放。从 CentOS 6 开始，rsyslog 服务取代了 syslog 进行日志管理。在实施任务前，需要掌握 Linux 操作系统的日志、rsyslog 服务和 logrotate 日志轮转模块的相关知识。

11.3.1　Linux 操作系统的日志

通过项目 4 的学习，已经知道事件是指在系统或程序中发生的、要求通知用户的任何重要事情。日志用于记录系统中发生的事件，既能用于排查解决故障，也是安全审计的基础。接下来通过 Linux 操作系统中日志的类型、常见的日志文件和日志的查看这 3 个方面来认识 Linux 操作系统的日志。

1．Linux 操作系统的日志类型

依据记录事件类型的不同，Linux 操作系统中的日志也会被分为不同类型。

系统日志：用于记录包含系统进程、设备磁盘活动等系统发生的事件。

用户日志：用于记录用户登录、登出系统的信息。

程序日志：由各应用程序产生，如 apache 日志、nginx 日志等。

2. Linux 操作系统常见的日志文件

Linux 操作系统的日志默认存储在/var/log 目录下。常见日志文件如表 11-1 所示。

表 11-1 常见日志文件

日志文件	解　释
/var/log/boot.log	记录系统在引导过程中发生的事件
/var/log/messages	记录系统守护进程、用户、程序、公共消息和内核等发生的事件
/var/log/cron	记录计划任务事件
/var/log/maillog	记录邮件服务事件
/var/log/secure	记录用户登录验证事件
/var/log/wtmp	记录所有用户登录事件
/var/run/utmp	记录当前用户登录事件
/var/log/btmp	记录用户不成功的尝试登录事件

3. Linux 操作系统日志的查看

表 11-1 中所列的日志大部分为普通的文本文件，可以通过 cat、tail 等指令查看。wtmp、utmp 和 btmp 日志文件有所不同，它们是二进制文件，需要通过 who、users、last 等指令来调用。

（1）who 指令

who 指令默认查询 utmp 文件并报告当前登录的每个用户。who 指令默认输出用户名、终端类型、登录日期及远程主机等信息。

```
[root@localhost ~]# who
root           tty1        2022-10-20 11:59
zhangsan       pts/0       2022-10-23 07:22 (192.168.104.1)
```

使用该指令，系统管理员可以查看系统当前是否存在非法用户，从而进行审计和处理。

若指明 wtmp 文件，则报告自 wtmp 文件创建以来的每一次登录。

```
[root@localhost ~]# who /var/log/wtmp
zhangsan       tty1        2021-04-03 06:53
root           tty1        2021-04-03 07:11
root           tty1        2021-04-04 06:52
```

（2）users 指令

users 指令输出当前登录的用户，每个用户名对应一个登录会话。若一个用户不止一个登录会话，则其用户名显示个数将与登录会话个数相同。

```
[root@localhost ~]# users
root zhangsan zhangsan
```

（3）last 指令

last 指令显示所有用户的登录信息。默认读取的是/var/log/wtmp 文件的信息。输出的内容包括用户名、终端位置、登录源信息、开始时间、结束时间、持续时间。注意最后一行输出的是 wtmp 文件起始记录的时间。

```
[root@localhost ~]# last
```

```
root     pts/0        192.168.104.1    Sun Oct 23 07:22   still logged in
root     pts/4        192.168.104.199  Thu Oct 20 15:26 - 15:26  (00:00)
zhangsan pts/1        192.168.104.1    Thu Oct 20 15:20 - 15:22  (00:02)
…
root     tty1                          Sun Apr  4 08:44 - 06:19  (21:34)
.....
wtmp begins Sat Apr  3 06:52:27 2021
```

last 指令也可以通过-f 选项指定读取文件, 例如指定文件/var/run/utmp 查看当前登录用户信息。

```
[root@localhost ~]# last -f /var/run/utmp
root     pts/0        192.168.104.1    Sun Oct 23 07:22   still logged in
root     tty1                          Thu Oct 20 11:59   still logged in
reboot   system boot  3.10.0-693.el7.x Tue Oct 18 12:51 - 11:57 (4+23:06)
```

指定文件/var/log/btmp 查看登录失败的日志。

```
[root@localhost ~]# last -f /var/log/btmp
root     ssh:notty    192.168.104.1    Thu Oct 20 15:26   gone - no logout
root     pts/1        192.168.104.1    Thu Oct 20 15:20   gone - no logout
zhangsan tty1                          Wed Oct 19 08:31 - 08:32  (00:00)
…
btmp begins Sun Oct 16 07:57:35 2022
```

last 指令还可以指明用户。

```
[root@localhost ~]# last zhangsan
zhangsan pts/1        192.168.104.1    Thu Oct 20 15:20 - 15:22  (00:02)
zhangsan pts/5        192.168.104.1    Wed Oct 19 14:40 - 14:55  (00:14)
zhangsan tty1                          Wed Oct 19 14:29 - 14:31  (00:02)
…
wtmp begins Sat Apr  3 06:52:27 2021
```

（4）lastb 指令

lastb 指令列出登录失败的登录信息, 默认读取的是/var/log/btmp 文件的信息。

```
[root@localhost ~]# lastb
root     ssh:notty    192.168.104.1    Thu Oct 20 15:26 - 15:26  (00:00)
root     ssh:notty    192.168.104.199  Thu Oct 20 15:25 - 15:25  (00:00)
root     ssh:notty    192.168.104.1    Thu Oct 20 15:24 - 15:24  (00:00)
root     pts/1        192.168.104.1    Thu Oct 20 15:20 - 15:20  (00:00)
…
btmp begins Sun Oct 16 07:57:35 2022
```

11.3.2 rsyslog 日志系统

1. rsyslog 是什么

在 CentOS 7 中, 默认的日志系统是 rsyslog, 它是一个在类 UNIX 系统上使用的开源工具, 用于在 IP 网络中转发日志信息。rsyslog 是 syslog 的多线程增强版, 启用 rsyslog 可以满足并且优于启用 syslog 想要达到的目的。

2. rsyslog 的配置文件

守护进程 rsyslogd 的配置文件有/etc/sysconfig/rsyslog、/etc/rsyslog.conf 和/etc/rsyslog.d/*.conf。/etc/sysconfig/rsyslog 文件用于配置守护进程的运行参数。

/etc/rsyslog.conf 是 rsyslog 的主配置文件。守护进程 rsyslogd 在启动时会读取主配置文件，并通过主配置文件加载/etc/rsyslog.d/目录下的所有配置文件。所以可以通过编辑配置文件来控制 rsyslog 的行为。下面主要介绍 rsyslog 的主配置文件/etc/rsyslog.conf。

rsyslog 是基于模块化设计的，在主配置文件中可配置不同的功能模块，要详细了解各个模块请参考 rsyslog 的 HTML 文档，下面以"**注释**"的形式对默认配置文件中 MODULES 部分进行说明。

```
** MODULES **
$ModLoad imuxsock     **提供本地系统日志支持**
$ModLoad imjournal    ** 提供对 systemd journal 的访问**
#$ModLoad imklog       **提供内核日志支持**
#$ModLoad immark      ** 提供--MARK--消息功能**
# Provides UDP syslog reception    **提供远程日志的 UDP 接收支持**
#$ModLoad imudp       **imudp 模块用于支持 UDP**
#$UDPServerRun 514    **启用 514 端口接收使用 UDP 发送过来的日志**
# Provides TCP syslog reception     **提供远程日志的 TCP 接收支持**
#$ModLoad imtcp       ** imtcp 模块用于支持 TCP**
#$InputTCPServerRun 514    **启用 514 端口接收使用 TCP 发送过来的日志**
```

主配置文件的基本结构主要如下。

① GLOBAL DIRECTIVES：全局命令，设置全局参数，如主消息尺寸、加载扩展模块等。

② Templates：模板，指定记录的消息格式，也用于动态文件名称的生成。

③ Output channels：输出通道，对用户期望的任何类型的消息提供输出通道。

④ RULES：规则，指定消息规则，可以引用之前的定义模板和输出通道。

默认配置文件中 GLOBAL DIRECTIVES 部分，以"**注释**"形式对主要配置进行如下说明。

```
# Where to place auxiliary files
$WorkDirectory/var/lib/rsyslog     **工作目录**
# Use default timestamp format
$ActionFileDefaultTemplate RSYSLOG_TraditionalFileFormat    **使用默认日志的时间戳格式**
……
# Include all config files in/etc/rsyslog.d/
$IncludeConfig/etc/rsyslog.d/*.conf    **导入/etc/rsyslog.d/目录下的配置文件**
……
```

有关 Templates 和 Output channels 的配置请参考 rsyslog 的文档。下面重点说明 RULES 部分的配置语法，RULES 配置的每一行格式如下。

facility.priority   action
设备.级别   动作

设备字段用来指定要监视的事件，可取的值如表 11-2 所示。

表 11-2　RULES 配置设备字段

设备字段	说　明	设备字段	说　明
auth	PAM 产生的日志	mark	心跳信息，默认每 20min 生成一次
authpriv	认证活动事件	syslog	syslog 生成的日志
cron	时间任务的有关事件	news	新闻服务有关的信息
ftp	FTP 守护进程的信息	user	用户、程序产生的相关信息
kern	与内核有关的信息	uucp	由 UUCP 子系统生成的信息
lpr	打印服务有关的信息	local 0~7	保留给本地其他应用程序使用
mail	与邮件服务有关的信息		

级别字段用于指明与每一种设备有关的级别和优先级，由低到高的取值及说明如表 11-3 所示。

表 11-3　RULES 配置级别字段

级别字段	说　明
debug	由运行于 debug 模式的程序所产生的消息
info	一般信息类型事件的日志
notice	需要引起注意的情况
warning	警告级别
err	错误级别，阻止某个功能或者模块不能正常工作的信息
crit	严重级别，阻止整个系统或者整个软件不能正常工作的信息
alert	需要立刻修改的信息
emerg	紧急情况，如内核崩溃等严重信息
none	禁止任何信息
*	所有级别，除了 none

日志级别规则如下。

● *：所有级别。如 authpriv.*代表记录验证相关的所有级别的信息。

● none：禁止任何级别。如 mail.none 代表不记录邮件服务的任何信息。

● priority：此级别以及高于此级别的所有级别。如 news.crit 代表记录 news 新闻服务有关的 crit 及 crit 级别以上的信息，即 crit、alert、emerg 这 3 个级别。

● =priority：仅此级别。如 cron.=err 代表仅记录 cron 计划任务 err 级别的信息。

动作字段用于描述如何处理所产生的日志，可取的值如表 11-4 所示。

表 11-4　RULES 配置动作字段

动作字段	说　明
filename	指定绝对路径的日志文件名来记录日志信息，通常位于/var/log 目录中；文件路径之前的"-"（半字线）表示异步写入
:omusrmsg:users	发送信息到指定的用户，users 可以使用逗号分隔符的用户列表，*表示所有用户

续表

动作字段	说　　明
device	将信息发送到指定设备中，如/dev/console
|named-pipe	将日志记录到指令管道，用于日志调试非常方便。指令管道必须在 rsyslog 启动之前使用 mkfifo 指令创建
@hostname	将信息发送到可解析远程主机hostname或IP地址，该主机必须正在运行rsyslogd，并可以识别 rsyslog 的配置文件，默认使用upd:514 端口传送日志信息
@@hostname	将信息发送到可解析远程主机hostname或IP地址，该主机必须正在运行rsyslogd，并可以识别 rsyslog 的配置文件，默认使用 tcp:514 端口传送日志信息

11.3.3　logrotate 日志轮转模块

1. logrotate 是什么

logrotate用于滚动轮转、压缩和邮寄系统日志，旨在简化产生大量日志的系统管理。它用于分割日志文件、创建新的日志文件、删除旧的日志文件，允许自动轮转存储、日志文件的压缩、删除和邮寄。每个日志文件可以每天、每周、每月或当它达到一定大小时轮转存储。

logrotate 作为日常 cron 定时作业运行，本身不是守护进程，其脚本是/etc/cron.daily/logrotate。

实际运行时，logrotate 依据一系列配置文件处理日志文件，定义轮转规则，可以基于时间或日志文件的大小归档日志。

2. logrotate 的配置文件

logrotate 的配置文件包括主配置文件/etc/logrotate.conf 和/etc/logrotate.d/目录下的配置文件。logrotate 脚本运行时，会读取主配置文件/etc/logrotate.conf，/etc/logrotate.d/目录下的所有文件都会被读入/etc/logrotate.conf 文件中而起作用。

若要详细了解 logrotate 配置文件的规则，请参考配置手册，下面以"**注释**"的形式对主配置文件/etc/logrotate.conf 的默认主要配置进行说明。

```
# see "man logrotate" for details
# rotate log files weekly
weekly                  **日志按周轮转记录**


# keep 4 weeks worth of backlogs
rotate 4                **日志备份保留 4 份**


# create new (empty) log files after rotating old ones
create                  **轮转存储旧日志后创建新的日志文件**


    # use date as a suffix of the rotated file
dateext                 **使用日期作为轮转日志文件的后缀**


# uncomment this if you want your log files compressed
#compress               **是否压缩，若压缩则取消行首的注释**
```

```
# RPM packages drop log rotation information into this directory
include/etc/logrotate.d **导入/etc/logrotate.d 目录下的所有配置文件**

# no packages own wtmp and btmp -- we'll rotate them here
**wtmp 和 btmp 两个日志文件的轮转规则在此处配置**
/var/log/wtmp {            **/var/log/wtmp 日志的轮转方式**
   monthly                 **日志按月轮转记录**
   create 0664 root utmp     **轮转后创建新的文件并设置权限**
     minsize 1M            **文件最小达到 1MB 才轮转**
   rotate 1                **日志备份保留 1 份**
}

/var/log/btmp {            **/var/log/btmp 日志的轮转方式**
   missingok               **丢失不提示**
   monthly                 **日志按月轮转记录**
   create 0600 root utmp     **轮转后创建新的文件并设置权限**
   rotate 1                **日志备份保留 1 份**
}

# system-specific logs may be also be configured here.
```

/etc/logrotate.d/ 目录下的配置文件的配置规则与主配置文件的相同。/etc/logrotate.d/目录下 bootlog 配置文件内容如图 11-2 所示。如果/etc/logrotate.d/ 里面的文件中没有设定一些细节，则会以主配置文件/etc/logrotate.conf 中的设定作为默认值。同时，也可以将其他需要轮转存储的日志配置文件放在/etc/logrotate.d/目录中。

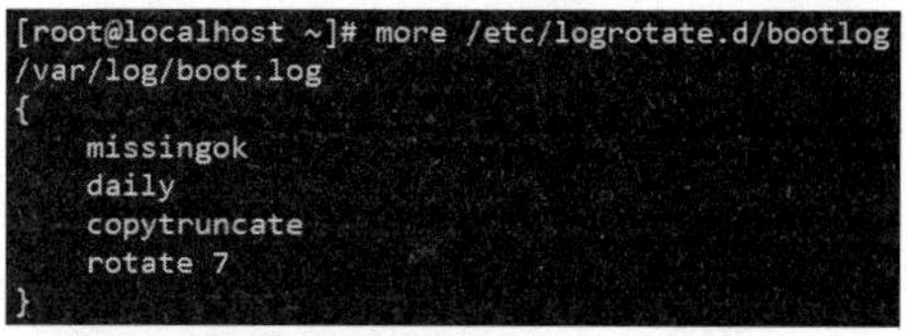

```
[root@localhost ~]# more /etc/logrotate.d/bootlog
/var/log/boot.log
{
    missingok
    daily
    copytruncate
    rotate 7
}
```

图 11-2　/etc/logrotate.d/bootlog 配置文件内容

11.4　项目实施

为了对新部署的 Linux 操作系统服务器实施日志安全配置，接下来需要完成两个任务，包括启用 rsyslog 服务实施日志安全配置和配置 logrotate 设置日志保存期限。

任务 11-1　启用 rsyslog 服务实施日志安全配置

根据《信息安全技术 网络安全等级保护基本要求》和《电信网和互联网安全防护基线配置要求及检测要求 操作系统》，Linux 操作系统的日志安全配置要求新部署的服务器满足以下条件。

① 启用 syslog 系统日志审计功能。

② 系统日志文件由 syslog 创立并且不可被其他用户修改，其他的系统日志文件不是全局可写的。

③ 启用记录 cron 行为日志功能。

④ 设备配置远程日志功能，将需要重点关注的日志内容传输到日志服务器。

根据企业的网络规划和重点关注的日志内容情况，将 192.168.104.200 作为日志服务器，将 192.168.104.199 服务器的 SSH 日志内容传输到日志服务器。下面根据要求逐一确认并配置。

从 CentOS 6 开始，rsyslog 取代了 syslog 进行日志管理，①②可通过启用和配置 rsyslog 满足。

1. 确认 rsyslog 服务已启用

使用指令：

```
[root@localhost ~]# systemctl status rsyslog
```

确定 rsyslog 服务为 active 状态，如图 11-3 所示，说明服务已开启。

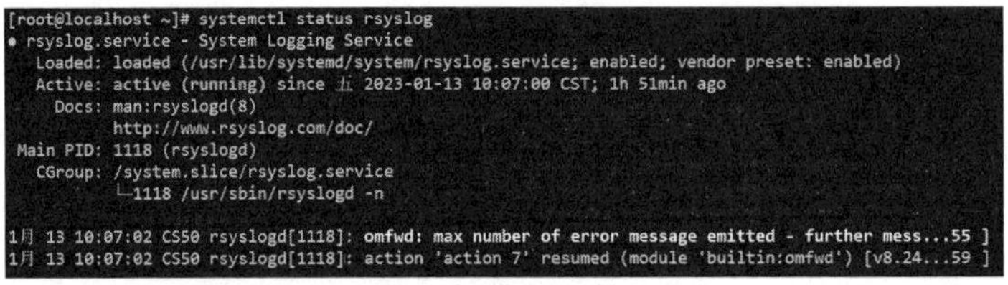

图 11-3　确认 rsyslog 服务为 active 状态

2. 确认系统日志文件权限

使用指令：

```
[root@localhost ~]# ls -l
```

可查看/var/log/messages、/var/log/secure、/var/log/maillog、/var/log/cron、/var/log/spooler、/var/log/boot.log 等日志的访问权限。以查看/var/log/messages 日志文件权限为例，如图 11-4 所示，其所有者为 root，除 root 账户外，其他用户均无读写权限。通过查看 rsyslogd 进程，由图 11-5 可知，rsyslogd 进程由 root 账户启动，因此系统日志/var/log/messages 的权限符合基线配置要求。按照同样的方法，可以确认其他系统日志的权限是否符合基线要求。

图 11-4　查看/var/log/messages 日志文件权限

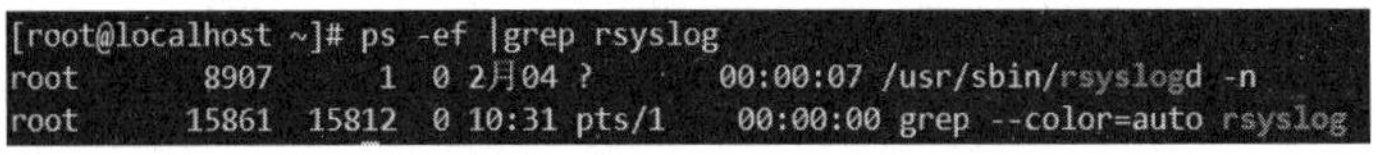

图 11-5　查看 rsyslogd 进程

3. 确认启用记录 cron 行为日志功能

使用指令：

```
[root@localhost ~]# more/etc/rsyslog.conf |grep cron
```

查看/etc/rsyslog.conf 主配置文件中已配置的"cron 行为日志"相应规则（RULES），如图 11-6 所示，cron 计划任务的所有级别的行为日志均记录在/var/log/cron 文件中。

图 11-6　/etc/rsyslog.conf 配置文件中"cron 行为日志"相应规则配置

```
[root@localhost ~]# ls /var/log/cron*
```

查看/var/log 目录下以 cron 为前缀的 cron 行为日志文件，如图 11-7 所示。

```
[root@localhost ~]# ls /var/log/cron*
/var/log/cron              /var/log/cron-20230113
/var/log/cron-20221212     /var/log/cron-20230116
/var/log/cron-20221218
```

图 11-7　/var/log 目录下的 cron 行为日志文件

4. 配置远程日志功能，将 SSH 日志内容传输到日志服务器

根据企业的网络规划，将 192.168.104.200 作为日志服务器，将 192.168.104.199 服务器作为日志服务的客户端，将本机的 SSH 日志内容传输到日志服务器进行备份。

（1）通过 OpenSSH 配置文件查看 SSH 日志产生的设备

根据表 10-3 中 OpenSSH 配置文件常用选项的说明，OpenSSH 服务的 rsyslog 的 Facility 是由 SyslogFacility 指定的。因此，通过查看 OpenSSH 服务端的配置文件/etc/ssh/sshd_config 中的 SyslogFacility 值可以知道 192.168.104.199 服务器的 SSH 日志是由哪个设备产生的。

使用指令：

微课视频

微课 19　将 SSH 日志内容传输到日志服务器

```
[root@localhost ~]# more /etc/ssh/sshd_config |grep SyslogFacility
```

如图 11-8 所示，可以看出 OpenSSH 服务端的配置文件中 SyslogFacility 值为 authpriv，所以 authpriv 设备会产生 SSH 日志。

```
[root@localhost ~]# more /etc/ssh/sshd_config |grep SyslogFacility
#SyslogFacility AUTH
SyslogFacility AUTHPRIV    AUTHPRIV设备值未被注释，有效
```

图 11-8　OpenSSH 服务端的配置文件中 SyslogFacility 值

此处是查看 OpenSSH 的配置文件 sshd_config，其中的 "AUTH" "AUTHPRIV" 对应于 rsyslog 配置文件中的 "auth" "authpriv" 设备字段，见表 11-2。

（2）通过 rsyslog 配置文件查看 authpriv 设备日志输出位置

使用指令：

```
[root@localhost ~]# more /etc/rsyslog.conf |grep authpriv
```

查看 192.168.104.199 服务器 rsyslog 服务的/etc/rsyslog.conf 主配置文件中 authpriv 设备行为日志的相应规则，如图 11-9 所示，authpriv 设备的所有级别日志记录在/var/log/secure 文件中。

```
[root@localhost ~]# more /etc/rsyslog.conf |grep authpriv
*.info;mail.none;authpriv.none;cron.none              /var/log/messages
# The authpriv file has restricted access.
authpriv.*                                            /var/log/secure
```

图 11-9　/etc/rsyslog.conf 配置文件中 authpriv 设备行为日志的相应规则

（3）配置日志服务的客户端

下面采用 UDP 将 192.168.104.199 服务器的 SSH 日志发送到 192.168.104.200 日志服务器。

① 在日志服务的客户端的/etc/rsyslog.conf 配置文件 RULES 模块增加规则。

通过前文查看 192.168.104.199 服务器的 OpenSSH 服务配置以及 rsyslog 服务的配置文件，已经得知该服务器的 SSH 日志是由 authpriv 设备产生的，并记录在/var/log/secure 文件中。那么根据前文学习的/etc/rsyslog.conf 配置文件规则，在 192.168.104.199 服务器的/etc/rsyslog.conf

配置文件中的 RULES 模块下，加上如下规则：

```
authpriv.*    @192.168.104.200
```

就可以将 192.168.104.199 服务器 authpriv 设备产生的日志，即 SSH 日志，通过 UDP 发送到 192.168.104.200 日志服务器上，默认情况下发送到服务器的 udp514 端口。图 11-10 所示为日志服务客户端的/etc/rsyslog.conf 配置文件所加配置。

```
# Save boot messages also to boot.log
local7.*                                              /var/log/boot.log

AUTHPRIV.*    @192.168.104.200

# ### begin forwarding rule ###
# The statement between the begin ... end define a SINGLE forwarding
```

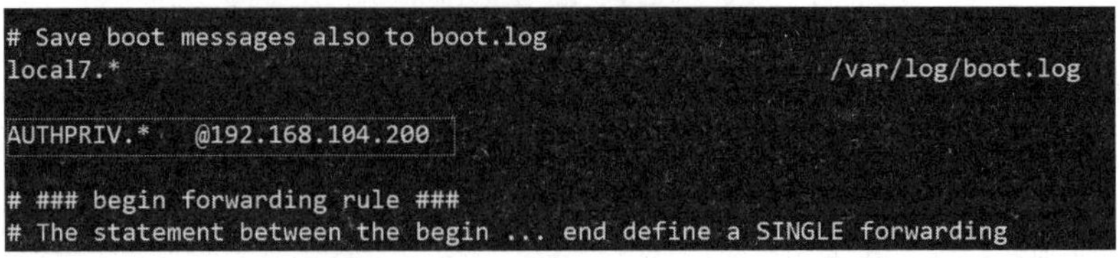

图 11-10　日志服务客户端的/etc/rsyslog.conf 配置文件所加配置

② 重启 SSH 服务和 rsyslog 服务。

使用如下指令重启 SSH 服务和 rsyslog 服务。

```
[root@localhost ~]# systemctl restart sshd
[root@localhost ~]# systemctl restart rsyslog
```

（4）配置日志服务的服务端

在完成配置日志服务的客户端通过 UDP 发送日志后，还需要配置日志服务的服务端开启 UDP 端口进行监听，以接收发送到本机的日志。

① 在日志服务的服务端的/etc/rsyslog.conf 配置文件 MODULES 模块进行配置。

在日志服务器 192.168.104.200 的/etc/rsyslog.conf 文件 MODULES 模块下增加如下配置。

```
$ModLoad imudp
$UDPServerRun 514
```

设置日志服务器开启 UDP 端口 514 进行监听，以接收发送到本机的日志。图 11-11 所示为日志服务器的/etc/rsyslog.conf 配置文件所加配置。

```
#### MODULES ####

# The imjournal module bellow is now used as a message source instead of imuxsock.
$ModLoad imuxsock # provides support for local system logging (e.g. via logger command)
$ModLoad imjournal # provides access to the systemd journal
#$ModLoad imklog # reads kernel messages (the same are read from journald)
#$ModLoad immark  # provides --MARK-- message capability

# Provides UDP syslog reception
$ModLoad imudp
$UDPServerRun 514

# Provides TCP syslog reception
#$ModLoad imtcp
```

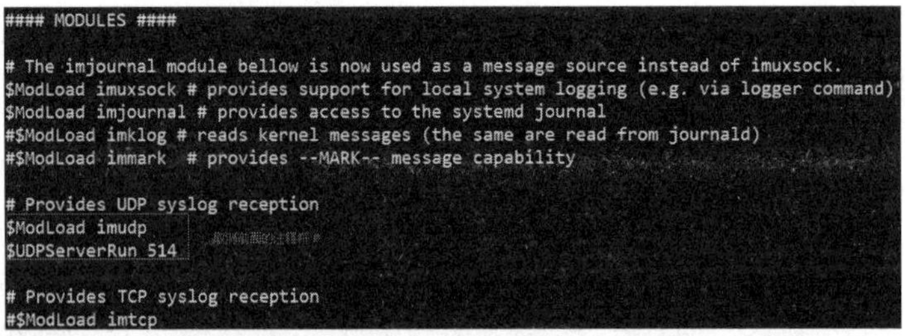

图 11-11　日志服务器的/etc/rsyslog.conf 配置文件所加配置

② 重启 rsyslog 服务。

使用如下指令重启 rsyslog 服务。

```
[root@logserver ~]# systemctl restart rsyslog
```

③ 查看 UDP 端口 514 监听情况。

使用如下指令查看，UDP 端口 514 已处于监听状态。

```
[root@logserver ~]# netstat -an |grep 514
udp       0    0 0.0.0.0:514            0.0.0.0:*
udp6      0    0 :::514                 :::*
unix 2    [ ]       DGRAM               35145
```

④ 添加防火墙策略。

使用如下指令增加日志服务器开放 UDP 端口 514 的策略，并确认策略添加结果。

```
[root@logserver log]# firewall-cmd --get-active-zones
public
  interfaces: ens33
[root@logserver log]# firewall-cmd --zone=public --add-port=514/udp --permanent
success
[root@logserver log]# firewall-cmd --reload
success
[root@logserver log]# firewall-cmd --zone=public --list-ports
514/udp
```

⑤ 验证。

重新使用 SSH 远程登录 192.168.104.199 服务器，会在该服务器的/var/log/secure 文件中记录相应的日志，图 11-12 所示为该服务器，即日志服务的客户端记录的本机 SSH 日志。

```
[root@localhost ~]# tail -5 /var/log/secure
Jan 18 09:17:04 localhost sshd[5400]: Nasty PTR record "192.168.104.199" is set up for 192.168.104.199, ignoring
Jan 18 09:17:05 localhost sshd[5400]: Connection closed by 192.168.104.199 port 34896 [preauth]
Jan 18 09:17:33 localhost sshd[5403]: Nasty PTR record "192.168.104.199" is set up for 192.168.104.199, ignoring
Jan 18 09:17:35 localhost sshd[5403]: Accepted password for zhangsan from 192.168.104.199 port 34898 ssh2
Jan 18 09:17:35 localhost sshd[5403]: pam_unix(sshd:session): session opened for user zhangsan by (uid=0)
```

图 11-12 日志服务的客户端记录的本机 SSH 日志

与此同时，在 192.168.104.200 日志服务器的/var/log/secure 文件中也记录了相同的日志内容，并且通过时间戳后面的主机名字段可以区分日志是由哪台主机产生的。图 11-13 所示为日志服务器记录的接收到的日志服务客户端产生的 SSH 日志，主机名字段为 logserver 的日志为 192.168.104.200 日志服务器产生的，主机名字段为 localhost 的日志为 192.168.104.199 服务器产生的。实际生产中需要根据系统实际的主机名进行区分和分析。

```
[root@logserver ~]# tail -5 /var/log/secure
Jan 18 09:17:23 logserver sshd[4946]: Disconnected from 192.168.104.1 port 23284
Jan 18 09:17:23 logserver sshd[4946]: pam_unix(sshd:session): session closed for user root
Jan 18 09:17:33 localhost sshd[5403]: Nasty PTR record "192.168.104.199" is set up for 192.168.104.199, ignoring
Jan 18 09:17:35 localhost sshd[5403]: Accepted password for zhangsan from 192.168.104.199 port 34898 ssh2
Jan 18 09:17:35 localhost sshd[5403]: pam_unix(sshd:session): session opened for user zhangsan by (uid=0)
```

图 11-13 日志服务的服务端记录的接收到的客户端的 SSH 日志

通过上述配置，完成了将 192.168.104.199 服务器的 SSH 日志传输到 192.168.104.200 日志服务器上。

任务 11-2 配置 logrotate 设置日志保存期限

根据《信息安全技术 网络安全等级保护基本要求》和《电信网和互联网安全防护基线配置要求及检测要求 操作系统》，以及 Linux 操作系统的日志安全配置要求，新部署的服务器“应提供重要数据的本地数据备份与恢复功能”，企业结合实际安全考虑，需要重要日志及安全日志在线保存 6 个月。通过设置 logrotate 的配置文件可设置日志的在线保存时间。

1. 修改/etc/logrotate.conf 配置文件

根据前文学习的/etc/logrotate.conf 的默认主要配置，默认情况下日志是按周（weekly）轮转的，保留 4 份日志备份（rotate 4）。为了满足保留 6 个月的需求，需要将原配置文件中第 6 行的“rotate 4”修改为“rotate 24”，如图 11-14 所示。

/var/log/wtmp 和/var/log/btmp 均为用户登录相关的安全日志，也需要在线保存 6 个月以上。因此，须将/etc/logrotate.conf 配置文件中第 25 行和第 32 行的“rotate 1”修改为“rotate 6”，如图 11-15 所示。

```
[root@localhost ~]# cat -n /etc/logrotate.conf
     1  # see "man logrotate" for details
     2  # rotate log files weekly
     3  weekly
     4
     5  # keep 4 weeks worth of backlogs
     6  rotate 4 ——→ 修改为24
```

图 11-14　在/etc/logrotate.conf 配置文件中将“rotate 4”修改为“rotate 24”

```
21  /var/log/wtmp {
22      monthly
23      create 0664 root utmp
24          minsize 1M
25      rotate 1 ——→ 修改为6
26  }
27
28  /var/log/btmp {
29      missingok
30      monthly
31      create 0600 root utmp
32      rotate 1 ——→ 修改为6
33  }
```

图 11-15　在/etc/logrotate.conf 配置文件中将“rotate 1”修改为“rotate 6”

2. 重启 rsyslog 服务

使用如下指令重启 rsyslog 服务。

```
[root@localhost ~]# systemctl restart rsyslog
```

3. 验证

完成 logrotate 配置文件的修改和 rsyslog 服务的重启后，日志将按新的策略轮转备份。运行一段时间后，可观察/var/log 目录下的日志文件数量的变化，如图 11-16 所示，btmp 日志文件保留了 6 份备份文件。

```
[root@localhost ~]# ls /var/log/btmp*
/var/log/btmp            /var/log/btmp-20221101
/var/log/btmp-20220811   /var/log/btmp-20221212
/var/log/btmp-20220901   /var/log/btmp-20230113
/var/log/btmp-20221014
```

图 11-16　配置日志保存期限后 btmp 日志文件数量

通过上述配置，可确保重要日志文件及安全日志文件在线保存 6 个月以上。

11.5　项目小结

本项目介绍了 Linux 操作系统安全的第五个维度——操作系统的日志安全。从知识准备和项目实施两个角度，本项目依次讲解了 Linux 操作系统的日志、rsyslog 日志系统和 logrotate 日志轮转模块的相关理论知识和实际项目实施。

通过对本项目的介绍，希望读者能够构建 Linux 操作系统日志安全管理的基本架构以及遵循相关的理论依据和原则，在实践中能够读懂日志文件，并能根据需求为系统配置日志记录策略和备份策略等，从而从日志的维度确保操作系统的安全。

11.6　实践拓展

根据本项目所学内容，尝试完成以下实践拓展。

① 按照任务 11-2 实施 logrotate 配置后，/var/log 目录下仍只有 7 天的 boot 日志文件，如图 11-17 所示。

思考这是为什么？如何修改 boot 日志的保存期限？

```
[root@localhost ~]# ls /var/log/boot*
/var/log/boot.log          /var/log/boot.log-20230113  /var/log/boot.log-20230116
/var/log/boot.log-20230111  /var/log/boot.log-20230114  /var/log/boot.log-20230117
/var/log/boot.log-20230112  /var/log/boot.log-20230115
```

图 11-17　boot 日志文件

② 如果用 TCP 将 192.168.104.199 服务器的 SSH 日志内容传输到日志服务器，应如何配置两台服务器？

11.7　素养拓展

《中华人民共和国网络安全法》第七十六条：本法下列用语的含义。

（一）网络，是指由计算机或者其他信息终端及相关设备组成的按照一定的规则和程序对信息进行收集、存储、传输、交换、处理的系统。

（二）网络安全，是指通过采取必要措施，防范对网络的攻击、侵入、干扰、破坏和非法使用以及意外事故，使网络处于稳定可靠运行的状态，以及保障网络数据的完整性、保密性、可用性的能力。

（三）网络运营者，是指网络的所有者、管理者和网络服务提供者。

（四）网络数据，是指通过网络收集、存储、传输、处理和产生的各种电子数据。

（五）个人信息，是指以电子或者其他方式记录的能够单独或者与其他信息结合识别自然人个人身份的各种信息，包括但不限于自然人的姓名、出生日期、身份证件号码、个人生物识别信息、住址、电话号码等。

11.8　项目习题

1.（单选题）下列选项中，属于 rsyslogd 主配置文件的是（　　　）。

A.　/etc/rsyslog.conf   B.　/etc/rsyslog.d/*.conf
C.　/etc/sysconfig/rsyslog   D.　/etc/sysconfig/rsyslog.conf

2.（单选题）下列选项中，不属于 rsyslog 配置规则语法部分的是（　　　）。

A.　设备   B.　级别   C.　动作   D.　规则

3.（单选题）可以通过（　　　）查看用户登录文件/var/log/wtmp。

A.　more /var/log/wtmp   B.　cat /var/log/btmp
C.　lastb   D.　last

4.（单选题）Linux 操作系统中 logrotate 的配置文件/etc/logrotate.conf 关于日志轮转有如下配置，代表（　　　）。

```
weekly
rotate    4
```

A.　日志按周轮转，保留 40 份日志，即可保留日志 10 个月
B.　日志按月轮转，保留 4 份日志，即可保留日志 4 个月
C.　日志按周轮转，保留 4 份日志，即可保留日志一个月
D.　日志按月轮转，保留 4 份日志，即可保留日志半年

项目 ⑫ Linux 操作系统的安全增强要求及配置

安全增强管理是 Linux 操作系统安全的第六个维度。本项目通过对 Linux 操作系统服务器实施安全增强管理达到以下目标。

知识目标

- 掌握 Linux 操作系统的软件管理；
- 掌握 Linux 操作系统的服务安全；
- 掌握其他安全增强管理。

技能目标

- 能够安装 Linux 操作系统的安全补丁；
- 能够关闭 Linux 操作系统的不必要的服务；
- 能够进行其他安全增强设置。

素质目标

- 培养独立思考、自主学习的能力。
- 培养精益求精的工作态度。

12.1 项目概述及分析

某企业新部署了一台装有 Linux 操作系统的服务器，系统管理员已按照人员担任的不同角色创建了账户、分配了权限，并按照信息安全技术网络安全等级保护的要求以及系统防护的需要设置了口令安全策略、网络安全策略以及日志安全配置，现需要对其做最后的安全增强配置。

根据《信息安全技术 网络安全等级保护基本要求》和《电信网和互联网安全防护基线配置要求和检测要求 操作系统》，Linux 操作系统需要符合如下的安全增强要求。

① 在保证业务可用性的前提下，经过分析测试后，可以选择更新，使用最新版的补丁。

② 关闭不必要的服务。

③ 修改系统 banner，避免泄露操作系统名称、版本号、主机名称等，并且给出登录告警信息。

④ 对于具备字符交互界面的设备，配置定时账户自动登出。

⑤ .rhosts、.netrc、hosts.equiv 等文件都具有潜在的危险，如果没有应用，应该删除。

为了确保新部署的服务器符合《信息安全技术 网络安全等级保护基本要求》和《电信网和互联网安全防护基线配置要求及检测要求 操作系统》，并结合 Linux 操作系统的安全架构及组件，可以使用软件管理的方式管理系统版本补丁满足要求①，通过服务及进程管理满足要求②，通过文件管理满足要求⑤，通过修改相应配置满足要求③和④。

综上所述，为了完成对新部署的 Linux 服务器的安全增强加固，需要完成以下任务。

任务一：Linux 操作系统最新版本补丁升级。

任务二：Linux 操作系统服务管理。

任务三：Linux 操作系统其他安全增强配置。

接下来，在实验环境中实施以上任务来掌握实际生产中需要的技能。在实施任务前，需要清楚实验环境并进行相关的知识准备。

12.2 实验环境

在实验中，利用一台装有 CentOS 7 的虚拟机来模拟企业新部署的 Linux 操作系统的服务器，实验环境拓扑如图 12-1 所示。客户端即安装虚拟机的物理主机，客户端安装的操作系统为 Windows 10，虚拟服务器是在物理主机的 VMware 虚拟环境中安装的虚拟机，操作系统为 CentOS 7，客户端与虚拟服务器的网络是互通的。通过对虚拟机进行安全增强的相关配置，掌握实际生产中所需要的 Linux 操作系统安全增强配置的相关技能。

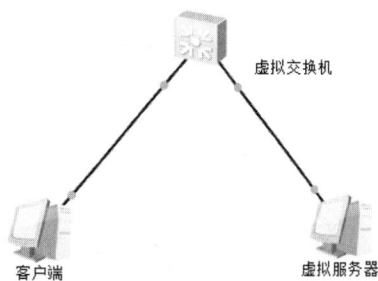

图 12-1 实验环境拓扑

12.3 知识准备

根据任务要求，在实施 Linux 操作系统安全增强相关配置之前，需要具备 Linux 操作系统的软件管理、服务管理的相关知识，并知道系统的 banner 配置及系统可能存在的潜在危险文件有哪些。

12.3.1 Linux 操作系统的软件管理

Linux 操作系统的软件安装一般分为 3 类：源码安装、rpm 安装和 yum 安装。

1. 源码安装

由于 Linux 操作系统是开放源码的，所以安装的大部分软件也是开源软件，如 Apache、Tomcat 等。开源软件基本都提供源码。源码安装的好处是用户可以选择要安装的模块，也可以选择安装路径，便于管理，卸载也只须删除对应的安装目录。

Linux 源码安装主要由 3 步组成：下载解压源码、安装环境配置与检测、编译与安装。

（1）下载解压源码

源码以压缩包的形式提供，常见的源码压缩包格式有 tar.gz、tar.bz2 等。

下载指令为（要求联网）：

```
wget 源码压缩包地址
```

tar.bz2 包的解压指令为：

```
tar -jxvf ***.tar.bz2
```

tar.gz 包的解压指令为：

```
tar -zxvf ***.tar.gz
```

（2）安装环境配置与检测

解压后的源码目录下一般会存在一个名为 configure 的可执行文件，该文件的功能是检测当前系统是否拥有安装软件所需的所有文件和工具。若不满足条件，则会给出提示，直到满足为止。

使用指令：

```
./configure
```

执行 configure 文件即可执行软件安装环境的检测，如：

```
./configure --prefix=/usr/local/apache
```

指定软件安装路径为/usr/local/apache。

（3）编译与安装

使用 make 和 make install 指令可以自动完成所有源码文件的编译工作。

使用 make 指令进入编译阶段，根据软件程序的大小和系统的硬件配置进行编译。

使用 make install 进行软件安装，安装进程会首先创建安装目录，然后将安装的文件和可执行程序复制到安装目录。

2. rpm 安装

rpm 最早是红帽公司开发的 Linux 操作系统的软件包管理工具。由于 rpm 对软件管理非常方便，它已经成为 Linux 平台下通用的软件包管理方式，例如 RedHat、SUSE、CentOS、Fedora 等 Linux 主流的发行版本。

rpm 包管理类似于 Windows 操作系统中的"添加/删除程序"，但是功能要强大很多。每个 rpm 文件包含已经编译好的二进制可执行文件，其本质就是将软件源码文件进行编译安装，然后封装成 rpm 文件。

rpm 包主要分为两种类型：二进制 rpm 包和源码 rpm 包。

① 二进制 rpm 包是为特定的架构所编译的安装包，这些安装包都带有计算机硬件的特定标识。常见的平台标识有 i386（Intel 80386 以后的 x86 架构的计算机）、i686（Intel 80686 以后的 x86 架构的计算机）、x86_64（x86 架构、64 位处理器的计算机）、noarch（通用包）等。该类型 rpm 包较常见。

② 源码 rpm 包是以.src.rpm 作为扩展名的安装包，可以在不同类型的架构上编译成二进制 rpm 包，从而安装使用。

使用 rpm 包管理方式的优点：安装简便，因为软件已经编译完成，安装只是验证环境和解压的过程。此外，通过 rpm 安装的软件，rpm 工具会记录软件的安装信息，从而方便软件的查询、升级和协作。

使用 rpm 包管理方式的缺点：实际环境中很多软件安装不仅仅依赖一个 rpm 包，而是依赖很多个 rpm 包，且要求包之间的安装顺序正确。

3. yum 安装

yum 工具是进行 Linux 软件安装和升级常用的一个工具，通过 yum 工具配合互联网即可实现软件的编译安装和自动升级。yum 工具解决了 Linux 操作系统维护中的 rpm 软件依赖性问题。

yum 工具需要两部分：yum 服务端、yum 客户端。

服务端：又称为 yum 仓库。所有发行的 rpm 包都放在 yum 服务器上供客户端下载，rpm 包根据 Linux 操作系统的内核版本号、CPU 版本号分别编译发布。yum 服务器只需要提供简单的下载服务即可，如 FTP 或 HTTP 等。yum 服务器要整理出每个 rpm 包的基本信息，包括 rpm 包对应的版本号、配置文件、二进制信息以及依赖信息。yum 服务器提供了 createrepo 工具，用于把 rpm 包的基本信息做成一张"清单"，这张清单就是描述每个 rpm 包的 spec 文件信息。

客户端：每次调用 yum 进行软件包下载或查询时，都会解析/etc/yum.repos.d 目录下所有以.repo 结尾的配置文件，如图 12-2 所示。这些配置文件指定了 yum 服务器的地址。

```
[root@localhost ~]# ls /etc/yum.repos.d/
CentOS-Base.repo    CentOS-Debuginfo.repo   CentOS-Media.repo    CentOS-Vault.repo
CentOS-CR.repo      CentOS-fasttrack.repo   CentOS-Sources.repo
```

图 12-2　/etc/yum.repos.d 目录下以.repo 结尾的配置文件

通过指令：

```
yum repolist
```

可以查看 yum 源，如图 12-3 所示。

```
[root@localhost ~]# yum repolist
已加载插件: fastestmirror, langpacks
Loading mirror speeds from cached hostfile
 * base: mirrors.cqu.edu.cn
 * extras: mirrors.cqu.edu.cn
 * updates: mirrors.cqu.edu.cn
源标识                              源名称                                      状态
base/7/x86_64                       CentOS-7 - Base                           10,072
extras/7/x86_64                     CentOS-7 - Extras                            515
updates/7/x86_64                    CentOS-7 - Updates                         4,691
repolist: 15,278
```

图 12-3　查看 yum 源

12.3.2　Linux 操作系统的服务管理

1. Linux 操作系统的服务

Linux 操作系统中的服务是在后台运行的应用程序，可以提供本地系统、网络等功能。可将这些后台运行的应用程序称为服务。

2. Linux 操作系统服务管理

CentOS 7 及以后的服务管理系统使用 Systemd，它的设计目标是为系统的启动和管理提供一套完整的解决方案。为了方便管理服务，无论是 rpm 包还是源码包都建议加入 Systemd 中进行管理。

Systemd 是一系列工具的集合，其作用不仅是启动操作系统，它还接管了后台服务启动、结束、状态查询，以及日志归档、设备管理、电源管理、任务定时等许多职责，并支持通过特定事件和特定端口的数据触发任务。

3. Systemd 的 Unit 概念

通过 Systemd 管理与监督整个系统是基于 Unit 概念的。Unit 是由一个与配置文件同名的名字和类型组成的。例如 httpd.service 就是一个 Unit，它也是 Linux 操作系统中的 HTTP 服务，且该服务在 Systemd 的目录下将存在一个或多个同名文件。

Systemd 支持 12 种类型的 Unit。

.service：后台运行服务进程的启动、停止、重启和重载操作，是最常见的一种 Unit。

.device：此类配置项目封装了/dev 目录下的设备。

.socket：此类配置项目封装了系统与网络间的数据消息。

.timer：此类配置项目用于配置在特定时间触发的任务，其替代了 Crontab 的功能。

其他 Unit 有.automount、.mount、.path、.swap、.target、.snapshot、.scope、.slice，它们分别代表自动挂载文件系统、挂载点、指定目录或文件的变化、做虚拟内存的交换分区、运行级别项目、快照项目、分组信息、Cgroup 树。

其中常见的 Unit 为.service 类型，在 Linux 操作系统上运行的很多服务都以该形式进行管理。

Systemd 规定同名的 Unit 应放置在指定的 3 个系统目录中，具体如下。

系统或用户自定义的配置文件放置在/etc/systemd/system 系统目录中。

软件运行时生成的配置文件放置在/run/systemd/system 系统目录中。

系统或第三方软件安装时添加的配置文件放置在/usr/lib/systemd/system 系统目录中。

这 3 个系统目录中的配置文件有优先级顺序：系统或用户自定义配置文件>软件运行时生成的配置文件>系统或第三方软件安装时添加的配置文件。当这 3 个系统目录中出现同名文件时，文件按照上述优先级使用。

4. Systemd 管理服务

Systemd 包含系统管理的一系列工具，主要包括 systemctl、loginctl、timedatactl 等。常用的是 systemctl 指令，功能非常强大，用于查看服务项目。

systemctl 指令格式：

```
systemctl [options...] command [name...]
```

常用的 options 如下。

--all：列出所有已加载 Units。

--state：指定列出某种状态的 Units，如--state=failed 表示列出处于失败状态的 Units。

--type：列出指定类型的 Units，不加此选项则列出所有类型 Units。

常用的 command 如下。

① Unit 生命周期管理常用的 command 有 start、stop、restart，用于控制服务启停。以管理 sshd 为例，立即启动指定服务的指令为：

```
[root@localhost ~]# systemctl start sshd.service
```

立即停止指定服务的指令为：

```
[root@localhost ~]# systemctl stop sshd.service
```

重启指定服务的指令为：

```
[root@localhost ~]# systemctl restart sshd.service
```

② 设置 Unit 开机自启动常用的 command 有 enable 和 disable。还是以 sshd 为例，设置指定服务开机自启动的指令为：

```
[root@localhost ~]# systemctl enable sshd.service
```
取消指定服务开机自启动的指令为：
```
[root@localhost ~]# systemctl disable sshd.service
```
③ 查看开机自启动 Unit 列表。

列出所有 Unit 开机自启动状态的指令为：
```
[root@localhost ~]# systemctl list-unit-files
UNIT FILE                              STATE
proc-sys-fs-binfmt_misc.automount      static
```
在开机启动列表中，STATE 为 static 表示该服务与其他服务相关联，不能单独设置该服务的启动状态；STATE 为 disabled 表示禁止开机自启动；STATE 为 enabled 表示允许开机启动。

5. 开机启动项

除使用 systemctl 设置开机自启动外，CentOS 7 为了兼容前序版本，仍然可以使用 /etc/rc.d/rc[0～6].d 目录下的配置文件和/etc/rc.local 文件设置开机启动项。

在 Linux 操作系统中有 7 种运行级别，如表 12-1 所示。每种运行级别分别对应 /etc/rc.d/rc[0～6].d 这 7 个目录，每个目录分别存放对应运行级别加载时需要关闭或启动的服务，如图 12-4 所示。从图 12-4 可知，每个脚本文件都对应/etc/init.d/目录下具体的服务，其中 K 开头的脚本文件代表运行级别加载时需要关闭的服务，S 开头的代表需要执行的服务。因此，需要设置开机启动脚本时，将可执行脚本放在/etc/init.d 目录下，并在/etc/rc.d/rc*.d 中建立符号链接即可。

表 12-1　Linux 操作系统中的 7 种运行级别

运行级别	含　义
0	关机
1	单用户模式，可以想象为 Windows 操作系统的安全模式，主要用于系统修复
2	不完全的命令行模式，不含 NFS 服务
3	完全的命令行模式，就是标准字符界面
4	系统保留
5	图形模式
6	重启动

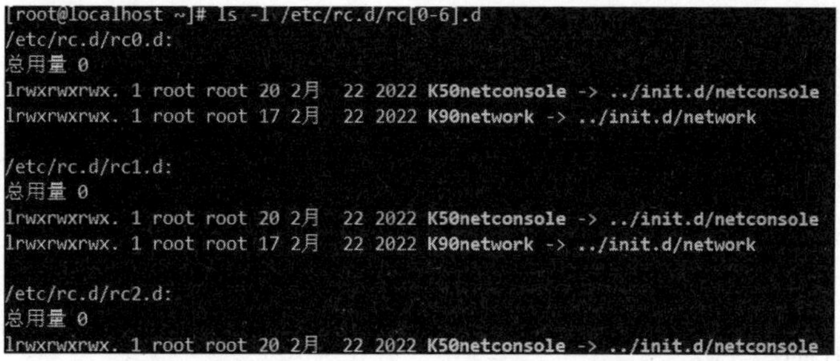

图 12-4　/etc/rc.d/rc[0～6].d 目录下文件的详细信息

如在/etc/rc.d/rc3.d/目录下建立 sshd 服务脚本文件的链接 S100ssh 可以使用如下指令。

```
[root@localhost ~]# ln -s/etc/init.d/sshd /etc/rc.d/rc3.d/S100ssh
```

通过修改/etc/rc.d/rc.local，把需要启动后执行的指令写入其中即可实现开机执行相应指令。由于在 CentOS 7 中，/etc/rc.d/rc.local 的权限被降低了，所以修改后，还需要给该文件加上执行的权限，指令如下。

```
chmod +x/etc/rc.d/rc.local
```

12.3.3 Linux 操作系统 banner

系统登录 banner 是指用户登录时，登录界面展示给用户的信息，默认会展示主机名、操作系统名称及版本号和计算机架构等信息，如图 12-5 所示。

通过相关配置文件可对 banner 进行设置。系统登录 banner 的配置文件如下。

图 12-5　默认的系统登录 banner 展示信息

① /etc/issue：用来保存本地登录时的提示信息。通过修改这个文件内容可以修改本地登录时的提示信息，修改后立即生效。

② /etc/issue.net：用来保存通过网络登录时的提示信息。通过修改这个文件内容可以修改通过网络登录时的提示信息。若修改通过 SSH 协议登录时显示的信息，修改这个文件内容的同时，还需要设置/etc/ssh/sshd_config 文件中的 Banner 参数，需要重启 SSH 服务后才生效。

/etc/issue 文件的默认配置如下。

```
[root@CS50-1 ~]# more/etc/issue
\S
Kernel \r on an \m
```

/etc/issue 配置文件可识别转义字符，相关转义字符的含义如表 12-2 所示。

表 12-2　系统登录 banner 配置文件中转义字符的含义

参数	含　　义
\d	本地端时间的日期
\l	显示第几个终端的接口
\m	显示硬件的等级（i386/i486/i586/i686……）
\n	显示主机的网络名称
\o	显示域名
\r	操作系统的版本（类似 uname -r）
\t	显示本地时间
\s	操作系统的名称
\v	操作系统的版本

12.3.4　潜在危险文件

Linux 操作系统中某些文件存在潜在风险，如果没有确切的应用应删除，如.rhosts、

/etc/hosts.equiv、.netrc 等。

1．.rhosts 文件和/etc/hosts.equiv 文件

用户主目录下的.rhosts 文件和/etc/hosts.equiv 文件包含主机-组账户列表。如果此文件中列出了主机-组账户，则指定用户将被授予从指定主机登录而不必提供口令的权限。.rhosts 文件是/etc/hosts.equiv 文件的用户等效文件。任何用户都可以创建 .rhosts 文件，从而可以在系统管理员不知情时对其选择的任何人授予访问权限。

2．.netrc 文件

通过用户主目录下的.netrc 文件记录 FTP 的用户名和口令，系统会自动登录，实现自动 FTP。

12.4　项目实施

为了对新部署的 Linux 操作系统服务器实施安全增强配置，接下来需要完成 3 个任务，包括 Linux 操作系统最新版本补丁升级、Linux 操作系统服务管理和 Linux 操作系统其他安全增强配置。

任务 12-1　Linux 操作系统最新版本补丁升级

根据《信息安全技术 网络安全等级保护基本要求》和《电信网和互联网安全防护基线配置要求及检测要求 操作系统》，Linux 操作系统在保证业务可用性的前提下，经过分析测试后，可以选择更新，使用最新版的补丁。

按照如下步骤可将系统升级到最新版。在实施操作前须特别注意：以下操作一定要在保证业务可用性的前提下，经过分析测试确认后再实施。

1．查看系统当前版本及大补丁号

使用以下指令查看操作系统当前版本及大补丁号。

```
[root@localhost ~]# uname -a
Linux localhost 3.10.0-693.el7.x86_64 #1 SMP Tue Aug 22 21:09:27 UTC 2017 x86_64
x86_64 x86_64 GNU/Linux
```

使用以下指令查看发行版本。

```
[root@localhost ~]# cat /etc/redhat-release
CentOS Linux release 7.4.1708 (Core)
```

2．备份重要数据

使用 cp 指令对重要数据（如/etc、/var、/opt 等目录文件）以及针对重要程序数据（如MySQL、Appache、Nginx、DNS 等）进行备份。如备份/etc 目录文件为/etc_bak，使用如下指令。

```
[root@localhost ~]# cp -r /etc /etc_bak
```

3．运行 yum 指令升级

使用如下指令清除 yum 缓存。

```
[root@localhost ~]# yum clean all
```

使用如下指令升级系统版本。

```
[root@localhost ~]# yum update
```

4. 重启系统

使用如下指令重启系统。

```
[root@localhost ~]# reboot
```

5. 查看现有系统版本

使用如下指令查看确认升级后的系统版本。

```
[root@localhost ~]# uname -a
Linux localhost 3.10.0-1160.25.1.el7.x86_64 #1 SMP Wed Apr 28 21:49:45 UTC 2021
x86_64 x86_64 x86_64 GNU/Linux
[root@localhost ~]# cat /etc /redhat-release
CentOS Linux release 7.9.2009 (Core)
```

任务 12-2　Linux 操作系统服务管理

根据《信息安全技术　网络安全等级保护基本要求》和《电信网和互联网安全防护基线配置要求及检测要求　操作系统》，Linux 操作系统应"关闭不必要的服务"。

使用如下指令查看开机自启动列表。

```
[root@localhost ~]# systemctl list-unit-files | grep enable
```

对于不使用的服务，可使用如下指令停用并禁止其开机自启动，以 postfix.service 邮件服务为例。

```
[root@localhost ~]# systemctl stop postfix.service
[root@localhost ~]# systemctl disable postfix.service
```

同时需要查看/etc/rc.local 文件和/etc/rc.d/rc[0～6].d 目录下的配置文件，核实是否有不需要开机启动的服务设置，如有则进行删除。

在实际生产中，应熟知系统中运行的服务，及时对非正常开启的服务进行有效的停止并禁用。

任务 12-3　Linux 操作系统其他安全增强配置

根据《信息安全技术　网络安全等级保护基本要求》和《电信网和互联网安全防护基线配置要求及检测要求　操作系统》，Linux 操作系统应满足如下要求。

① 修改系统 banner，避免泄露操作系统名称、版本号、主机名称等，并且给出登录告警信息。

② 对于具备字符交互界面的设备，配置定时账户自动登出。

③ .rhosts、.netrc、hosts.equiv 等文件都具有潜在的危险，如果没有应用，应该删除。

企业结合实际安全考虑，设置系统 banner 告警信息为 "Authorized only. All activity will be monitored and reported."，设置账户自动登出时间为 300s，.rhosts、.netrc、hosts.equiv 等文件因无对应应用，全部删除。

1. 修改系统本地登录 banner

默认的系统本地登录 banner 会展示主机名、操作系统名称及版本号和计算机架构等信息，如图 12-5 所示。而通过 SSH 协议远程登录则没有提示信息。根据安全基线要求，本地登录和 SSH 协议远程登录的 banner 设置均需要修改。

微课视频

微课20　修改系统 banner

（1）修改本地登录 banner

修改前，使用如下指令备份/etc/issue 文件。

```
[root@localhost ~]# cp /etc/issue /etc/issue_bak
```

编辑/etc/issue 文件，删除原来的信息，添加告警信息“Authorized only. All activity will be monitored and reported.”，保存并退出编辑器，如图 12-6 所示。

```
[root@localhost ~]# more /etc/issue
Authorized only. All activity will be monitored and reported.
```

图 12-6　修改后的/etc/issue 文件内容

重新登录，确认系统登录 banner 已修改，如图 12-7 所示。

```
Authorized only. All activity will be monitored and reported.
localhost login: _
```

图 12-7　修改后的本地登录 banner 显示内容

（2）修改 SSH 登录 banner

同样先备份/etc/issue.net 文件，删除原来的信息，添加告警信息，如“Authorized only. All activity will be monitored and reported.”。

编辑/etc/ssh/sshd_config 文件，修改 Banner 参数的值为“/etc/issue.net”，如图 12-8 所示。

使用如下指令重启 SSH 服务。

```
[root@localhost ~]# systemctl restart sshd
```

使用 SSH 登录，确认系统已有 banner 提示，如图 12-9 所示。

```
# no default banner path
#Banner none
Banner /etc/issue.net
```

图 12-8　设置 SSH 的 Banner 参数为/etc/issue.net

```
[root@localhost ~]# ssh zhangsan@192.168.104.199
Authorized only. All activity will be monitored and reported.
zhangsan@192.168.104.199's password:
```

图 12-9　SSH 登录 banner 后的显示内容

2．配置定时账户自动登出

通过/etc/profile 文件中的“TMOUT”环境变量可对账户自动登出进行设置。例如“export TMOUT=600”，表示超过 600s 无操作即断开连接。

修改前，备份/etc/profile 文件，在“HISTSIZE=***”行下添加新行“export TMOUT=300”，如图 12-10 所示。

```
fi

HOSTNAME=`/usr/bin/hostname 2>/dev/null`
HISTSIZE=1000
export TMOUT=300
if [ "$HISTCONTROL" = "ignorespace" ] ; then
    export HISTCONTROL=ignoreboth
```

图 12-10　修改/etc/profile 文件设置自动登出时间

使用如下指令重新加载/etc/profile 配置文件。

```
[root@localhost ~]# source /etc/profile
```

设置完成后，等待 300s 不操作，验证本地登录的系统可退出到图 12-7 所示的登录界面，SSH 连接会自动断开。

3．检查潜在危险文件

使用如下指令查看是否存在.netrc、.rhosts、hosts.equiv 等文件。

```
[root@localhost ~]# find / -name .netrc
```

```
[root@localhost ~]# find / -name .rhosts
[root@localhost ~]# find / -name hosts.equiv
```

若存在，则使用"rm 文件名"指令将其删除。如删除 zhangsan 账户主目录下的.rhosts 文件使用如下指令。

```
[root@localhost ~]# rm /home/zhangsan/.rhosts
```

12.5　项目小结

本项目介绍了 Linux 操作系统安全的第六个维度——操作系统的安全增强。从知识准备和项目实施两个角度，本项目依次讲解了 Linux 操作系统的软件管理、服务管理和 banner 的相关理论知识和实际项目实施。

通过对本项目的介绍，希望读者能够构建 Linux 操作系统安全增强管理的基本架构以及遵循的相关理论依据和原则，在实践中能够根据需求为 Linux 操作系统进行安全增强配置，从而从安全增强的维度确保操作系统的安全。

12.6　实践拓展

操作系统的安全增强是针对操作系统的具体情况以及不同类型的目标应用，制定相应系统的测试方案和安全加固方案，通过打补丁、修改安全配置、增加安全机制等方法，消除安全隐患，减少被入侵的风险，加强相应设备或相应系统的安全性。除了进行基本的安全增强外，还需要根据新的安全形势进行更进一步的安全增强配置。比如，Linux 操作系统除通过 iptables 或 firewalld 等服务进行网络防护外，还可以通过 TCP_Wrappers 进行第二重网络防护。TCP_Wrappers 实现访问控制主要依靠两个文件：/etc/hosts.allow 文件和/etc/hosts.deny 文件。运用已学的知识和技能，并查找资料，简述 TCP_Wrappers 判断流程，/etc/hosts.allow 文件和/etc/hosts.deny 文件配置规则，通过 TCP_Wrappers 设置限定访问服务器的网络地址，增强系统的安全防护。

12.7　素养拓展

在我国境内运营中收集和产生的个人信息和重要数据应当在境内存储，这就是所谓的"安全圈"。

《中华人民共和国网络安全法》第三十七条：关键信息基础设施的运营者在中华人民共和国境内运营中收集和产生的个人信息和重要数据应当在境内存储。因业务需要，确需向境外提供的，应当按照国家网信部门会同国务院有关部门制定的办法进行安全评估；法律、行政法规另有规定的，依照其规定。

《中华人民共和国网络安全法》第六十六条：关键信息基础设施的运营者违反本法第三十七条规定，在境外存储网络数据，或者向境外提供网络数据的，由有关主管部门责令改正，给予警告，没收违法所得，处五万元以上五十万元以下罚款，并可以责令暂停相关业务、停业整顿、关闭网站、吊销相关业务许可证或者吊销营业执照；对直接负责的主管人员和其他直接责任人员处一万元以上十万元以下罚款。

12.8 项目习题

1.（单选题）CentOS 7 立即启动某服务的指令为（　　　）。

A. systemctl enable 服务名称

B. systemctl start 服务名称

C. systemctl restart 服务名称

D. systemctl status 服务名称

2.（单选题）（　　　）指令可以查看 Linux 操作系统版本及大补丁号。

A. hostname B. uname -a C. top D. history

3.（判断题）在/etc/profile 中设置 TMOUT 超时参数仅能使本地登录超时退出，对使用 SSH 方式远程登录没有作用。（　　　）

项目 ⑬ Linux 操作系统入侵防护综合项目

在前文中，根据《信息安全技术 网络安全等级保护基本要求》《电信网和互联网安全防护基线配置要求及检测要求 操作系统》以及企业中的实际安全要求，从 6 个维度对新部署的 Linux 操作系统服务器进行了安全配置，使得新部署的服务器具备了安全入网的条件。本项目以一个实际项目入手，从入侵防护的角度观察被入侵的 Linux 操作系统服务器，综合运用已学知识，学习如何发现入侵痕迹、如何排查溯源、如何根除危险，并初步建立操作系统应急响应的能力。

知识目标

- 理解 Linux 操作系统入侵排查整体思路；
- 理解账户、端口、进程思路；
- 理解启动项、定时任务排查思路。

技能目标

- 掌握 Linux 账户安全排查的方法；
- 掌握 Linux 端口、进程排查的方法；
- 掌握 Linux 启动项排查的方法；
- 掌握 Linux 计划任务排查的方法。

素质目标

- 举一反三、构建学习体系；
- 主动学习、终身学习；
- 树立国家安全观。

13.1 项目概述及分析

某企业在进行日常巡检查看 Linux 操作系统服务器各类日志时，在/var/log/secure 日志中发现大量登录失败日志，是 pwn 账户从 192.168.153.142 地址通过 SSH 登录服务器失败的日志，并存在 pwn 账户多次登录失败后成功登录的记录，如图 13-1 所示。这符合 SSH 口令暴力破解的情况，怀疑系统被入侵，于是进行排查。

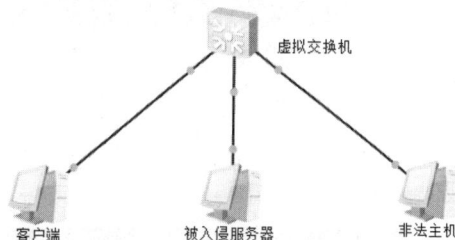

图 13-1　Linux 操作系统/var/log/secure 日志

　　在 Windows 操作系统入侵防护综合项目中，已经介绍了攻击者的入侵目的，并介绍了系统被入侵后的排查思路，那么，针对 Linux 操作系统的入侵防护思路也是一样的。对该企业疑似被入侵的 Linux 操作系统进行排查同样需要综合运用前文介绍的 Linux 操作系统安全策略配置的知识和技能，完成以下任务。

　　任务一：Linux 账户安全排查。

　　任务二：Linux 端口、进程排查。

　　任务三：Linux 启动项排查。

　　任务四：Linux 定时任务排查。

13.2　实验环境

　　在本实验中，利用一台装有 CentOS 7 的虚拟机模拟企业被入侵的 Linux 操作系统的服务器，如图 13-2 所示。客户端即安装虚拟机的物理主机，客户端安装的操作系统为 Windows 10，被入侵服务器和非法主机是在物理主机的 VMware 虚拟环境中安装的虚拟机，并且二者的

图 13-2　实验环境拓扑

微课视频

微课 21　Linux 操作系统入侵防护综合项目的实验环境

网络是互通的。为了模拟被入侵的情况，该被入侵服务器已设置了被入侵的痕迹，如异常账

户、异常文件等，并与非法主机建立了连接。通过客户端登录虚拟服务器，进行入侵排查，以掌握实际生产中所需要的 Linux 操作系统入侵排查方法。

13.3 知识准备

通过运用前文学习的 Linux 操作系统安全配置的 6 个维度的相关知识和技能，能够让一台新部署的 Linux 服务器符合等级保护要求，具备入网条件。同时，在面对服务器被入侵时，也初步具备入侵排查的技能和知识。为了更全面、更快速、更准确地完成入侵排查，本项目将介绍 awk 文本分析工具、进程管理和 crond 定时任务管理的相关知识。

13.3.1 awk 文本分析工具

账户安全排查是入侵排查中至关重要的一个环节，重点排查的对象是用户账户的配置文件/etc/passwd 和/etc/shadow 等，这两个文件都是以行为单位的，有固定格式的文件。为了能够快速判断账户的情况，经常会使用 awk 工具。

awk 是一种强大的文本处理工具，常用于 UNIX 和类 UNIX 操作系统，特别擅长处理结构化数据，如表格和列数据。

1. awk 常用的基本用法

awk 是以文件的一行为处理单位的。awk 每接收文件的一行，就执行相应的指令。其基本指令格式为：

```
awk '{pattern + action}' <file> 或者 awk 'pattern {action}' <file>
```

其中，pattern 表示在数据中要查找的内容，action 表示在找到匹配内容时要执行的一系列指令。

awk 通过指定分隔符（默认分隔符是空格和制表符）将一行分为多个字段，依次用$1、$2……$n 表示第 1 个字段、第 2 个字段……第 n 个字段。比如有一个 score.txt 文件，若只想获取 No.、Name、Score 的值，则可以使用如下指令，如图 13-3 所示。

```
awk '{print $2,$4,$6}' score.txt
```

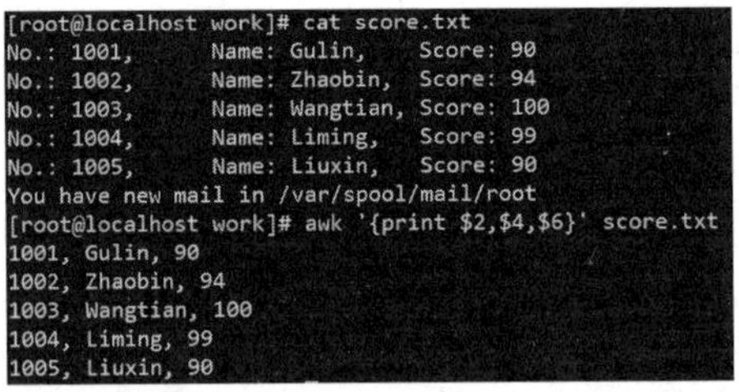

```
[root@localhost work]# cat score.txt
No.: 1001,      Name: Gulin,     Score: 90
No.: 1002,      Name: Zhaobin,   Score: 94
No.: 1003,      Name: Wangtian, Score: 100
No.: 1004,      Name: Liming,    Score: 99
No.: 1005,      Name: Liuxin,    Score: 90
You have new mail in /var/spool/mail/root
[root@localhost work]# awk '{print $2,$4,$6}' score.txt
1001, Gulin, 90
1002, Zhaobin, 94
1003, Wangtian, 100
1004, Liming, 99
1005, Liuxin, 90
```

图 13-3 awk 指令获取 score.txt 文件中 No.、Name、Score 的值

若希望把逗号去掉，则可以使用 -F 选项来指定分隔符，指令如下，结果如图 13-4 所示。

```
awk -F ':|,' '{print $2, $4, $6}' score.txt
```

这里指定冒号和逗号同时作为分隔符。

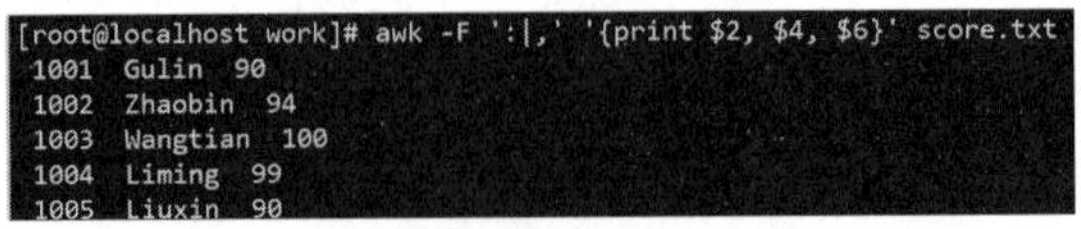

```
[root@localhost work]# awk -F ':|,' '{print $2, $4, $6}' score.txt
 1001  Gulin  90
 1002  Zhaobin  94
 1003  Wangtian  100
 1004  Liming  99
 1005  Liuxin  90
```

图 13-4 awk 指令使用 -F 选项指定分隔符

2. awk 的内置变量

除了$1、$2……$n 外，awk 还有一些内置变量，常用内置变量如表 13-1 所示。

表 13-1 awk 常用内置变量

内置变量	含 义
$0	表示当前整行
NR	表示当前已读的行数
NF	表示当前行被分割的列数，NF 表示最后一个字段，NF−1 表示倒数第二个字段
FILENAME	表示当前文件的名称

如在 score.txt 文件每一行前加上文件名、行数、列数，指令如下，结果如图 13-5 所示。

```
awk '{print FILENAME, NR, NF, ":", $0}' score.txt
```

```
[root@localhost work]# awk '{print FILENAME, NR, NF, ":", $0}' score.txt
score.txt 1 6 : No.: 1001,      Name: Gulin,     Score: 90
score.txt 2 6 : No.: 1002,      Name: Zhaobin,   Score: 94
score.txt 3 6 : No.: 1003,      Name: Wangtian,  Score: 100
score.txt 4 6 : No.: 1004,      Name: Liming,    Score: 99
score.txt 5 6 : No.: 1005,      Name: Liuxin,    Score: 90
```

图 13-5 在每一行前加上文件名、行数、列数

3. 条件判断

awk 的 pattern 也支持使用条件判断，比如只输出 Score 大于 95 的行，指令如下，结果如图 13-6 所示。

```
awk '$6 >95 {print $0}' score.txt
```

```
[root@localhost work]# awk '$6 >95 {print $0}' score.txt
No.: 1003,      Name: Wangtian, Score: 100
No.: 1004,      Name: Liming,   Score: 99
You have new mail in /var/spool/mail/root
```

图 13-6 awk 条件判断

4. 入侵排查相关指令

① 查询特权用户（UID 为 0）。

```
awk -F: '($3==0){print $1}' /etc/passwd
```

② 查询可以远程登录的账号信息。

```
awk '/\$1|\$5|\$6/{print $1}' /etc/shadow
```

注：/etc/shadow 文件中口令加密字段以“$”开头的字符代表不同的加密方法。常用的如$1 代表 MD5 加密，加密后的口令长度为 22 个字符；$5 代表 SHA-256 加密，加密后的口令长度为 43 个字符；$6 代表 SHA-512 加密，加密后的口令长度为 86 个字符。

③ 查看账户的 sudo 权限。

可以使用如下指令快速查看账户的 sudo 权限。

```
More /etc/sudoers | grep -v "^#\|^$" | grep "ALL=(ALL)"
```

/etc/sudoers 配置文件可以将某些 root 权限有针对性地指派给某个账户，账户可以通过使用 sudo 指令进行相应授权的操作，并且不需要知道 root 账户的口令。所以如果不是管理需要，普通账号应删除 sudo 权限。/etc/sudoers 配置文件需要使用 visudo 指令来编辑，设置 sudo

权限的格式如下。

授权账户　主机=[要授权的账户或组账户][是否需要口令登录] 指令 1，主机=[要授权的账户或组账户][是否需要口令登录] 指令1,……

允许 test 账户在所有主机中，执行 sudo 时，不需要输入口令，即可用 root 身份执行 /bin/chown 执令和 bin/chmod 指令，在/etc/sudoers 文件中添加如下行：

```
test    ALL=(root)NOPASSWD:/bin/chown,/bin/chmod
```

下面的配置代表允许 test 账户在所有主机可以切换到所有账户执行所有的操作。

```
test    ALL=(ALL)    ALL
```

④ 查看空口令的用户。

```
awk -F ":" '($2=="") {print $1}' /etc/shadow
```

13.3.2　进程管理

进程管理是入侵排查的必备技能，Linux 进程管理常用的指令有 ps、top、pstree、lsof 等。下面主要介绍 ps 和 lsof 指令的使用。

1．使用 ps 监控进程

ps 是 Linux 操作系统常用的进程监控指令，它能列出系统中运行的进程，包括 PID、指令、CPU 使用量、内存使用量等。ps 指令常用选项如表 13-2 所示。

表 13-2　ps 指令常用选项

选　　项	说　　明
-a	显示所有用户的进程，包括其他用户拥有的进程
-u	以用户为主的格式显示进程状态
-x	显示所有进程，不只是会话中的进程
-e	显示所有进程，包括系统守护进程
-f	以完整格式显示进程状态
-l	以长格式显示进程状态

查看 bash 相关进程。

```
[root@localhost ~]# ps -l
F S  UID   PID   PPID  C PRI  NI ADDR SZ WCHAN  TTY        TIME CMD
4 S    0  2110   2094  0  80   0 - 29221 do_wai pts/0   00:00:00 bash
0 R    0  7923   2110  0  80   0 - 38331 -      pts/0   00:00:00 ps
```

查看系统所有进程。

```
[root@localhost ~]# ps -aux
USER       PID %CPU %MEM    VSZ    RSS TTY       STAT START   TIME COMMAND
root         1  0.0  0.3 128284   6964 ?         Ss   09:46   0:04 /usr/lib/systemd/
systemd --switched-root --system --deserialize 2
root         2  0.0  0.0      0      0 ?         S    09:46   0:00 [kthreadd]
root         4  0.0  0.0      0      0 ?         S<   09:46   0:00 [kworker/0:0H]
……
```

2. 使用 lsof 监控进程与程序

发现可疑进程后，需要知道该进程与哪些文件相关，进而根除源头。使用 lsof 指令可以找到进程与文件的关系。

lsof 全称为 list opened files，是一个列出当前系统打开文件的工具。在 Linux 操作系统中，任何事物都以文件的形式存在，通过文件不仅可以访问常规数据，还可以访问网络连接和硬件。文件为应用程序与操作系统之间的交互提供了通用接口，通过 lsof 指令能够查看这个列表对系统进行监测以及排错的信息。

lsof 工具功能非常全面，这里主要介绍进程查看部分的常用指令，lsof 常用选项如表 13-3 所示。

表 13-3　lsof 常用选项

选　项	说　　明
-c	列出指定进程打开的文件
-p	列出指定 PID 打开的文件

使用"lsof 文件名"指令可以查看特定文件被哪个进程使用。例如，查看使用/var/log/messages 文件的进程。

```
[root@localhost postfix]# lsof /var/log/messages
COMMAND    PID USER   FD   TYPE DEVICE SIZE/OFF    NODE NAME
rsyslogd 1128 root    6w   REG 253,0   803004 33839262/var/log/messages
```

通过上述指令可以知道，/var/log/messages 文件由 rsyslogd 进程使用，该进程的 PID 为 1128，使用账户是 root。如果想查看 rsyslogd 进程打开的所有文件，可使用如下指令。

```
[root@localhost postfix]# lsof -c rsyslogd
COMMAND   PID USER   FD      TYPE         DEVICE SIZE/OFF      NODE NAME
rsyslogd 1128 root   cwd     DIR          253,0    243        64/
rsyslogd 1128 root   rtd     DIR          253,0    243        64/
rsyslogd 1128 root   txt     REG          253,0    664008  2931066/usr/sbin/
rsyslogd
……
```

3. 使用 kill 结束进程

在 Linux 中，通常终止一个前台进程可以使用"Ctrl+C"键。但是，如果要结束一个后台进程就需要使用 kill 指令。kill 通过向进程发送指定信号来结束进程，其指令格式为：

```
kill [信号类型] PID
```

kill 常用信号类型如表 13-4 所示。

表 13-4　kill 常用信号类型

信号类型	说　　明
-9	强制结束进程
-2	结束进程，但不强制。"Ctrl+C"组合键发出的信号类型为-2
-15	正常结束进程，是 kill 的默认选项

4. 进程文件系统 PROC

PROC 是一个虚拟的文件系统。Linux 操作系统的进程都存在于内存中，而内存中的数据以文件的方式呈现在/proc/*目录中的一些特定文件中。PROC 以文件系统的形式为操作系统和应用进程提供了通信的接口，使应用程序能够安全地获取系统当前的运行状态和内核数据信息，并可以修改某些配置信息。PROC 文件系统只存储在内存中，并不存储在外存中。所以当系统重启或电源关闭时，该系统中的数据将全部消失。PROC 文件系统中的部分重要文件如表 13-5 所示。

表 13-5　PROC 文件系统中的部分重要文件

文　　件	说　　明
/proc/1	关于进程 1 的信息目录，每个进程在/proc 下都有一个名为其 PID 的目录
/proc/cpuinfo	CPU 的信息，如型号、制造商、性能等
/proc/meminfo	物理内存、交换空间等信息
/proc/mounts	已挂载的数据，即命令 mount 调出的数据
/proc/devices	可用设备驱动的列表
/proc/filesystems	已加载的文件系统
/proc/modules	已加载的模块列表
/proc/version	内核版本，即 uname -a 显示的内容
/proc/net	网络协议状态
/proc/interrupts	当前系统上使用的中断
/proc/ioports	当前系统上各设备所配置的 I/O 地址

Linux 操作系统的各个进程的信息都会在/proc 下名为其 PID 的目录中。如查看 PID 为 1128 的进程所对应的进程文件路径，可用如下代码。

```
[root@localhost postfix]# ll /proc/1128/exe
lrwxrwxrwx. 1 root root 0 Aug  9 09:46/proc/1128/exe ->/usr/sbin/rsyslogd
```

13.3.3　crond 定时任务管理

1. crond 定时任务

crond 是 Linux 操作系统下用来周期性执行某种任务或等待处理某些事件的一个服务，与 Windows 操作系统中的计划任务类似，默认自启动该服务。crond 进程会定期检查是否有要执行的任务，如果有则自动执行该任务。

Linux 操作系统中的定时任务分两类：系统定时任务和用户定时任务。

① 系统定时任务是指系统周期性所要执行的工作，例如写缓存数据到硬盘、日志清理等。其配置文件是/etc/crontab。

② 用户定时任务是指用户定期要执行的工作，例如用户数据备份等。用户可以用 crontab 指令来定制自己的计划任务。所有用户定义的 crontab 文件都保存在/var/spool/cron 目录中，其文件名与用户名一致且该目录下的 crontab 文件不能直接创建或直接修改，要通过 crontab 指令创建或修改。

2. crontab 指令

crontab 指令格式如下。

```
crontab [-u user] file
crontab [-u user] [-l | -r | -e] [-i]
```

crontab 指令常用参数如表 13-6 所示。

表 13-6 crontab 指令常用参数

参数	说　明
-u user	用来设置某个用户的 crontab 服务。如-u test 表示设置 test 用户的定时任务，如未设置则表示设置当前用户的定时任务
file	指令文件名称，表示将 file 文件作为 crontab 的任务列表文件并载入 crontab。如果未指定该文件，crontab 指令将接收键盘标准输入的指令，并将指令载入 crontab 中
-l	显示某个用户的 crontab 文件内容，如果不指定用户，则表示显示当前用户的 crontab 文件
-r	从/var/spool/cron 目录中删除某个用户的 crontab 文件，如果不指定用户，则表示删除当前用户的 crontab 文件
-e	编辑某个用户的 crontab 文件，如果不指定用户，则表示编辑当前用户的 crontab 文件
-i	在删除用户的 crontab 文件时给出确认提示

3. crontab 文件

/etc/crontab 文件和使用 crontab 指令创建的 crontab 文件格式一样，每行都包含 6 个域，其中前 5 个域是定时任务被执行的时间，依次是分钟、小时、日、月和星期几，如图 13-7 所示，最后一个域是要被执行的命令。每个域之间使用空格或制表符分隔，格式如下。

```
minute  hour  dayofmonth  monthofyear  dayofweek  commands
```

```
[root@localhost ~]# more /etc/crontab
SHELL=/bin/bash
PATH=/sbin:/bin:/usr/sbin:/usr/bin
MAILTO=root

# For details see man 4 crontabs

# Example of job definition:
# .---------------- minute (0 - 59)
# |  .------------- hour (0 - 23)
# |  |  .---------- day of month (1 - 31)
# |  |  |  .------- month (1 - 12) OR jan,feb,mar,apr ...
# |  |  |  |  .---- day of week (0 - 6) (Sunday=0 or 7) OR sun,mon,tue,wed,thu,fri,sat
# |  |  |  |  |
# *  *  *  *  * user-name  command to be executed
```

图 13-7 crontab 文件格式

crontab 文件中的特殊字符如表 13-7 所示。

表 13-7 crontab 文件中的特殊字符

特殊字符	说　明
*	代表所有可能的值。如果 dayofmonth 字段是*，则表示在满足其他字段的约束条件下每天都执行该任务
,	用逗号隔开的值指定一个列表范围。如 dayofmonth 字段是 1,2,5，表示在满足其他字段的约束条件下在每月的 1 日、2 日、5 日执行该任务

续表

特殊字符	说　明
-	表示一个整数范围。如 2-6 与 2、3、4、5、6 的含义相同
/	指定时间的间隔频率。例如 0-23/2 用在小时字段表示每 2h 执行一次，*/10 用在分钟字段表示每 10min 执行一次

crontab 文件中表示每天 16 时、17 时、18 时的 5min、15min 时执行 df 指令。

```
5,15 16,17,18    *    *    *    df
```

4. 入侵排查定时任务相关文件

入侵排查定时任务时，需要重点关注以下文件或目录中是否存在恶意脚本：/var/spool/cron/*、/etc/crontab、/etc/cron.d/*、/etc/cron.daily/*、/etc/cron.hourly/*、/etc/cron.monthly/*、/etc/cron.weekly/*。

13.4 项目实施

在任务中，检查 Linux 操作系统服务器时，发现图 13-1 所示的大量 SSH 登录服务器失败日志，怀疑存在非法用户通过账户口令登录操作系统，并最终“爆破”出系统账户口令，需要马上进行入侵排查处理。根据排查思路，需要对该 Linux 服务器实施账户安全排查、端口及进程排查、启动项排查和定时任务排查。

任务 13-1 Linux 账户安全排查

1. 查看 Linux 账户安全情况

（1）查看/etc/shadow 文件

使用 cat /etc/shadow 指令查看系统账户情况，如图 13-8 所示。发现存在陌生账户 hacker，说明该系统通过 SSH 被暴力破解后，非法用户获得了 root 账户权限，新增了账户 hacker。

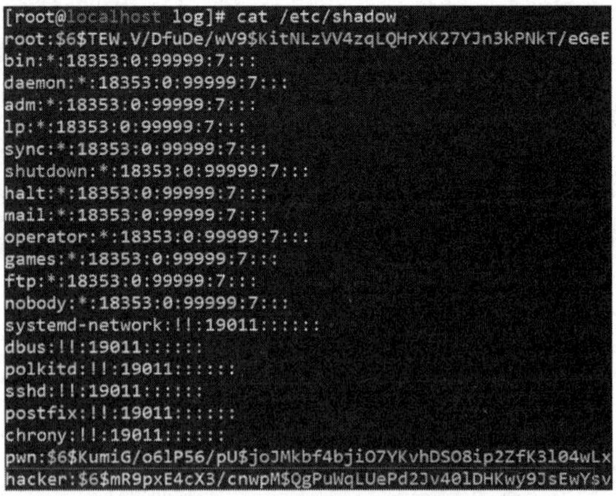

```
[root@localhost log]# cat /etc/shadow
root:$6$TEW.V/DfuDe/wV9$KitNLzVV4zqLQHrXK27YJn3kPNkT/eGeE
bin:*:18353:0:99999:7:::
daemon:*:18353:0:99999:7:::
adm:*:18353:0:99999:7:::
lp:*:18353:0:99999:7:::
sync:*:18353:0:99999:7:::
shutdown:*:18353:0:99999:7:::
halt:*:18353:0:99999:7:::
mail:*:18353:0:99999:7:::
operator:*:18353:0:99999:7:::
games:*:18353:0:99999:7:::
ftp:*:18353:0:99999:7:::
nobody:*:18353:0:99999:7:::
systemd-network:!!:19011::::::
dbus:!!:19011::::::
polkitd:!!:19011::::::
sshd:!!:19011::::::
postfix:!!:19011::::::
chrony:!!:19011::::::
pwn:$6$KumiG/o6lP56/pU$joJMkbf4bjiO7YKvhDSO8ip2ZfK3l04wLx
hacker:$6$mR9pxE4cX3/cnwpM$QgPuWqLUePd2Jv40lDHKwy9JsEwYsv
```

图 13-8　/etc/shadow 文件账户

（2）查看特权账户

使用指令 awk -F: '($3==0){print $1}' /etc/passwd 查看特权用户，即 UID 为 0 的账户，如图 13-9 所示。发现账户 hacker 已提升到 UID=0 的权限，即管理员权限。

```
[root@localhost ~]# awk -F: '($3==0){print $1}' /etc/passwd
root
hacker
```

图 13-9　UID=0 的账户

（3）查看存在 sudo 权限的账户

使用指令 more /etc/sudoers | grep -v "^#\|^$" | grep "ALL=(ALL)"查看拥有 sudo 权限的账户，如图 13-10 所示。发现账户 hacker 也具备了 sudo 权限。

```
[root@localhost ~]# more /etc/sudoers | grep -v "^#\|^$" | grep "ALL=(ALL)"
root    ALL=(ALL)       ALL
hacker  ALL=(ALL)       ALL
```

图 13-10　拥有 sudo 权限的账户情况

（4）账户排查小结

通过排查 Linux 账户安全情况可获知，非法用户通过 pwn 账户口令爆破后，远程登录操作系统，添加陌生账户 hacker，并将账户权限从普通账户提升到管理员权限，同时添加了 sudo 权限。因为 pwn 用户无管理员权限，初步判断是 root 账户口令被爆破，通过查看/var/log/secure 日志，如图 13-11 所示，证实了这一点，日志显示 pwn 账户从本地尝试通过 su 指令切换到 root 账户，在多次失败后切换成功。

```
Feb 21 17:16:30 localhost unix_chkpwd[17048]: password check failed for user (root)
Feb 21 17:16:30 localhost su: pam_unix(su:auth): authentication failure; logname=root uid=1000 euid=0 tty=pts/1 ruser=pwn rhost=  user=root
Feb 21 17:16:35 localhost unix_chkpwd[17051]: password check failed for user (root)
Feb 21 17:16:35 localhost su: pam_unix(su:auth): authentication failure; logname=root uid=1000 euid=0 tty=pts/1 ruser=pwn rhost=  user=root
Feb 21 17:16:40 localhost unix_chkpwd[17054]: password check failed for user (root)
Feb 21 17:16:40 localhost su: pam_unix(su:auth): authentication failure; logname=root uid=1000 euid=0 tty=pts/1 ruser=pwn rhost=  user=root
Feb 21 17:16:46 localhost unix_chkpwd[17057]: password check failed for user (root)
Feb 21 17:16:46 localhost su: pam_unix(su:auth): authentication failure; logname=root uid=1000 euid=0 tty=pts/1 ruser=pwn rhost=  user=root
Feb 21 17:16:57 localhost unix_chkpwd[17061]: password check failed for user (root)
Feb 21 17:16:57 localhost su: pam_unix(su:auth): authentication failure; logname=root uid=1000 euid=0 tty=pts/1 ruser=pwn rhost=  user=root
Feb 21 17:17:04 localhost unix_chkpwd[17086]: password check failed for user (root)
Feb 21 17:17:04 localhost su: pam_unix(su:auth): authentication failure; logname=root uid=1000 euid=0 tty=pts/1 ruser=pwn rhost=  user=root
Feb 21 17:17:10 localhost unix_chkpwd[17091]: password check failed for user (root)
Feb 21 17:17:10 localhost su: pam_unix(su:auth): authentication failure; logname=root uid=1000 euid=0 tty=pts/1 ruser=pwn rhost=  user=root
Feb 21 17:17:16 localhost unix_chkpwd[17095]: password check failed for user (root)
Feb 21 17:17:16 localhost su: pam_unix(su:auth): authentication failure; logname=root uid=1000 euid=0 tty=pts/1 ruser=pwn rhost=  user=root
Feb 21 17:17:21 localhost unix_chkpwd[17098]: password check failed for user (root)
Feb 21 17:17:21 localhost su: pam_unix(su:auth): authentication failure; logname=root uid=1000 euid=0 tty=pts/1 ruser=pwn rhost=  user=root
Feb 21 17:17:26 localhost unix_chkpwd[17101]: password check failed for user (root)
Feb 21 17:17:26 localhost su: pam_unix(su:auth): authentication failure; logname=root uid=1000 euid=0 tty=pts/1 ruser=pwn rhost=  user=root
Feb 21 17:17:33 localhost unix_chkpwd[17105]: password check failed for user (root)
Feb 21 17:17:33 localhost su: pam_unix(su:auth): authentication failure; logname=root uid=1000 euid=0 tty=pts/1 ruser=pwn rhost=  user=root
Feb 21 17:17:41 localhost unix_chkpwd[17109]: password check failed for user (root)
Feb 21 17:17:41 localhost su: pam_unix(su:auth): authentication failure; logname=root uid=1000 euid=0 tty=pts/1 ruser=pwn rhost=  user=root
Feb 21 17:17:47 localhost unix_chkpwd[17112]: password check failed for user (root)
Feb 21 17:17:47 localhost su: pam_unix(su:auth): authentication failure; logname=root uid=1000 euid=0 tty=pts/1 ruser=pwn rhost=  user=root
Feb 21 17:17:56 localhost su: pam_unix(su:session): session opened for user root by root(uid=1000)
```

图 13-11　/var/log/secure 日志 root 爆破情况

2. 陌生账户处理

（1）强制删除陌生账户

使用指令 userdel -f hacker 强制删除陌生账户 hacker，如图 13-12 所示。

```
[root@localhost tmp]# userdel -f hacker
userdel: 组"hacker"没有移除，因为它不是用户 hacker 的主组
```

图 13-12　强制删除陌生账户情况

如果 hacker 用户正在使用中，直接使用 userdel hacker 是无法删除的，加上-f 选项可以强制删除。图 13-12 中提示"组'hacker'没有移除，因为它不是用户 hacker 的主组"。其

主要原因是 hacker 用户已经被提升为管理员 root 组账户，删除时会提示这个信息，不影响指令的执行。执行完成后，再次查看/etc/shadow 和/etc/passwd 文件，确认 hacker 已经被删除。

（2）删除 sudo 权限

由于/etc/sudoers 中还设置了 hacker 账户的 sudo 权限，因此需要使用 visudo 指令编辑/etc/sudoers 文件，将图 13-10 中所示的 hacker 账户所在行删除并保存。

任务 13-2　Linux 端口、进程排查

1. 查看端口及进程情况

（1）网络端口排查

使用指令 netstat -anltp 查看网络端口情况，如图 13-13 所示。发现异常连接，外连 IP 地址为 192.168.153.142，端口为 12345，涉及进程 PID 为 14540，程序名为 reverse.elf。目前暂时不清楚 reverse.elf 程序的具体作用，需要进一步查看进程详细信息。

```
[root@localhost tmp]# netstat -anltp
Active Internet connections (servers and established)
Proto Recv-Q Send-Q Local Address           Foreign Address         State       PID/Program name
tcp        0      0 0.0.0.0:22              0.0.0.0:*               LISTEN      1052/sshd
tcp        0      0 127.0.0.1:25            0.0.0.0:*               LISTEN      1218/master
tcp        0      0 192.168.153.136:22      192.168.153.1:8570      ESTABLISHED 1765/sshd: root@pts
tcp        0      0 192.168.153.136:22      192.168.153.1:8572      ESTABLISHED 1771/sshd: root@not
tcp        0      0 192.168.153.136:22      192.168.153.1:6021      ESTABLISHED 14394/sshd: root@pt
tcp        0      0 192.168.153.136:22      192.168.153.1:6022      ESTABLISHED 14398/sshd: root@no
tcp        0      0 192.168.153.136:45216   192.168.153.142:12345   ESTABLISHED 14540/./reverse.elf
tcp        0     48 192.168.153.136:22      192.168.153.1:5549      ESTABLISHED 14285/sshd: root@pt
tcp6       0      0 :::22                   :::*                    LISTEN      1052/sshd
tcp6       0      0 ::1:25                  :::*                    LISTEN      1218/master
```

图 13-13　网络端口情况

（2）系统进程排查

使用指令 ps -aux 查看系统进程详细情况，如图 13-14 所示。发现 reverse.elf 由 root 账户启动，PID 为 14540，CPU 占用率为 0，内存占用率为 0.2%。

```
root       653  0.0  0.0  55532   848 ?        S<sl 11:54   0:00 /sbin/auditd
polkitd    679  0.0  1.4 613004 14008 ?        Ssl  11:54   0:00 /usr/lib/polkit-1/polkitd --no-debug
root       680  0.0  0.1  26384  1784 ?        Ss   11:54   0:00 /usr/lib/systemd/systemd-logind
root       682  0.0  0.5 166188  5044 ?        Ss   11:54   0:00 /usr/bin/VGAuthService -s
root       683  0.0  0.4 273164  4868 ?        Ssl  11:54   0:08 /usr/bin/vmtoolsd
dbus       687  0.0  0.2  66448  2596 ?        Ssl  11:54   0:00 /usr/bin/dbus-daemon --system --address=systemd: --nofork --nopidfile --
chrony     691  0.0  0.1 117808  1832 ?        S    11:54   0:00 /usr/sbin/chronyd
root       714  0.0  0.1 126380  1668 ?        Ss   11:54   0:00 /usr/sbin/crond -n
root       720  0.0  2.9 359024 29764 ?        Ssl  11:54   0:00 /usr/bin/python2 -Es /usr/sbin/firewalld --nofork --nopid
root       723  0.0  0.2  96568  2436 ?        Ss   11:54   0:00 login -- root
root       780  0.0  1.1 700284 11396 ?        Ssl  11:54   0:00 /usr/sbin/NetworkManager --no-daemon
root      1048  0.0  1.9 574280 19440 ?        Ssl  11:54   0:01 /usr/bin/python2 -Es /usr/sbin/tuned -l -P
root      1051  0.0  0.4 220656  4844 ?        Ssl  11:54   0:00 /usr/sbin/rsyslogd -n
root      1052  0.0  0.4 112900  4352 ?        Ss   11:54   0:00 /usr/sbin/sshd -D
root      1218  0.0  0.2  89708  2120 ?        Ss   11:54   0:00 /usr/libexec/postfix/master -w
postfix   1223  0.0  0.4  89880  4072 ?        S    11:54   0:00 qmgr -l -t unix -u
root      1309  0.0  0.2 115544  2160 tty1     Ss+  11:54   0:01 -bash
root      1765  0.0  0.6 159224  6420 ?        Ss   11:59   0:00 sshd: root@pts/0
root      1768  0.0  0.0      0     0 ?        S    11:59   0:00 [kworker/u256:2]
root      1771  0.0  0.5 158896  5836 ?        Ss   11:59   0:00 sshd: root@notty
root      1775  0.0  0.2 115544  2100 pts/0    Ss+  11:59   0:00 -bash
root      1785  0.0  0.2  72252  2856 ?        Ss   11:59   0:00 /usr/libexec/openssh/sftp-server
root     14208  0.0  0.5 102904  5476 ?        S    14:25   0:00 /sbin/dhclient -d -q -sf /usr/libexec/nm-dhcp-helper -pf /var/run/dhclie
root     14285  0.0  0.6 159224  6240 ?        Ss   14:27   0:00 sshd: root@pts/1
root     14293  0.0  0.2 115668  2120 pts/1    Ss   14:27   0:00 -bash
postfix  14319  0.0  0.4  89812  4056 ?        S    14:29   0:00 pickup -l -t unix -u
root     14387  0.0  0.0      0     0 ?        S    14:42   0:00 [kworker/0:2]
root     14394  0.0  0.6 159224  6236 ?        Ss   14:44   0:00 sshd: root@pts/2
root     14398  0.0  0.5 158896  5832 ?        Ss   14:44   0:00 sshd: root@notty
root     14402  0.0  0.2 115544  2080 pts/2    Ss   14:44   0:00 -bash
root     14419  0.0  0.2  72252  2856 ?        Ss   14:44   0:00 /usr/libexec/openssh/sftp-server
root     14499  0.0  0.0      0     0 ?        S    14:50   0:00 [kworker/0:3]
root     14540  0.0  0.2   3124  2836 pts/2    S+   14:54   0:00 ./reverse.elf
root     14542  0.0  0.0      0     0 ?        R    14:55   0:00 [kworker/0:0]
root     14545  0.0  0.1 155448  1856 pts/1    R+   14:58   0:00 ps -aux
[root@localhost tmp]#
```

图 13-14　系统进程详细情况

再通过 lsof -p 14540 指令进一步排查进程情况，如图 13-15 所示。能够发现 reverse.elf 文件位置在/tmp 目录，该文件从本机的 45216 端口连接到 192.168.153.142 的主机，目前该连接已经建立，正在通信中。

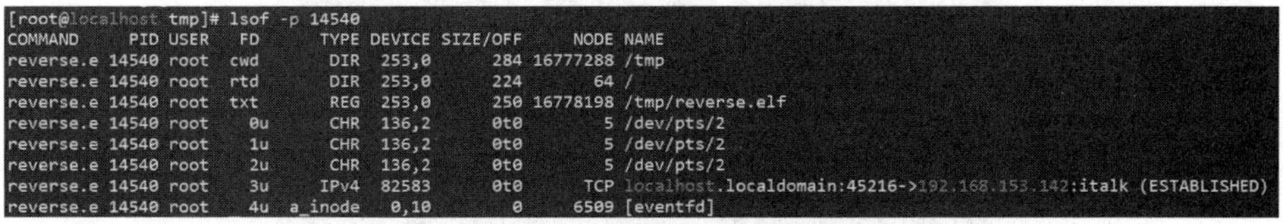

```
[root@localhost tmp]# lsof -p 14540
COMMAND     PID USER   FD     TYPE DEVICE SIZE/OFF     NODE NAME
reverse.e 14540 root  cwd      DIR  253,0      284 16777288 /tmp
reverse.e 14540 root  rtd      DIR  253,0      224       64 /
reverse.e 14540 root  txt      REG  253,0      250 16778198 /tmp/reverse.elf
reverse.e 14540 root    0u     CHR  136,2      0t0        5 /dev/pts/2
reverse.e 14540 root    1u     CHR  136,2      0t0        5 /dev/pts/2
reverse.e 14540 root    2u     CHR  136,2      0t0        5 /dev/pts/2
reverse.e 14540 root    3u    IPv4  82583      0t0      TCP localhost.localdomain:45216->192.168.153.142:italk (ESTABLISHED)
reverse.e 14540 root    4u  a_inode   0,10       0     6509 [eventfd]
```

图 13-15　reverse.elf 进程详细情况

2. 关闭异常进程

已知恶意进程 PID 为 14540，通过 kill -9 14540 指令杀死 reverse.elf 的恶意进程，然后确认进程清除情况，reverse.elf 进程已不存在，如图 13-16 所示。

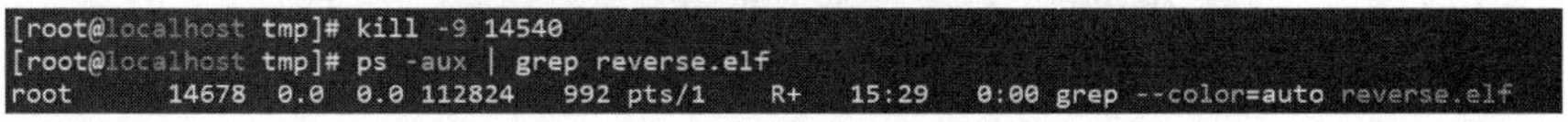

```
[root@localhost tmp]# kill -9 14540
[root@localhost tmp]# ps -aux | grep reverse.elf
root      14678  0.0  0.0 112824   992 pts/1    R+   15:29   0:00 grep --color=auto reverse.elf
```

图 13-16　清除 reverse.elf 恶意进程

3. 删除恶意文件

在/tmp 目录下，通过 rm -f reverse.elf 指令删除恶意文件 reverse.elf，并确认删除结果。reverse.elf 已经被删除，如图 13-17 所示。

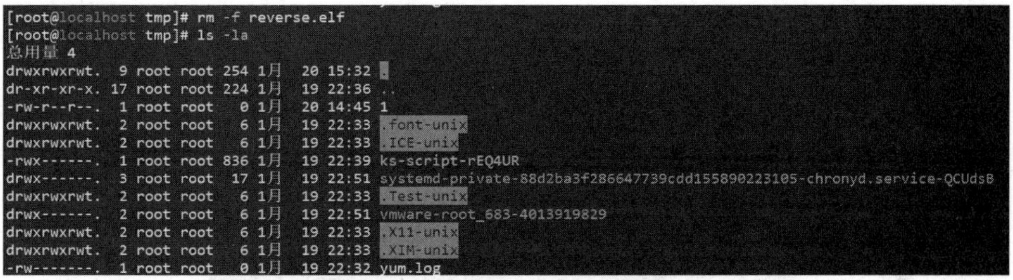

```
[root@localhost tmp]# rm -f reverse.elf
[root@localhost tmp]# ls -la
总用量 4
drwxrwxrwt.  9 root root 254 1月  20 15:32 .
dr-xr-xr-x. 17 root root 224 1月  19 22:36 ..
-rw-r--r--.  1 root root   0 1月  20 14:45 1
drwxrwxrwt.  2 root root   6 1月  19 22:33 .font-unix
drwxrwxrwt.  2 root root   6 1月  19 22:33 .ICE-unix
-rwx------.  1 root root 836 1月  19 22:39 ks-script-rEQ4UR
drwx------.  3 root root  17 1月  19 22:51 systemd-private-88d2ba3f286647739cdd155890223105-chronyd.service-QCUdsB
drwxrwxrwt.  2 root root   6 1月  19 22:33 .Test-unix
drwx------.  2 root root   6 1月  19 22:51 vmware-root_683-4013919829
drwxrwxrwt.  2 root root   6 1月  19 22:33 .X11-unix
drwxrwxrwt.  2 root root   6 1月  19 22:33 .XIM-unix
-rw-------.  1 root root   0 1月  19 22:32 yum.log
```

图 13-17　删除 reverse.elf 文件的情况

通过查看端口和进程情况，获知了非法用户上传恶意文件 reverse.elf 并执行，该程序会外连服务器 192.168.153.142 的 12345 端口。通过杀死进程和删除恶意文件，清除这一部分的入侵行为。

任务 13-3　Linux 启动项排查

对系统当前外连进程清除后，为避免非法入侵者留有后门，需要进一步排查启动项和定时任务。本小节对启动项进行排查。

1. rc 文件排查

（1）查看启动项文件夹

使用如下指令查看启动项文件夹，查询结果如图 13-18 所示，无恶意文件，需进一步进行排查。

```
more /etc/rc.local;more /etc/rc.d/rc[0123456].d
```

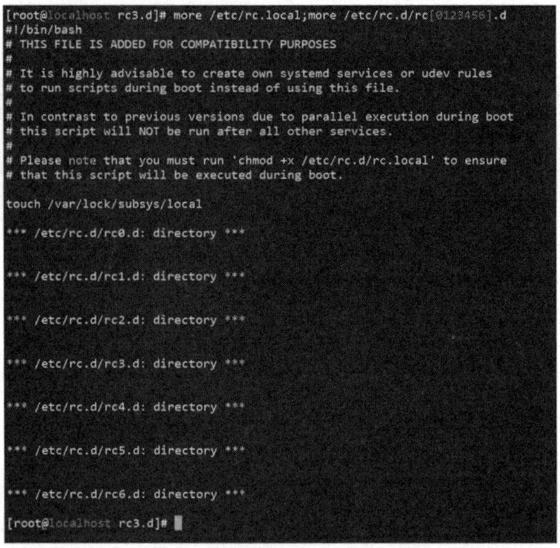

图 13-18　查看启动项文件夹的情况

（2）查看启动项文件

使用如下指令查看启动项文件，查询结果如图 13-19 所示，在/etc/rc.d/rc3.d 中，非法用户入侵系统后，在启动项中将 exploit 文件添加进了启动项，每次系统启动时将执行/etc/init.d/exploit 文件。

```
ls -l /etc/rc.d/rc[0123456].d
```

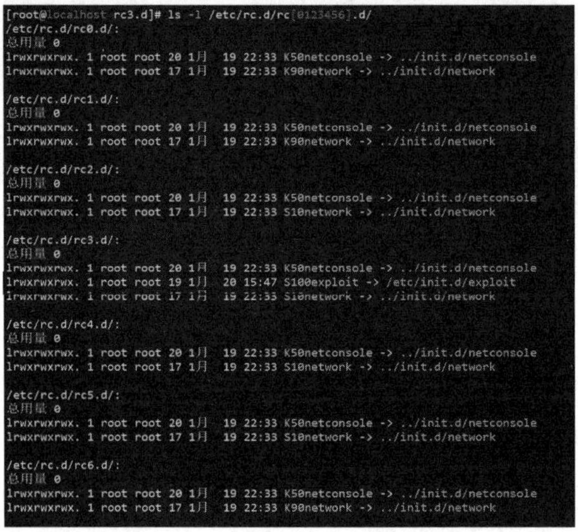

图 13-19　查看启动项文件的情况

（3）删除相关文件

首先需要删除符号链接，进入/etc/rc.d/rc3.d 目录，执行 rm S100exploit 指令删除图 13-19 中所示的符号链接，如图 13-20 所示。然后使用 ls -la 指令，确认删除成功，如图 13-21 所示。

图 13-20　删除 S100exploit 文件

```
[root@localhost rc3.d]# ls -la
总用量 0
drwxr-xr-x.  2 root root  45 1月  20 15:56 .
drwxr-xr-x. 10 root root 127 1月  19 22:33 ..
lrwxrwxrwx.  1 root root  20 1月  19 22:33 K50netconsole -> ../init.d/netconsole
lrwxrwxrwx.  1 root root  17 1月  19 22:33 S10network -> ../init.d/network
```

图 13-21　查看是否删除成功

然后删除/etc/init.d/exploit 文件。进入/etc/init.d/目录，使用 rm exploit 指令删除 exploit 文件，如图 13-22 所示。然后使用 ls -la 指令，确认删除成功，如图 13-23 所示。

```
[root@localhost init.d]# rm exploit
rm：是否删除普通文件 "exploit"? yes
```

图 13-22　删除 exploit 文件

```
[root@localhost init.d]# ls -la
总用量 40
drwxr-xr-x.  2 root root    70 1月   20 15:59 .
drwxr-xr-x. 10 root root   127 1月   19 22:33 ..
-rw-r--r--.  1 root root 18281 5月   22 2020 functions
-rwxr-xr-x.  1 root root  4569 5月   22 2020 netconsole
-rwxr-xr-x.  1 root root  7928 5月   22 2020 network
-rw-r--r--.  1 root root  1160 10月   2 2020 README
```

图 13-23　查看是否删除成功

2. systemctl 开机启动服务查询

使用如下指令查看开机启动服务列表，如图 13-24 所示，排查系统暂无异常服务情况。

```
systemctl list-unit-files |grep enable
```

通过查看/etc/rc.local、/etc/rc.d/rc[0123456].d 文件及目录的情况，发现了非法用户在/etc/rc.d/rc3.d 中，将/etc/init.d/exploit 文件添加进了启动项，系统启动时会运行恶意文件，因此对非法启动项的符号链接和恶意文件进行了删除。并进一步排查 systemctl 开机启动服务，未发现异常服务。这样就完成了对启动项和恶意文件的排查和处置。

```
[root@localhost subsys]# systemctl list-unit-files |grep enable
cups.path                                   enabled
abrt-ccpp.service                           enabled
abrt-oops.service                           enabled
abrt-vmcore.service                         enabled
abrt-xorg.service                           enabled
abrtd.service                               enabled
accounts-daemon.service                     enabled
atd.service                                 enabled
auditd.service                              enabled
```

图 13-24　开机启动服务列表

任务 13-4　Linux 定时任务排查

完成启动项排查后，还需要排查系统的定时任务情况。

1. 查看定时任务情况

（1）查看用户定时任务

使用如下指令查看用户定时任务，如图 13-25 所示，发现恶意文件通过用户定时任务进行启动，并且将标准输出和错误输出重定向到/dev/null 空设备文件，使执行结果既不会显示在窗口上，也不会输出到任何文件中。

```
crontab -l
```

```
[root@localhost ~]# crontab -l
* * * * * /usr/lib/grub/i386-pc/explot >/dev/null 2>&1
```

图 13-25　查看用户定时任务情况

（2）查看系统定时任务

使用如下指令查看系统定时任务，如图 13-26 所示，发现恶意文件通过系统定时任务/etc/crontab 进行启动，并且将标准输出和错误输出重定向到了/dev/null 空设备文件，使执行结果既不会显示在窗口上，也不会输出到任何文件中。

```
cat /etc/crontab
```

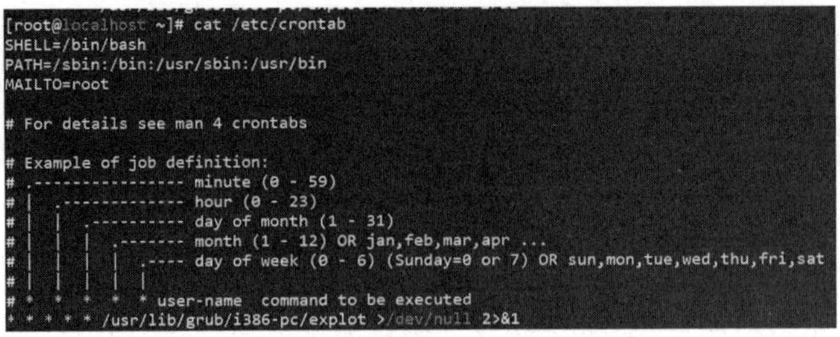

```
[root@localhost ~]# cat /etc/crontab
SHELL=/bin/bash
PATH=/sbin:/bin:/usr/sbin:/usr/bin
MAILTO=root

# For details see man 4 crontabs

# Example of job definition:
# .---------------- minute (0 - 59)
# |  .------------- hour (0 - 23)
# |  |  .---------- day of month (1 - 31)
# |  |  |  .------- month (1 - 12) OR jan,feb,mar,apr ...
# |  |  |  |  .---- day of week (0 - 6) (Sunday=0 or 7) OR sun,mon,tue,wed,thu,fri,sat
# |  |  |  |  |
# *  *  *  *  * user-name  command to be executed
* * * * * /usr/lib/grub/i386-pc/explot >/dev/null 2>&1
```

图 13-26　查看系统定时任务情况

2. 删除定时任务和相关文件

（1）删除用户定时任务

通过 crontab -r 指令将用户定时任务进行删除，然后输入 crontab -l 指令确认删除成功，如图 13-27 所示，目前已经将相关用户定时任务删除成功。

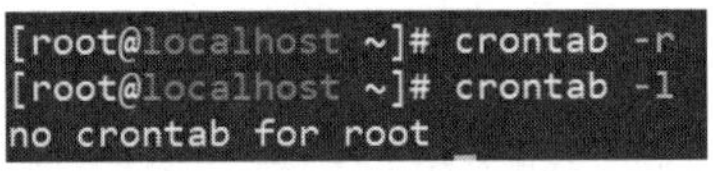

```
[root@localhost ~]# crontab -r
[root@localhost ~]# crontab -l
no crontab for root
```

图 13-27　删除 crontab 的情况

（2）删除系统定时任务

通过 vi /etc/crontab 指令，对/etc/crontab 进行编辑，将图 13-26 中的“* * * * */usr/lib/grub/i386-pc/explot >/dev/null 2>&1”行删除，保存并退出该文件。

（3）删除恶意文件

进入/usr/lib/grub/i386-pc/目录，使用 rm explot 指令删除 explot 文件，然后使用 ls -la 指令，确认删除成功。

通过排查定时任务的设置情况，发现了非法用户每分钟会定时运行恶意文件“/usr/lib/grub/i386-pc/explot”，并且对标准输出和错误输出重定向到了/dev/null 空设备文件，使执行结果既不会显示在窗口上，也不会输出到任何文件中。通过删除定时任务并删除恶意文件，完成了对定时任务和恶意文件的排查和处置。

至此，针对任务中发现大量 SSH 登录服务器失败日志的情况，怀疑服务器被入侵，按照入侵防护的排查思路，对该服务器进行账户安全排查、端口及进程排查、启动项排查和计划任务排查后发现了非法账户、异常进程和非法启动项及非法定时任务，并逐一进行了处理，完成了对被入侵服务器的溯源排查并根除了危险。

13.5　项目小结

本项目通过一个 Linux 操作系统遭遇入侵的实际项目，按照操作系统的入侵排查思路，从知识准备和项目实施两个角度，介绍了 Linux 操作系统账户排查、网络端口和进程排查、启动项和定时任务排查的相关理论知识和实际项目实施。

通过对本项目的介绍，希望读者能够初步形成 Linux 操作系统入侵排查的分析基本思路和修复思路，在实践中能够基于分析思路进行操作系统的入侵排查，从而保障操作系统的安全。

13.6　实践拓展

本项目所学内容涉及一条 Linux 指令：lsof 指令。在 Linux 环境下，所有的事物都是以文件的形式存在的，通过文件不仅可以访问常规数据，还可以访问网络连接和硬件。lsof 可以列出当前系统打开的文件工具，如图 13-28 所示。

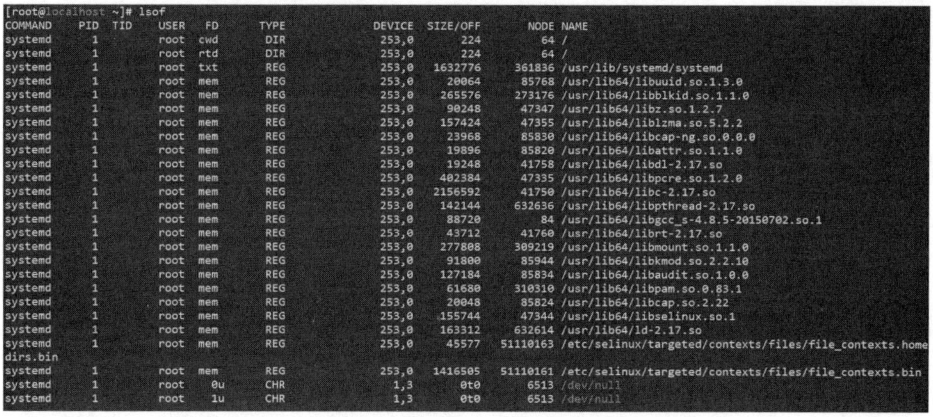

```
[root@localhost ~]# lsof
COMMAND     PID  TID    USER   FD      TYPE             DEVICE  SIZE/OFF       NODE NAME
systemd       1         root  cwd       DIR              253,0       224         64 /
systemd       1         root  rtd       DIR              253,0       224         64 /
systemd       1         root  txt       REG              253,0   1632776     361836 /usr/lib/systemd/systemd
systemd       1         root  mem       REG              253,0     20064      85768 /usr/lib64/libuuid.so.1.3.0
systemd       1         root  mem       REG              253,0    265576     273176 /usr/lib64/libblkid.so.1.1.0
systemd       1         root  mem       REG              253,0     90248      47347 /usr/lib64/libz.so.1.2.7
systemd       1         root  mem       REG              253,0    157424      47355 /usr/lib64/liblzma.so.5.2.2
systemd       1         root  mem       REG              253,0     23968      85830 /usr/lib64/libcap-ng.so.0.0.0
systemd       1         root  mem       REG              253,0     19896      85820 /usr/lib64/libattr.so.1.1.0
systemd       1         root  mem       REG              253,0     19248      41758 /usr/lib64/libdl-2.17.so
systemd       1         root  mem       REG              253,0    402384      47335 /usr/lib64/libpcre.so.1.2.0
systemd       1         root  mem       REG              253,0   2156592      41750 /usr/lib64/libc-2.17.so
systemd       1         root  mem       REG              253,0    142144     632636 /usr/lib64/libpthread-2.17.so
systemd       1         root  mem       REG              253,0     88720         84 /usr/lib64/libgcc_s-4.8.5-20150702.so.1
systemd       1         root  mem       REG              253,0     43712      41760 /usr/lib64/librt-2.17.so
systemd       1         root  mem       REG              253,0    277808     309219 /usr/lib64/libmount.so.1.1.0
systemd       1         root  mem       REG              253,0     91800      85944 /usr/lib64/libkmod.so.2.2.10
systemd       1         root  mem       REG              253,0    127184      85834 /usr/lib64/libaudit.so.1.0.0
systemd       1         root  mem       REG              253,0     61680     310310 /usr/lib64/libpam.so.0.83.1
systemd       1         root  mem       REG              253,0     20048      85824 /usr/lib64/libcap.so.2.22
systemd       1         root  mem       REG              253,0    155744      47344 /usr/lib64/libselinux.so.1
systemd       1         root  mem       REG              253,0    163312     632614 /usr/lib64/ld-2.17.so
systemd       1         root  mem       REG              253,0     45577   51110163 /etc/selinux/targeted/contexts/files/file_contexts.home
dirs.bin
systemd       1         root  mem       REG              253,0   1416505   51110161 /etc/selinux/targeted/contexts/files/file_contexts.bin
systemd       1         root    0u      CHR                1,3       0t0       6513 /dev/null
systemd       1         root    1u      CHR                1,3       0t0       6513 /dev/null
```

图 13-28　使用 lsof 指令列出当前系统打开的文件工具

每行显示一个打开的文件，若不指定条件默认将显示所有进程打开的所有文件。lsof 输出各列信息如表 13-8 所示。

表 13-8　lsof 输出各列信息

列信息	说　明
COMMAND	进程的名称
PID	进程标识符
USER	进程所有者
FD	文件描述符，应用程序通过文件描述符识别该文件，如 cwd、txt 等
TYPE	文件类型，如 DIR、REG 等
DEVICE	指定磁盘的名称
SIZE	文件的大小
NODE	索引节点（文件在磁盘上的标识）
NAME	打开文件的确切名称

lsof 指令不光可以查看文件打开的进程，还可以查看网络端口的连接情况。指令格式如下：

```
lsof -i [46] [protocol] [@hostname|hostaddr][:service|port]
```

查看所有连接指令如下。

```
[root@localhost ~]# lsof -i   //查看所有连接
COMMAND    PID   USER   FD   TYPE DEVICE SIZE/OFF NODE NAME
……
sshd     68493   root   3u  IPv4 893145    0t0  TCP localhost.localdomain:ssh-> 172.
16.196.1:softrack-meter (ESTABLISHED)
sshd     68493   root    8u  IPv6 893251    0t0  TCP localhost:x11-ssh-offset (LISTEN)
sshd     68493   root    9u  IPv4 893252    0t0  TCP localhost:x11-ssh-offset (LISTEN)
sshd     68770   root    3u  IPv4 897187    0t0  TCP localhost.localdomain: ssh->172.
16.196.1:ctisystemmsg (ESTABLISHED)
sshd     68770   root    8u  IPv6  897293    0t0  TCP localhost:6011 (LISTEN)
sshd     68770   root    9u  IPv4  897294    0t0  TCP localhost:6011 (LISTEN)
```

```
[root@localhost ~]# lsof -i tcp    //查看主机 TCP 连接状态
[root@localhost ~]# lsof -i udp    //查看主机 UDP 连接状态
```

根据以上知识，同时查阅相关资料，请回答：使用 lsof 排查端口信息，应如何查看？

13.7　素养拓展

《中华人民共和国数据安全法》作为我国第一部专门规定"数据"安全的法律，是数据领域的基础性法律，也是国家安全领域的一部重要法律，明确对"数据"的规制原则。《中华人民共和国数据安全法》于 2021 年 6 月 10 日通过，2021 年 9 月 1 日实施。

13.8　项目习题

1.（单选题）Linux 操作系统中，对/etc/shadow 的文件权限设置正确的是（　　　）。

    A.　chmod 644 /etc/shadow   B.　chmod 400 /etc/shadow

    C.　chmod 440 /etc/shadow   D.　chmod 444 /etc/shadow

2.（判断题）入侵检测技术是为保证计算机系统的安全而设计和配置的一种能够及时发现并报告系统中未授权操作或异常现象的技术，它通过数据的采集与分析，实现对入侵行为的检测。（　　　）

3.（判断题）身份认证是指在计算机及计算机网络系统中确认操作者身份的过程，从而确定该用户是否具有对某种资源的访问和使用权限。（　　　）